"十三五"国家重点出版物出版规划项目
城市治理实践与创新系列丛书

智慧社区与城市治理

汪碧刚 著

中国建筑工业出版社
中国城市出版社

图书在版编目（CIP）数据

智慧社区与城市治理/汪碧刚著. —北京：中国城市出版社，2020.10

（城市治理实践与创新系列丛书）

ISBN 978-7-5074-3290-9

Ⅰ.①智… Ⅱ.①汪… Ⅲ.①城市—社区管理—研究—中国 Ⅳ.① D669.3

中国版本图书馆 CIP 数据核字（2020）第 127946 号

社区治理最终要实现以居民自治为主，社区、社会与政府部门多元共治的基本结构，因此就需要创新社区、社会与政府的结构，再造社区、社会与政府的功能。只有社区不断发育成长起来，才能进而促进政府的不断成长。当下社区治理的主要问题首先在于居民的参与机制不畅、参与热情不足，智慧社区的建设使居民的需求得到更快更好地回应，改变居民在社区中的被动地位，居民可以逐渐成为社区建设和治理的主体，使自治与共治相互辉映。

责任编辑：周方圆　毕凤鸣　封　毅
责任校对：王　瑞

城市治理实践与创新系列丛书

智慧社区与城市治理

汪碧刚　著

*

中国建筑工业出版社、中国城市出版社出版、发行（北京海淀三里河路9号）
各地新华书店、建筑书店经销
北京建筑工业印刷厂制版
北京圣夫亚美印刷有限公司印刷

*

开本：787毫米×960毫米　1/16　印张：$14\frac{3}{4}$　字数：218千字
2020年10月第一版　　2020年10月第一次印刷
定价：**45.00**元
ISBN 978 - 7 - 5074 - 3290 - 9
（904277）

版权所有　翻印必究
如有印装质量问题，可寄本社图书出版中心退换
（邮政编码 100037）

出版说明

十九大报告明确指出：全面深化改革总目标是完善和发展中国特色社会主义制度、推进国家治理体系和治理能力现代化。报告提出，要打造共建共治共享的社会治理格局。

为了践行十九大精神，我社于2017年12月出版了汪碧刚博士的专著《城市的温度与厚度——青岛市市北区城市治理现代化的实践与创新》，并在青岛举办了首发式。该书甫一问世，引发社会各界高度关注，"城市的温度与厚度"一词成为热搜，互联网上共有1510万个相关结果，这足以证明社会各界对城市治理的关切热度。

城市治理是政府治理、市场治理和社会治理的交叉点，在国家治理体系中有着特殊的重要性，从一定意义上说，推进城市治理的创新就是推进国家治理的现代化。基于此，我社成立了城市治理专家委员会，并汇集专家智慧策划了"城市治理实践与创新系列丛书"，旨在总结探索国内外相关经验和做法，提高城市治理社会化、法治化、智能化、专业化水平，从而为行业管理、领导决策、政策研究提供参考。本套丛书也获得中宣部的高度重视，2018年被列入"十三五"国家重点出版物出版规划项目。

三年来，我社组织了数十位专家学者、党政干部和实务界人士，召开了多次研讨会，聚焦当前城市治理中的重点、难点、焦点问题，进行深入的研究和探讨，力求使丛书既有理论高度，又贴近实际应用。丛书关注城市和社区治理，就如何实现城市治理现代化、精细化、法治化、科技化，提升服务群众的能力等问题提出了很多建设性的观点和建议。丛书作者也一直致力于城市治理的研究，他们有的拥有多年政府部门相关管理经验，有的从事政策研究或教学科研工作，有的活跃在城市治理的一线化解矛盾纠纷，既有理论水平又有实践指导能力。

除首本《城市的温度与厚度——青岛市市北区城市治理现代化的实践与创新》外，丛书还包括如下7个分册：《城市综合管理》（翟宝辉、张有坤著）、《城市精细化管理理论与实践》（杨雪锋著）、《城市社区治理理论与实践》（原珂著）、《大数据与城市治理——以青岛市市北区为例》（汪碧刚、于德湖著）、《智慧社区与城市治理》（汪碧刚著）、《城镇老旧小区改造——扩大内需新动能》（王健、孙光波著）、《城市治理纠纷的预防与处理》（王才亮著）。

丛书开篇于十九大召开之际，付梓于"十三五"收官之年，我们热忱期待社会各界持续给予关注与支持。十九届四中全会指出，要完善党委领导、政府负责、民主协商、社会协同、公众参与、法治保障、科技支撑的社会治理体系，建设人人有责、人人尽责、人人享有的社会治理共同体。刚刚结束的十九届五中全会明确提出实施城市更新行动，提高城市治理水平。丛书一直紧密围绕这一主题，学思践悟，符合国家和行业发展的需求。我们有理由相信，随着共建共治共享的城市治理格局的形成，城市治理体系和治理能力现代化一定能够早日实现。

"城市治理实践与创新系列丛书"的顺利出版得益于专家学者的共同努力。在此特别感谢在丛书研讨、论证、审稿过程中给予大力支持和提出宝贵意见的各级领导、专家和学者们！我们也以丛书出版为契机，希望更多城市管理者、研究者以及有识之士积极参与城市治理，汇集资源，凝聚力量，共同打造"政、产、学、研、金、服、用"全链条全生命周期的城市治理发展格局！

中国建筑工业出版社
中国城市出版社
2020年11月25日

"十三五"国家重点出版物出版规划项目
城市治理实践与创新系列丛书

编 委 会

顾　　　问： 王早生　米有录

编委会主任： 汪碧刚

编委会委员：（按姓氏笔画排序）

于德湖　王　健　王才亮

杨雪锋　张有坤　原　珂

翟宝辉

序一 党建引领 重心下移 科技赋能——推进城市治理现代化的着力点

习近平总书记指出："推进国家治理体系和治理能力现代化，必须抓好城市治理体系和治理能力现代化。"随着我国城镇化进程不断加快，城市治理议题日趋复杂多元。新形势下推进城市治理现代化，亟须立足城市发展实际和人民需求，着眼党建引领、重心下移、科技赋能，不断提升城市治理科学化、精细化、智能化水平，让人民群众拥有更多获得感、幸福感、安全感。

坚持党建引领。城市治理体系由众多子系统构成，需要各种治理主体共同参与。只有坚持党的领导，各种治理主体才能形成合力。推进城市治理体系和治理能力现代化，既需要搭建党组织发挥作用的平台和载体，也需要构建有效管用的制度机制，实现党建引领与城市治理深度融合、有效衔接，切实把党的领导贯穿于城市治理的各方面和全过程。一方面，综合考虑区位特点、人群特征、服务半径等因素，整合党建、政务和社会服务等各种资源，依托街道、社区、楼宇等，建设覆盖广泛、集约高效的区域性党群服务中心，使之延伸到基层末梢、贯通到基层治理，夯实党领导城市治理的坚强堡垒，提升党组织领导基层治理工作水平。另一方面，以党建引领城市治理创新，建立上下贯通、执行有力的组织体系。强化系统建设和整体建设，构建市、区、街道、居民区四级党组织联动体系，有机联结单位、行业及各领域党组织，推动各级各类党组织在更大范围、更深层次互融共通。通过党建引领治理，发挥党总揽全局、协调各方的作用，凝聚基层政权组织、自治组织、社会组织等的合力，下好纵向联动、横向互动、融合共治的"一盘棋"，实现服务精准对接、治理精准落地。

推动重心下移。城市治理的立足点在基层。推进城市治理体系和治理能力现代化，需要瞄准并打通影响基层治理效率的痛点、堵点，全面提升基层治理的能力与实效，为群众提供精准有效的服务和管理，推动城市基层社会治理落实到"最后一米"。推动管理下移，理顺条块关系，明晰权责边界，推进街道内设机构职能整合和功能优化，将公共安全、综合治理、社会治安防控、矛盾化解和涉及居民基本权利与生活的事务纳入责任清单，规范社会管理事务的分类和分流，进一步强化主体实施责任，推动办事流程规范化、标准化。推动服务下移，针对多元化、个性化、差别化的服务诉求，调整优化网格设置，整合党的建设、综合治理、城市管理等各类网格，把公共服务、社会服务、市场服务、志愿服务下沉到网格，精准投送至千家万户，探索基本公共服务社会化体系，采取购买服务的方式，发挥各类社区社会组织的专业化优势，以"微治理"畅通基层社会的"微循环"。推动资源下移，加强基层社区的人力、物力、财力配置，加大基层社区的时间、精力、重心投入，保障管理、服务下移的效率和效益。

强化科技赋能。习近平总书记指出："让城市更聪明一些、更智慧一些，是推动城市治理体系和治理能力现代化的必由之路。"城市治理提质增效，需要实现智能化。当前，智能化正在成为推进城市治理现代化的重要引擎。必须牢牢把握科技创新和制度创新双轮驱动，运用互联网技术和信息化手段，实现城市治理精准施策、靶向发力，助推城市治理决策科学化、防控一体化、服务便捷化。完善顶层设计，围绕城市治理需求，加强基础设施建设，推进社区感知网络设备改造，合理布局服务配套设备，维护好通信网络设施设备，提高系统集成与共享能力。以5G、物联网、云计算等新一代信息技术为手段，对信息进行全方位高效采集，确立统一的数据采集标准，有效整合信息发布、信息交流、社会管理、居民自治和社区管理数据库等功能，让数据在各种应用中充分共享，最大限度避免"信息孤岛"。针对居民需求建立广泛参与的社区网站和论坛，提升系统活力。

（作者汪碧刚，本文刊于《人民日报》2020年5月19日）

序二 促进理论与技术融合发展 建设物联网全场景智慧社区

习近平总书记近期在浙江杭州城市大脑运营指挥中心考察时指出,让城市更聪明一些、更智慧一些,是推动城市治理体系和治理能力现代化的必由之路,前景广阔。习近平总书记的重要讲话,为推进城市治理体系和治理能力现代化提供了重要遵循。

党的十九届四中全会也提出,要"完善党委领导、政府负责、民主协商、社会协同、公众参与、法治保障、科技支撑的社会治理体系,建设人人有责、人人尽责、人人享有的社会治理共同体"。社区治理是新时代推进社会治理乃至国家治理体系和治理能力现代化的重要组成部分。如今,智慧社区在国家治理现代化、"互联网+"的促进下,重新寻找正确定位并接受技术赋能,利用互联网技术加快转型升级,积极推动行业发展,发挥平台作用,从而整合社会治理资源,协调多元化的利益和社会矛盾,最终形成高效的社会治理格局。

围绕社会需求重点突破"感—联—知—用—融"关键技术

围绕网络强国战略与社会经济转型需求,当前要重点突破智慧社区"感—联—知—用—融"的基础理论与关键技术,智慧社区服务平台建设与维护是智慧社区的重要组成部分,主要包括了智慧社区服务平台的创建、维护与评价等多方面内容,问题较为突出的是平台顶层设计不完善。智慧社区服务平台建设和维护中由于缺少国家统一的社区信息化法规,使得智慧社区建设和维护缺乏统一规划,同时缺少数据采集、设备接入等方面的强制统一标准,导致系统难以普及推广和融合,具体表现为顶层设计不完善、缺乏统一的技术标准、服务系统共享性差、平台整合建设能力滞后、治理主体和手段单一、智能化水平低、居民参与度低、公共服务缺乏层次等。另外，智慧社区金融、经济效益、管理模式等运营中产生的实际问题较为突出。

智慧社区建设，一方面包括智慧社区各种平台的建设、管理与维护及为平台提供技术和数据支持的相关软、硬件的建设和维护。另一方面，智慧社区建设包括基层政府治理和社会公共服务管理，运用智慧社区服务平台，提升基层治理能力，完善社会公共服务功能，表现为促进基层政府、社区组织与居民群众对社区服务、环境卫生、治安管理等社区公共事务和公益事业进行自愿平等协作，整合社区内外部资源，构建社区治理机制，实现社区公共事务效率的最大化。

"一核多元、融合共治"构建社区治理创新体系

随着城市化进程的快速推进，城市的各种问题愈发凸显，如何化解这些城市问题成为难题。"让城市更聪明更智慧"是推动城市治理体系和治理能力现代化的必由之路。我们需着力构建"一核多元、融合共治"城市治理创新体系，从而实现"让城市更聪明更智慧"，不断提升人民群众的获得感、幸福感、安全感。

想"让城市更聪明更智慧"，我们需在"1＋3"一核多元、融合共治的社区治理服务创新模式下，推动物联网全场景社区建设。"1＋3"即"一核多元、融合共治"。"1"是指党的领导，"3"为概数，即"多"的意思，是指社会多元力量。"1＋3"突出强调以党的领导为核心，充分调动街道办事处、社区党组织、居民委员会、小区业主委员会、物业公司管委会、辖区社会单位、社区中介服务组织以及社区居民等多方力量，持续参与社区工作，最终形成"党委领导、政府负责、公众参与、凝聚合力、多元共治、跨界联盟"的"一核多元、融合共治"的社区治理创新体系。社区治理的核心是党的领导，要充分发挥党总揽全局、协调各方的作用，推动党建引领与社区治理（智慧社区）深度融合。党建与治理不能是两张皮，创新、融合是关键，加快城市精细化、精准化、网格化、智能化管理，目标是切实推动社区治理落实到"最后一米"，让城市更聪明更智慧。

面向多应用场景强化全面感知能力与数据融合能力

面向智慧社区中多种应用场景，我们需要深入研究人—物—空间交互建模与优化技术、社区视频融合与分析技术、涵盖智慧社区全场景的物联安全可信接入技术、数据索引技术和数据加密技术，并研发社区全场景物联网设备集成化接入管理平台。在这其中,社区全面感知能力与数据融合能力十分关键。

基于泛在互联的社区全面感知体系的主要要点在于利用物联网、移动互联网和互联网技术,采集和控制社区的各类可感知信息。主要分为:面向窄带的智能化和物联网传感器的自动化信息的采集和处理、面向宽带的音视频信号的采集和处理、面向社区活动的舆情及社会行为的数据采集和处理、面向融合共享理念的全面参与管控的上报信息的采集和处理以及面向社区日常管理和上级数据互联的信息采集和处理。通过对于社区行为和日常活动的全面感知,实现精确管理和服务以及管理和服务思想具体落实的绩效评估,突破传统社区智能化仅仅针对智能化设备如智能家居的设计处理理念,从而实现落实"一核多元、融合共治"理念的全面社区感知体系。

采用数字化对象模型设计和实现的思想,则可通过定义出面向社区的数字化模型,融合感知体系获取的社区运行数据,建立起社区基于时间要素的数据仓库。其中整合了时序数据库、关系数据库、NoSQL数据库以及图数据库等不同类型的数据库体系,用于记录和存取不同种类的异源异构数据,实现数字化社区的数据归集和融合。同时建立起基于云端的数据安全和分享体系,通过数据分享实现基于大数据分析、人工智能以及不同类型新技术针对数据的增值应用,从而在技术上实现"一核多元、融合共治"的理念。

从我国的实际情况出发,智慧社区创新应当突出以下3个重点:一是服务,基层治理应当从"管制型"转为"服务型",从"网格化管理"转为"网格化服务",并满足公众个性化需求;二是共享,社区治理不但要体现工具化共享和信息化共享,更重要的是要突出价值共享;三是融合,要促进社区居民之间的观念、新旧体制之间的融合和公共治理的融合。坚持党建引领,重心下移,立足基层服务,运用大数据,动员居民参与,构建"一核多元、融合共治"社区治理创新体系,推进全面感知、数据融合、文化治理,建设物联网全场景智慧社区,切实推进国家治理体系和治理能力现代化。

(作者汪碧刚,本文刊于《科技日报》2020年5月15日)

序三 构建"一核多元、融合共治"的城市治理创新体系

什么是"一核多元、融合共治"城市治理创新体系？

党的十九届四中全会《中共中央关于坚持和完善中国特色社会主义制度、推进国家治理体系和治理能力现代化若干重大问题的决定》指出，要完善党委领导、政府负责、民主协商、社会协同、公众参与、法治保障、科技支撑的社会治理体系，建设人人有责、人人尽责、人人享有的社会治理共同体。

城市治理是新时代推进社会治理乃至国家治理体系和治理能力现代化的重要组成部分。随着城市化进程的快速推进，城市的各种问题越来越凸显，如何化解这些城市问题成为难题。笔者认为，可以通过构建"一核多元、融合共治"城市治理创新体系，从而不断提升人民群众的获得感、幸福感、安全感。

城市治理体系是由众多子系统构成的复杂系统，核心是党的领导。要充分发挥党总揽全局、协调各方的作用，推动党建引领与城市治理深度融合。党建与治理不能是两张皮，创新、融合是关键，加快城市精细化、精准化、网格化、智能化管理，目标是切实推动城市基层社会治理落实到"最后一米"，不断提升城市品质。

通过实践探索发现，"1+3"社区治理服务创新模式在城市治理提升方面可以发挥重要作用。"1+3"即"一核多元、融合共治"。"1"是指党的领导，"3"为概数，即"多"的意思，是指社会多元力量。"1+3"突出强调以党的领导为核心，充分调动街道办事处、社区党组织、居民委员会、小区业主委员会、物业管理公司、辖区社会单位、社区中介服务组织以及社区居民等多方力量，持续参与社区工作，最终形成"党委领导、政府负责、公众参与、凝聚合力、多元共治、跨界联盟"的"一核多元、融

合共治"的社区治理创新体系。

如何打造"一核多元、融合共治"城市治理创新体系？

要建立"一核多元、融合共治"城市治理创新体系，应该从以下几个方面着手。

一是党建引领基层治理。要以全心全意为人民服务为出发点，以提升政治功能和组织力为重点，以体制创新为抓手，以信息化为支撑，把加强基层党组织建设、培养锻造高素质干部和创新城市基层治理深度融合、有效衔接，打通影响治理效率的痛点堵点，探索形成全域覆盖、上下联动、精准到位、运行高效的基层治理运行机制，实现服务精准投送、治理精准落地，实现有效治理。城市治理的基础是社区，治理的核心在"人"，终点是文化。城市治理重点是服务、共享、融合。城市治理作为多元主体共治行为，需要政府、市民、企业、社会组织、社区组织等共同参与。只有形成多元共治的城市治理格局，才能推动基层治理社会化、法治化、智能化、专业化水平不断提高。

二是城市治理重心下移。要实现城市治理现代化，首先要摸清基层治理现状，找准影响基层治理效率的痛点、堵点和问题，探索党建引领基层治理工作的有效途径。一是理顺条块关系，强化街道主体责任，着力推进街道内设机构职能整合和功能优化。二是规范社区工作运行，实行社区工作事项准入制度，上级支持社区的政策项目、资金资源，以社区党组织为主渠道落实到位，探索建立以居民满意度为主的服务评价体系。三是做实网格党建，促进网格治理，按照构建基层社会治理"一张网"的要求，推动党建工作网格与综合整治、应急、城管等网格实现"多网合一"。四是搭建治理一线平台，做好网格党组织建设、共驻共建、资源整合等工作，强化网格党支部统筹领导能力。五是以群众需求倒逼流程再造，建立"群众吹哨、街居响应、部门报到"机制，做到快接收、快办理、快落实。六是加大信息支撑，实现党群融合互动，推动"互联网+""智慧党建"与城市治理大数据深度融合，把党的建设渗透到智慧城市、智慧社区建设的各方面。

三是大数据推动城市治理。构建"互联网+社区"建设和服务平台，完善顶层设计，加强基础设施建设，推进社区感知网络的设备改造，合理布局服务配套设备，维护好通信网络设施设备，提高系统集成与共享能力。以物联网、云计算、移动互联网等新一代信息技术为手段，对信息进行全方位高效率采集，构建统一的数据采集标准，让社区数据活化，在各应用中充分共享，最大限度地避免"信息孤岛"，针对居民需求建立广泛参与的社区网站和论坛，提升系统活力。

此外，要围绕城市与社区治理的需求，形成统一标准、统一平台、统一考评、多方参与的一体化城市与社区运营模式；建立多元化的投资机制，尝试市场化运作，拓宽资金来源；有效整合信息发布、信息交流、社会管理、居民自治和社区管理数据库等功能；落实人才培养方案，理顺基层人员晋升机制，为基层留住人才。

在公共服务管理方面，应形成多元投资、利益共享、风险共担的管理机制，充分调动政府之外的其他部门开展公共服务的积极性，同时处理好公益服务与商业盈利的矛盾。公共服务的市场化不是以牺牲公益管理为代价的，而是用商业运作的有偿管理、增值管理为社区居民提供公共服务。政府要发挥对商业运作的严格监管作用，把握好利益尺度，把公益管理放在首位，协调商业便民服务、志愿者服务、政务管理等关系，打造产业链健全、配套服务完善的智慧产业集群。

从我国的实际情况出发，构建"一核多元、融合共治"城市治理创新体系应当突出以下三个重点：一是服务，城市治理应当从"管制型"转为"服务型"，从"网格化管理"转为"网格化服务"，并满足市民个性化需求；二是共享，城市治理不但要体现工具化共享和信息化共享，更重要的要突出价值共享；三是融合，要促进城市居民之间的观念、新旧体制之间的融合和公共治理的融合，这是破解城市碎裂化的唯一出路。坚持党建引领，重心下移，立足基层服务，运用大数据，动员居民参与，实现"一核多元、融合共治"。

（作者汪碧刚，本文刊于《中国建设报》2020年7月9日）

目录

序一 党建引领　重心下移　科技赋能
　　　 推进城市治理现代化的着力点
序二 促进理论与技术融合发展
　　　 建设物联网全场景智慧社区
序三 构建"一核多元、融合共治"的城市治理创新体系

第1章 国家治理背景下的智慧社区与城市治理 / 001
　　　1.1　政策背景 / 002
　　　1.2　治理视角 / 027

第2章 智慧社区与城市治理的问题导向 / 039
　　　2.1　智慧社区解读 / 040
　　　2.2　城市治理解读 / 051
　　　2.3　关键技术 / 092
　　　2.4　科学发展 / 106

第3章 智慧社区与城市治理的创新之路 / 113
　　　3.1　智慧社区与城市治理的创新理念与实践 / 114
　　　3.2　智慧社区与城市治理的创新模式与实践 / 132

第4章 智慧社区与城市治理的关键因素 / 155
　　　4.1　人是城市治理的核心 / 156
　　　4.2　制度是社区治理最重要的影响因素 / 159

4.3　党建引领是社区治理的重要基础 / 174

4.4　大数据是城市社区治理现代化的重要依托 / 182

4.5　社会组织是现代城市治理的有效载体 / 193

第5章　新时代智慧社区与城市治理的路径选择 / 197

5.1　加强顶层设计，制定技术标准 / 198

5.2　健全党建指标体系，促进居民有效参与 / 199

5.3　加强基础设施建设，构建智慧社区综合信息服务平台 / 201

5.4　健全机制与保障体系，激活社区治理多元主体 / 202

5.5　加大财政支持力度，提升运营能力 / 204

5.6　培养社区工作人才，建立专业社工队伍 / 204

5.7　建立应急管理体系，提高应对突发危机能力 / 205

参考文献 / 208

第 1 章

国家治理背景下的智慧社区与城市治理

1.1 政策背景

1.1.1 中国共产党第十九次全国代表大会报告解读

习近平总书记代表党的十八届中央委员会于2017年10月18日向中国共产党第十九次全国代表大会作报告。党的十九大报告指出："新时代中国特色社会主义思想，明确坚持和发展中国特色社会主义，总任务是实现社会主义现代化和中华民族伟大复兴，在全面建成小康社会的基础上，分两步走在本世纪中叶建成富强民主文明和谐美丽的社会主义现代化强国；明确全面深化改革总目标是完善和发展中国特色社会主义制度、推进国家治理体系和治理能力现代化。"①

1.1.1.1 认识和把握人民日益增长的美好生活需要

党的十九大报告指出："中国特色社会主义进入了新时代，我国社会主要矛盾已经转化为人民日益增长的美好生活需要和不平衡不充分的发展之间的矛盾。社会主要矛盾的变化是关系全局的历史性变化，要求我们在继续推动发展的基础上大力提升发展质量和效益，更好满足人民日益增长的美好生活需要。"②

如何认识和把握人民日益增长的美好生活需要？从需求性质来看，人类需要大致可划分为三个层次。第一层次是物质性需要，指的是保暖、饮食、种族繁衍等生存需要，这是人类最基本的需要。第二层次是社会性需要，它是在物质性需要基础上形成的，主要包括社会安全的需要、社会保障的需要、社会公正的需要等。第三层次是心理性需要，指的是由于心理需求而形成的精神文化

---

① 习近平.决胜全面建成小康社会 夺取新时代中国特色社会主义伟大胜利——在中国共产党第十九次全国代表大会上的报告[M].北京：人民出版社，2017.
② 何星亮.不断满足人民日益增长的美好生活需要[N].人民日报，2017-11-24.

需要，比如价值观、伦理道德、民族精神、理想信念、艺术审美、获得尊重、自我实现、追求信仰等。

要把不断满足人民日益增长的美好生活需要贯穿于实现"两个一百年"奋斗目标和实现中华民族伟大复兴的中国梦之中。为中国人民谋幸福、为中华民族谋复兴是中国共产党人的初心和使命。正如习近平总书记在党的十九大报告中强调的，全党同志一定要永远与人民同呼吸、共命运、心连心，永远把人民对美好生活的向往作为奋斗目标。在中国特色社会主义新时代，应通过统筹推进"五位一体"总体布局和协调推进"四个全面"战略布局，通过创新发展、协调发展、绿色发展、开放发展和共享发展，大力提升发展质量，不断消除地区差距、收入差距、城乡差距，更好满足广大人民群众在经济、政治、文化、社会、生态等方面日益增长的需要，逐步实现共同富裕。

全面建成小康社会、全面建设社会主义现代化国家，既要立足国内，也要面向世界。当代世界是开放、互动、包容的世界，当今中国正在日益走近世界舞台中央。共同构建各国人民共有共享的人类命运共同体，建设持久和平、普遍安全、共同繁荣、开放包容、清洁美丽的世界，既是中国人民的需要，也是世界各国人民的需要。因此，我们在满足本国人民的美好生活需要的同时，也应顺应世界各国人民追求美好生活的需要，通过自身的高质量发展和现代化强国建设，给那些既希望加快发展又希望保持自身独立性的发展中国家提供现代化新途径和新选择，为人类社会的文明进步贡献中国智慧和中国方案。

1.1.1.2 坚持中国特色社会主义文化发展道路

文化是一个国家、一个民族的灵魂。在党的十九大报告中，提到"坚定文化自信，推动社会主义文化繁荣兴盛"。[①]随着中国特色社会主义进入新时代，随着人民的需要从物质文化需求发展到美好生活需要，随着中华民族迎来从站起来、富起来到强起来的伟大飞跃，文化建设也要提升至更高层面，肩负更多的使命。十九大报告对中国特色社会主义文化的阐释，彰显了一个伟大民族在苦难与奋斗的历程中积淀的文化自觉与文化自信。

---

① 习近平. 决胜全面建成小康社会　夺取新时代中国特色社会主义伟大胜利——在中国共产党第十九次全国代表大会上的报告[M]. 北京：人民出版社，2017.

（一）党的十九大报告明确了新时代文化建设的基本方略

党的十九大报告提出了新时代文化建设的基本方略。可以概括四句话：明确了文化建设在中国特色社会主义建设总体布局中的定位，提出了新时代文化建设的目标，指出了新时代文化建设的着力点，提出了新时代文化建设的基本要求。

第一，党的十九大报告进一步明确了文化建设在中国特色社会主义新时代的基本定位。党的十九大报告指出，中国特色社会主义新时代的主要矛盾是人民日益增长的美好生活需要和不平衡不充分的发展之间的矛盾。这意味着当代中国从站起来、富起来向强起来的转换中，当代中国人的需求也在发生深刻变化，已经由主要满足物质需求，转化为主要满足精神需求。文化建设的核心就是满足人的精神需求。满足文化需求是满足人民日益增长的美好生活需要的重要内容。正如习近平同志所说，满足人民过上美好生活的新期待，必须提供丰富的精神食粮。这说明，在中国特色社会主义新时代，文化建设的地位更加重要，作用更加凸显。

第二，提出了新时代文化建设的目标。就是坚持中国特色社会主义文化发展道路，激发全民族文化创新创造活力，建设社会主义文化强国。

第三，指出了新时代文化建设的着力点。一言以蔽之，当今和未来相当长一段时间，建设中国特色社会主义文化，就是秉承中国的文化价值理念，坚持中国的文化立场，立足于当代中国的文化发展现状，思考和解决当代中国人关心的文化问题，提出中国的文化方案。

第四，提出了新时代文化建设的基本要求。就是三个坚持：坚持为人民服务、为社会主义服务，坚持百花齐放、百家争鸣，坚持创造性转化、创新性发展。

（二）党的十九大报告强调文化自信的基础性地位

坚定文化自信是党的十九大报告当中文化建设部分的关键词。党的十九大报告中提到"没有高度的文化自信，没有文化的繁荣兴盛，就没有中华民族伟大复兴"。[①]习近平总书记也说"四个自信"中，文化自信是更基础、更广泛、更深厚的自信，文化自信是最根本的自信。可以讲文化自信是处于一种基础性

---

① 何星亮.不断满足人民日益增长的美好生活需要[N].人民日报，2017-11-24.

的地位。为什么总书记把文化自信提得这么高？我觉得有以下几个方面的原因：

第一，文化自信是建设社会主义文化强国的动力之源。我们讲文化自信是基于对文化发展规律的认识和把握，我们之所以能够坚定文化自信，首先是基于中国强大的经济实力，为当代中国文化的繁荣提供了保障。从历史上看，一个国家、一个民族国力强盛，一个国家的文化往往也会比较繁荣。

第二，先进的文化理念是经济发展、社会进步最重要的动力之一。就像党的十九大报告所讲的，没有高度的文化自信，没有文化的繁荣兴盛就没有中华民族的伟大复兴。把文化自信作为文化乃至民族复兴的一个动力之源。总书记的论述深刻体现了辩证法的思想和逻辑，马克思主义讲经济是基础，但同时也讲上层建筑，包括意识形态，对经济基础有强大的反作用力。

第三，推动中国文化繁荣兴盛需要坚定文化自信。党的十九大报告当中提出的，我们中华民族五千多年文明历史所孕育的中华优秀传统文化，党领导人民在革命、建设、改革中创造的革命文化和社会主义先进文化，都是我们中国特色社会主义文化的优势所在。有以上三种文化的支撑，我们应该有足够的自信。也正是在这点上，是其他民族乃至政党所难以比拟的。

1.1.1.3 打造共建共治共享的社会治理格局

十九大报告指出要坚持以人民为中心的发展思想，把人民对美好生活的向往作为奋斗目标。"要提高保障和改善民生水平，不断满足人民日益增长的美好生活需要，使人民获得感、幸福感、安全感更加充实、更有保障、更可持续"。"打造共建共治共享的社会治理格局。加强社会治理制度建设，完善党委领导、政府负责、社会协同、公众参与、法治保障的社会治理体制，提高社会治理社会化、法治化、智能化、专业化水平"。注重社区在提升治理水平和提升人民生活质量上的作用。"加强社区治理体系建设，推动社会治理重心向基层下移，发挥社会组织作用，实现政府治理和社会调节、居民自治良性互动"。这表明，社会发展由政府主导形式的管理向以人为核心的治理层面转变，而社区作为社会的基本单元，是构建基层社会治理结构体系的重要一环。[①]

---

① 曹淼，谢磊.党的十九大关于文化建设的四个突出特点[J].行政管理改革，2017（11）：40-41.

此外，十九大报告还提出，我们要建设的现代化是人与自然和谐共生的现代化，既要创造更多物质财富和精神财富以满足人民日益增长的美好生活需要，也要提供更多优质生态产品以满足人民日益增长的优美生态环境需要。要推进绿色发展，倡导简约适度、绿色低碳的生活方式，反对奢侈浪费和不合理消费，开展创建节约型机关、绿色家庭、绿色学校、绿色社区和绿色出行等行动。智慧社区的建设要为推动可持续发展提供解决方案，引导居民做出更有益于环境的选择。因此，智慧社区的建设不仅要满足人民的需求，也要兼顾到环境的健康发展，实现人口、资源、环境的平衡发展。通过智慧化的手段减少资源消耗，鼓励居民自主保护环境并改善居民的生活习惯对环境的影响，为可持续发展做出贡献。

1.1.2　中国共产党第十九届中央委员会第四次全体会议报告解读

中国共产党第十九届中央委员会第四次全体会议，于2019年10月28日至31日在北京举行。全会审议通过了《中共中央关于坚持和完善中国特色社会主义制度、推进国家治理体系和治理能力现代化若干重大问题的决定》。全会主要聚焦于国家治理体系和治理能力建设，系统地总结了"中国之治"的13项制度原则。这些制度原则的确立，凝聚了中华人民共和国成立以来尤其是党的十八大以来党中央治国理政的政治智慧，成为支撑经济快速发展、维护社会长期稳定的基本制度安排。推进国家治理体系和治理能力现代化，既要守护这些制度原则，也要推进改革创新，着力固根基、扬优势、补短板、强弱项，构建系统完备、科学规范、运行有效的制度体系。

国家治理涉及政治、经济、文化、社会、生态文明等多个领域、多个维度的制度安排。社会治理制度是国家治理体系的重要组成部分，社会治理能力是国家治理能力的题中应有之义。推进社会治理制度建设，需要坚持问题导向，把专项治理与系统治理、综合治理、源头治理结合起来，构建人人有责、人人尽责、人人享有的社会治理共同体。

为贯彻落实党的十九大精神，十九届四中全会着重研究了坚持和完善推进国家治理体系和治理能力现代化的若干重大问题。主要包括：

1.1.2.1 完善共建共治共享的社会治理制度

党的十九届四中全会提出:"坚持和完善共建共治共享的社会治理制度,保持社会稳定、维护国家安全。社会治理是国家治理的重要方面。必须加强和创新社会治理,完善党委领导、政府负责、民主协商、社会协同、公众参与、法治保障、科技支撑的社会治理体系,建设人人有责、人人尽责、人人享有的社会治理共同体,确保人民安居乐业、社会安定有序,建设更高水平的平安中国。"[①]

(1) 完善正确处理新形势下人民内部矛盾有效机制。坚持和发展新时代"枫桥经验",畅通和规范群众诉求表达、利益协调、权益保障通道,完善信访制度,完善人民调解、行政调解、司法调解联动工作体系,健全社会心理服务体系和危机干预机制,完善社会矛盾纠纷多元预防调处化解综合机制,努力将矛盾化解在基层。

(2) 完善社会治安防控体系。坚持专群结合、群防群治,提高社会治安立体化、法治化、专业化、智能化水平,形成问题联治、工作联动、平安联创的工作机制,提高预测预警预防各类风险能力,增强社会治安防控的整体性、协同性、精准性。

(3) 健全公共安全体制机制。完善和落实安全生产责任和管理制度,建立公共安全隐患排查和安全预防控制体系。构建统一指挥、专常兼备、反应灵敏、上下联动的应急管理体制,优化国家应急管理能力体系建设,提高防灾减灾救灾能力。加强和改进食品药品安全监管制度,保障人民身体健康和生命安全。

(4) 构建基层社会治理新格局。完善群众参与基层社会治理的制度化渠道。健全党组织领导的自治、法治、德治相结合的城乡基层治理体系,健全社区管理和服务机制,推行网格化管理和服务,发挥群团组织、社会组织作用,发挥行业协会商会自律功能,实现政府治理和社会调节、居民自治良性互动,夯实基层社会治理基础。加快推进市域社会治理现代化。推动社会治理和服务重心向基层下移,把更多资源下沉到基层,更好提供精准化、精细化服务。注重发挥家庭家教家风在基层社会治理中的重要作用。加强边疆治理,推进兴边富民。

---

① 第十九届中央委员会.中国共产党第十九届中央委员会第四次全体会议公报[R].北京:人民出版社,2019.

（5）完善国家安全体系。坚持总体国家安全观，统筹发展和安全，坚持人民安全、政治安全、国家利益至上有机统一。以人民安全为宗旨，以政治安全为根本，以经济安全为基础，以军事、科技、文化、社会安全为保障，健全国家安全体系，增强国家安全能力。完善集中统一、高效权威的国家安全领导体制，健全国家安全法律制度体系。加强国家安全人民防线建设，增强全民国家安全意识，建立健全国家安全风险研判、防控协同、防范化解机制。提高防范抵御国家安全风险能力，高度警惕、坚决防范和严厉打击敌对势力渗透、破坏、颠覆、分裂活动。

1.1.2.2 推进国家治理体系和治理能力现代化的要求

坚持和完善中国特色社会主义制度、推进国家治理体系和治理能力现代化，是全党的一项重大战略任务。必须在党中央统一领导下进行，科学谋划、精心组织、远近结合、整体推进，确保十九届四中全会所确定的各项目标任务全面落实到位。

制度的生命力在于执行。各级党委和政府以及各级领导干部要切实强化制度意识，带头维护制度权威，做制度执行的表率，带动全党全社会自觉尊崇制度、严格执行制度、坚决维护制度。健全权威高效的制度执行机制，加强对制度执行的监督，坚决杜绝做选择、搞变通、打折扣的现象。

加强制度理论研究和宣传教育，引导全党全社会充分认识中国特色社会主义制度的本质特征和优越性，坚定制度自信。教育引导广大干部群众认识到，中国特色社会主义制度和国家治理体系经过长期实践检验，来之不易，必须倍加珍惜；完善和发展我国国家制度和治理体系，必须坚持从国情出发、从实际出发，既把握长期形成的历史传承，又把握党和人民在我国国家制度建设和国家治理方面走过的道路、积累的经验、形成的原则，不能照抄照搬他国制度模式，既不走封闭僵化的老路，也不走改旗易帜的邪路，坚定不移走中国特色社会主义道路。

把提高治理能力作为新时代干部队伍建设的重大任务。通过加强思想淬炼、政治历练、实践锻炼、专业训练，推动广大干部严格按照制度履行职责、行使权力、开展工作，提高推进"五位一体"总体布局和"四个全面"战略布局等各项工作能力和水平。坚持党管干部原则，落实好干部标准，树立正确用人导向，把制度执行力和治理能力作为干部选拔任用、考核评价的重要依据。尊重知识、尊重人才，加快人才制度和政策创新，支持各类人才为推进国家治理体系和治理能力现代化贡献智慧和力量。

推进全面深化改革，既要保持中国特色社会主义制度和国家治理体系的稳定性和延续性，又要抓紧制定国家治理体系和治理能力现代化急需的制度、满足人民对美好生活新期待必备的制度，推动中国特色社会主义制度不断自我完善和发展、永葆生机活力。

通过对十九届四中全会的解读，我们需要明确，推进社会治理现代化，需要坚持以解决实际问题为导向，遵循共建共治共享原则，善于自我改革、自我超越，大力发展合作治理、共同治理机制，积极探索自主治理机制，使社会充满生机活力。

首先，在党政关系方面，要进一步完善党委领导、政府负责的制度安排，优化跨部门议事协调机制，确保党的路线方针政策和各项决策部署贯彻落实到位，以党建为引领，推进与社会治理现代化的深度融合。

其次，在政府与社会关系方面，要进一步完善民主协商、社会协同、公众参与的制度安排，注重发挥社会力量的作用，提高社会治理的社会化、民主化、协同化水平。

最后，在治理手段和方式上，要善于运用法治、自治、德治以及科技手段，完善人民内部矛盾处置机制，完善社会治安防控体系，健全公共安全体制机制。

推进社会治理现代化，需要坚持顶层设计型改革和问题倒逼型改革相结合，既要总结社会治理发展规律，通过自上而下的途径推进制度建设，也要总结全国各地在实践中积累的成功经验，及时将可复制的地方经验纳入国家政策体系中。中央提出加强和创新社会治理后，全国各地积极行动起来，积累了丰富的社会治理创新实践案例。例如，北京市针对基层治理面临的难题，推进"街乡吹哨、部门报到"和"接诉即办"改革，取得了很好效果，得到中央领导肯定；浙江省桐乡市开展自治、法治、德治"三治合一"建设，被中央政法委定位为新时代"枫桥经验"的精髓；内蒙古阿拉善盟根据当地社会治理面临的现实矛盾，政府提供政策支持、经费补助，引导农牧民组织起来成立草原"都贵楞"，成为一支巡防自治力量，为守护草原发挥了重要作用。总结各地推进社会治理创新的典型经验，有利于增进政府间学习，促进成功经验的推广和扩散。

总之，推进社会治理现代化需要坚持和完善党的领导制度，坚持人民当家作主，充分发展协商民主，构建充满活力的社会治理共同体，形成基层社会治理新格局。基层政府及其派出机构拥有的资源有限，社会治理需要调动多元社会主体及其掌握的资源，建设人人有责、人人尽责、人人享有的社会治理共同体，确保人民安居乐业、社会安定有序。

1.1.3 《中共中央 国务院关于加强和完善城乡社区治理的意见》解读

中共中央、国务院于2017年6月12日印发并实施了《中共中央 国务院关于加强和完善城乡社区治理的意见》（以下简称《意见》）。它是党中央和国务院出台的第一个关于城乡治理的纲领性文件。《意见》指出，"城乡社区是社会治理的基本单元"。城乡社区治理事关党和国家大政方针贯彻落实，事关居民群众切身利益，事关城乡基础和谐稳定。《意见》提出的总体目标是，到2020年，基本形成基层党组织领导、基层政府主导的多方参与、共同治理的城乡社区治理体系。《意见》提出，要健全完善城乡社区治理体系，要充分发挥基层党组织领导核心作用，有效发挥基层政府主导作用，注重发挥基层群众性自治组织基础作用，统筹发挥社会力量协同作用；要不断提升城乡社区治理水平，增强社区居民参与能力，提高社区服务供给能力，强化社区文化引领能力，增强社区依法办事能力，提升社区矛盾预防化解能力，增强社区信息化应用能力。[①]这些要求为实现党领导下的政府治理和社会调节、居民自治良性互动，全面提升城乡社区治理法制化、科学化、精细化水平和组织化程度，促进城乡社区治理体系和治理能力现代化指明了方向。在新的时代背景下，新一代信息技术正深刻

---

① 宋岩. 关于加强和改进城市基层党的建设工作的意见 [EB/OL]. [2019-5-9]. 中共中央办公厅印发《关于加强和改进城市基层党的建设工作的意见》[EB/OL]. [2019-5-17]. http://www.gov.cn/xinwen/2019-05/08/content_5389836.htm.

地改变当今世界的面貌，对人们的行为、生活方式和思维模式都产生了重大影响，社区治理也要跟上信息化步伐。而智慧社区的建设在社区治理的过程中就起着重要作用，它为创新社会治理、改进治理方式和提升服务能力指明了方向。现《意见》中有关智慧社区的内容整理如下：

1.1.3.1 以人为本，建设适合本地区的智慧应用

《意见》提出，城乡社区治理的基本原则之一是要坚持以人为本，服务居民。坚持以人民为中心的发展思想，把服务居民、造福居民作为城乡社区治理的出发点和落脚点，坚持依靠居民、依法有序组织居民群众参与社区治理，实现人人参与、人人尽力、人人共享。城市的核心是生活在城市里的"人"。在新型社区治理的背景下，智慧社区的建设要坚持以人为本，时刻把"人"放在心上，多站在群众的角度想问题，必须重点解决民生领域的突出问题，推进以保障、改善民生为重点的社会建设，尽快补齐社会建设的短板，真正增强服务意识，维护群众合法权益和主体地位。此外，各地区要立足自身资源禀赋、基础条件、人文特色、发展状况等实际，因地制宜地制定智慧社区建设的发展策略。

1.1.3.2 "互联网+社区"

实施"互联网+社区"行动计划，加快互联网与社区治理和服务体系的深度融合。一方面，运用社区论坛、微博、微信、移动客户端等新媒体，引导社区居民密切日常交往、参与公共事务、开展协商活动、组织邻里互助，探索网络化社区治理和服务新模式。另一方面，务实推进智慧社区信息系统建设，发展社区电子商务，积极开发智慧社区移动客户端，推动社区养老、社区医疗、社区物业设备设施的智能化改造升级，实现服务项目、资源和信息的多平台交互和多终端同步。逐步实现社区公共服务、志愿服务、便民利民服务等社区服务信息资源集成，构建设施智能、服务便捷、管理精细、环境宜居的"智慧社区"。同时，广泛吸纳社区社会组织、社区服务企业信息资源，集成社区服务信息资源。

随着互联网的发展，智能设备开始进入千家万户，全国范围内多数智慧社区的建设都采用了此计划，运用新媒体和社区信息系统建设，促进社区治理的精细化和便捷化，提升了工作效率和质量。北京市房山区的时代家和社区事务所（西潞综合服务中心）采用"互联网+社区"模式，建设智慧社区平台，做

信息化和电子化管理的"一个平台"建设。通过智慧社区平台，居委会建立居民的档案、发布社区的活动信息并进行记录、发布商铺活动信息等。此平台有配套的APP，操作简单，居民可通过此APP预定餐、洁、浴、心理疏导等服务。目前，"互联网＋社区"的建设辐射了整个社区，登记使用的老人有1500人左右，切实解决百姓所需，并优化了社区居委会的工作方式。

1.1.3.3 "互联网＋政务服务"及"一门式"服务模式

《意见》提出，依托"互联网＋政务服务"相关重点工程，加快城乡社区公共服务综合信息平台建设，实现一号申请、一窗受理、一网通办，强化"一门式"服务模式的社区应用。例如上海市大力推进"互联网＋政务服务"的社区公共服务综合信息平台建设，先后出台了《全面推进政务公开工作的实施意见》《本市落实〈国务院关于加快推进"互联网＋政务服务"工作的指导意见〉工作方案》等，并于2017年8月成立市政务公开与"互联网＋政务服务"领导小组，推进政务服务的智慧化水平。上海市社区公共服务综合信息平台建设实现了全面覆盖，形成了"一网（政务外网）、一云（电子政务云）、一窗（网上政务大厅）、三库（人口、法人、空间地理信息库）、N平台、多渠道"的支撑体系，有效促进了社区服务质量、人员素质和窗口形象的提升，取得了市民办事便捷、政府管理方便、过程公开透明、行政成本降低、民生信息鲜活和社区和谐稳定的良好社会效益。

1.1.3.4 强化网格管理

促进基层群众自治与网格化服务管理有效衔接是推进社会治理精细化、推进平安社区建设、加强城乡社区治安防控网建设的重要方式。北京市房山区西潞街道苏庄三里社区为了进一步加强基层服务型党组织建设，确保党组织服务能力不断提高，创新推出"育网式"工作法，将西潞街道分为三个党支部，五个生活小院，共15个网格，每个网格都有党支部的党员。同时，采用网格化社会服务管理信息系统，快速解决管理辖区内的问题。

1.1.3.5 实现共建工程，优化三大平台服务

优化三大平台服务是指：门户网站平台，实现政务公开透明化；居民服务平台，实现公共服务一站化；手机微信平台，实现互动交流即时化。门户网站平台实现了用户实名注册、信息发布、在线问答、网上办事、网上评价以及缴费服

务等功能。社区门户网站单向同步了全员人口信息系统的数据，为社区居民提供了一个切实可靠的社群互动平台，不仅方便了居民办理事务，也形成了对社区工作有效的监督评价机制。居民服务平台为工作人员提供了一个高效的办公平台，主要包括人房管理、社区业务办理、主动服务、智能提醒、统计分析、辅助决策等功能。手机微信平台，例如社区微信/移动客户端等公众服务平台，充分利用了移动设备的优势，消除了时间、空间限制，不仅加强了社区的宣传，也方便了居民对社区动向的实时关注。手机微信平台同步了其他几个平台的基础功能，主要包括信息发布、预约服务、智能提醒、网上评价、问卷调查等。

1.1.3.6 建设人文环境，提升三大环境（美化居住环境，优化文化环境，强化治安环境）

《意见》提出，改善社区人居环境。完善城乡社区基础设施，建立健全农村社区基础设施和公用设施的投资、建设、运行、管护和综合利用机制。加快城镇棚户区、城中村和危房改造。加强城乡社区环境综合治理，做好城市社区绿化美化净化、垃圾分类处理、噪声污染治理、水资源再生利用等工作，着力解决农村社区垃圾收集、污水排放、秸秆焚烧以及散埋乱葬等问题，广泛发动居民群众和驻社区机关企事业单位参与环保活动，建设资源节约型、环境友好型社区。推进健康城市和健康村镇建设。

强化社区文化引领能力。以培育和践行社会主义核心价值观为根本，大力弘扬中华优秀传统文化，培育心口相传的城乡社区精神，增强居民群众的社区认同感、归属感、责任感和荣誉感。积极发展社区教育，建立健全城乡一体的社区教育网络，推进学习型社区建设，着力补齐城乡社区治理短板。

强化社区风险防范预案管理，加强社区应急避难场所建设，开展社区防灾减灾科普宣传教育，有序组织开展社区应对突发事件应急演练，提高对自然灾害、事故灾难、公共卫生事件、社会安全事件的预防和处置能力。加强消防宣传和消防治理，提高火灾事故防范和处置能力，推进消防安全社区建设。

在这其中，智慧社区的建设有利于提高社区治理的信息化和精细化，提高基础设施的集约化管理效率，改善社区自治环境和创新治理体系，创新社区文化，通过智慧应急处理系统防范社区风险，推动基层政府向服务型政府转型，促进社区治理的现代化。

1.1.3.7　探索共建共治共享新目标、共享和融合三个重点

《意见》指出，城乡社区治理的指导思想是全面贯彻党的十八大和十八届三中、四中、五中、六中全会精神，坚持以邓小平理论、"三个代表"重要思想、科学发展观为指导，深入贯彻习近平总书记系列重要讲话精神和治国理政新理念、新思想新战略，紧紧围绕统筹推进"五位一体"总体布局和协调推进"四个全面"战略布局，坚持以基层党组织建设为关键、政府治理为主导、居民需求为导向、改革创新为动力，健全体系、整合资源、增强能力，完善城乡社区治理体制，努力把城乡社区建设成为和谐有序、绿色文明、创新包容、共建共享的幸福家园，为实现"两个一百年"奋斗目标和中华民族伟大复兴的中国梦提供可靠保证。

综上所述，这些总要求为新时代智慧社区和社区治理新格局提供了根本遵循，明确了总体发展方向，为各地区提供了纲领性的方法指引。在向社会主义现代化目标而奋进的新时代里，中国智慧社区建设要在党的领导下，在以人为本、服务为民的前提下，运用先进的技术手段，结合切实有效的发展理念，促进人民获得感、幸福感、安全感的提升，促进人口、资源、环境的和谐可持续发展。同时，由管理向治理转变，促进多元主体的参与，发动各利益相关者的主观能动性，实现共同建设、共同治理、共同分享。

1.1.4　中共中央办公厅《关于加强和改进城市基层党的建设工作的意见》解读

2019年5月9日，中共中央办公厅印发了《关于加强和改进城市基层党的建设工作的意见》（以下简称《意见》），这是进一步加强党对城市基层治理全面领导的一项重大举措。《意见》对加强和改进城市基层党的建设提出如下要求：

1.1.4.1　加强和改进城市基层党建工作至关重要

加强和改进城市基层党建工作，把城市基层党组织建设成为宣传党的主张、贯彻党的决定、领导基层治理、团结动员群众、推动改革发展的坚强战斗堡垒，对于坚持和加强党对城市工作的全面领导、夯实党在城市的执政基础、推进城

市治理体系和治理能力现代化具有重要意义。

面对新形势新任务新挑战，各地区各部门要站在确保党长期执政、国家长治久安、人民安居乐业的高度，充分认识加强和改进城市基层党建工作的重要性紧迫性，认真落实新时代党的建设总要求和新时代党的组织路线，突出政治功能和组织力，严密组织体系，强化系统建设和整体建设，充分发挥街道社区党组织领导作用，有机联结单位、行业及各领域党组织，构建区域统筹、条块协同、上下联动、共建共享的城市基层党建工作新格局，为建设和谐宜居、富有活力、各具特色的现代化城市，走出一条中国特色城市发展道路，提供坚强组织保证。

1.1.4.2 发挥街道社区党组织引领作用

（1）提升街道党（工）委统筹协调能力。深化街道管理体制改革，优化机构设置和职能配置，充分发挥街道党（工）委统筹协调各方、领导基层治理的作用。推动街道党（工）委聚焦主责主业，集中精力抓党建、抓治理、抓服务。按照重心下移、权责一致原则，赋予街道党（工）委相应职责职权。整合街道党政机构和力量，统筹设置基层党建、公共管理、公共服务、公共安全等综合性机构。健全与职责相适应的考评体系，对街道的检查考核，由区（县、市、旗）党委和政府统筹安排，上级职能部门一般不对街道进行直接考核，确需开展的按"一事一报"原则报批。

（2）确保社区党组织有资源有能力为群众服务。加强对社区的工作支持和资源保障，统筹上级部门支持社区的政策，整合资金、资源、项目等，以社区党组织为主渠道落实到位。采取向社会组织、市场主体、民办社工机构购买服务等方式，丰富社区服务供给，提升专业化服务水平。对社区内有关重要事项决定、资金使用等，要发挥社区党组织的主导作用。依法确定社区工作事项，上级部门不得把自己职责内的工作转嫁给社区，确需社区协助的，须经区（县、市、旗）党委和政府严格审核把关，并提供必要的经费和工作条件。推进社区减负增效，专项整治社区检查考核评比过多过滥问题，建立居民群众满意、驻区单位满意的服务评价制度。

（3）增强街道社区党组织政治功能和战斗力。街道社区党组织应当教育引导党员干部旗帜鲜明讲政治，增强"四个意识"，坚定"四个自信"，做到"两个维护"。推进"两学一做"学习教育常态化制度化，推动习近平新时代中国特色社会主义思想进社区、进头脑。落实全面从严治党要求，加强基层党风廉政建设，营造干事创业良好环境。加强对基层各类组织的政治引领和对居民群众的教育引导。整体优化提升社区党组织带头人队伍，规模较大的社区应当配备专职党务工作者协助书记抓党建，注重发挥离退休党员作用。在抓重大任务落实中检验街道社区党组织战斗力，使街道社区党组织在推动城市改革发展、基层治理、民生改善、社会和谐中锻造提升。

1.1.4.3　增强城市基层党建整体效应

（1）强化市、区、街道、社区党组织四级联动。逐级明确党建工作职责任务，市委抓好规划指导，协调解决重大问题；区（县、市、旗）委提出思路目标，具体指导推动，发挥"一线指挥部"作用；街道党（工）委抓好社区党建，统筹协调辖区内各领域党建工作，整合调动各类党建资源，强化"龙头"带动；社区党组织落实上级党组织部署的各项任务，兜底管理辖区内小微企业和社会组织党建工作。逐级健全党建联席会议制度，明确成员单位职责，定期沟通、上下协同解决问题。上一级党建联席会议应当吸收下一级党组织成员参加，并强化对下一级党建联席会议的指导。街道、社区党建联席会议负责人，可由上级党员领导干部兼任。建立上级党组织对下级党组织的调度通报、动态管理、督促检查和跟踪问效制度。

（2）推进街道社区党建、单位党建、行业党建互联互动。以街道社区党组织为主导，建立开放性的互联互动纽带，加强组织共建，通过共同开展活动、加强党员教育等推进活动共联，通过整合盘活信息、阵地、文化、服务等实现资源共享。健全街道社区党组织兼职委员制，更好发挥兼职委员及其所在单位共建作用。推动市、区两级机关和企事业单位党组织、在职党员到社区报到全覆盖，鼓励其参与社区治理、有效服务群众。探索以块为主、条块融合、双向用力的具体抓手，健全双向压实责任、双向沟通协商、双向考核激励、双向评价干部的工作机制。

（3）扩大新兴领域党建有效覆盖。创新党组织设置和活动方式，依托物业服务企业、产权单位、骨干企业等建立楼宇党组织；依托街道、市场监管部门、协会商会或产权单位建立商圈市场党组织；依托各类园区建立党建工作机构，推动入驻企业单独或联合建立党组织；依托行业监管部门建立行业党组织或行业协会党组织，统一管理律师、会计师等行业党建和重点互联网企业党建工作，不断提升新兴领域党的组织和工作覆盖质量。

（4）广泛应用现代网络信息技术。整合各级党建信息平台与政务信息平台、城市管理服务平台等，实现多网合一、互联互通，促进党建工作与社会管理服务深度融合。推广"互联网＋党建""智慧党建"等做法，利用大数据做好党建工作分析研判，利用微信、微博、移动客户端等新媒体，丰富党建工作内容和形式，巩固和扩大党的网上阵地。

1.1.4.4　提升党组织领导基层治理工作水平

（1）健全党组织领导下的社区居民自治机制。在社区党组织领导下，以社区居民委员会和居务监督委员会为基础，完善协同联动的社区治理架构。强化党组织领导把关作用，规范社区"两委"换届选举，防止不符合标准条件的人选进入班子。全面推行社区党组织书记通过法定程序担任社区居民委员会主任、"两委"班子成员交叉任职。依法依规稳妥开展非户籍常住居民和党员参加社区"两委"换届试点，拓展外来人口参与社区治理途径。推进在业主委员会中建立党组织，符合条件的社区"两委"成员通过法定程序兼任业主委员会成员。通过发展党员、引导物业服务企业积极招聘党员员工、选派党建指导员等方式，加强社区物业党建联建，延伸党的工作手臂。建立党建引领下的社区居民委员会、业主委员会、物业服务企业协调运行机制，充分调动居民参与积极性，形成社区治理合力。

（2）领导群团组织和社会组织参与基层治理。坚持党建带群建，党组织通过给群团组织派任务、提要求，促进党组织和群团组织资源共用、功能衔接。健全社会组织参与治理机制，培育公益性、服务性、互助性社会组织和群众活动团队，引领各类社会组织专业规范运作、依法依规办事。推动党的建设有关要求写入社会组织章程，善于使党组织推荐的人选通过法定程序成为社会组织负责人，善于使党组织意图成为社会组织参与治理的行动，支持党组织健全的社会组织有序承接政府转移职能和有关服务项目。

（3）做实网格党建，促进精细化治理。根据地域、居民、驻区单位、党组织和党员等情况，调整优化网格设置，整合党建、综治、城管等各类网格。将党支部或党小组建在网格上，选优配强党支部书记或党小组组长，建立专兼职网格员队伍，随时随地了解群众需求和困难。加强网格资源配置，把公共服务、社会服务、市场服务、志愿服务下沉到网格，精准投送到千家万户。建立街道社区党员干部包联网格、走访群众制度，打通联系服务群众"最后一公里"。

（4）建设覆盖广泛、集约高效的党群服务中心。整合党建、政务和社会服务等各种资源，统筹建设布局合理、功能完备、互联互通的党群服务中心，打造党员和群众的共同园地。依托街道、社区综合服务设施建好街道、社区党群服务中心（站点），区（县、市、旗）有关部门要把服务窗口下移到街道、社区，推行"一站式"服务和"最多跑一次"改革，让党员群众在家门口就能找到组织，享受便利服务。依托楼宇、园区、商圈、市场或较大的企业，建设特色鲜明、功能聚焦的区域性党群服务中心（站点）。加强规范化建设，配备专职工作人员，完善工作保障和运行机制，真正把各类党群服务中心建设成为党领导城市治理的坚强阵地和服务党员群众的温馨家园。

1.1.4.5　加强对城市基层党建工作的组织领导

（1）压实领导责任。健全党委统一领导、党委组织部门牵头负责、有关部门和行业系统齐抓共管的领导体制和责任机制。各级党委要把城市基层党建纳入整体工作部署和党的建设总体规划，定期专题研究，解决重点难点问题。推广一些地方成立基层党建与基层治理领导协调议事机构的做法，紧扣治理抓党建，从制度机制上解决党建和治理"两张皮"问题。市、区两级党委主要负责同志要亲自谋划、直接推动。党委组织部门要会同有关部门强化政策保障和资源调配，共同做好工作。要把城市基层党建情况作为党委书记抓基层党建述职评议考核重要内容。

（2）加强分类指导。因地制宜精准施策，直辖市、副省级城市、省会城市及经济社会发展水平较高的城市，要率先破解体制性、机制性、政策性难题；其他城市要结合本地实际，学习借鉴先进城市经验，强化系统思维和工作统筹。抓好村改社区党建，理顺管理体制和运行机制。开展城市基层党建示范引领行动，加快示范市培育和建设，总结推广先进典型和经验，提高城市基层党建总体质量。

（3）夯实基础保障。结合机构改革强化力量配备，在编制、职数、待遇等方面加大对街道社区的政策倾斜力度，形成在基层集聚人才、在一线创业成长的鲜明导向。注重吸引具有专业素养的人才到社区工作，建设一支数量充足、结构合理、管理规范、素质优良的社区工作者队伍。健全社区工作者职业体系，设立岗位等级序列，按规定落实报酬待遇，形成正常增长机制。建立正向激励机制，加大表彰奖励力度，增强职业荣誉感，引导基层干部努力担当作为。健全财政投入保障机制，落实社区运转经费、党建工作经费、服务群众专项经费、服务设施和社区信息化建设经费，提升社区场所阵地服务承载能力。

《意见》对推进街道社区、单位与党建互融互通，党组织和党员到社区报到服务、强化党建引领基层治理等方面提供了指引。

在推进街道社区、单位与党建互融互通方面：一是推动共驻共建。通过驻区单位和街道社区党组织签订共建协议、干部交叉任职、人才结对培养等措施，实施组织共建、党员共育、活动共联、服务共抓、资源共享，实现各领域、各行业党建互融互通。

二是推进"双向服务"。全面推行党建责任清单制度，街道社区党组织定期征集辖区居民、驻区单位需求和困难，形成需求清单，根据街道社区、驻区单位、行业部门的职能职责和资源优势，形成资源清单，通过开展"双向认领、双向服务"推动共驻共建。

三是实施双向评价。一方面，街道社区驻区单位对街道、社区工作有建议权和评价权；另一方面，驻区单位、行业部门在基层党建目标考核、行风评议、文明单位评选，"两代表一委员"、先进模范人物推荐评选时，要征求街道社区党组织的意见。

在推进党组织和党员到社区报到服务方面：一是注重整合资源。驻区单位服务资源不均衡的，由区（县、市）委组织部在区域范围内，打破单位行政级别和隶属关系，统筹安排党组织到社区报到服务。

二是健全报到备案制度。报到服务情况及时向社区居民公开，并向党员所在单位书面反馈。

三是建立积分制度。建立报到服务积分制度,激发党员群众参与社区治理的积极性主动性。

在强化党建引领基层治理方面:一是强化基层党组织政治引领。完善党建带群建制度机制,积极培育公益性、服务性、互助性社会组织和群众活动团队,引导各类社会组织专业规范运作、依法依规办事。推动党的建设有关要求写入各类社会组织章程。

二是推动基层党建与居民自治有机衔接良性互动。健全党组织领导下的居民自治机制,强化社区党组织对社区居委会、物业公司、业主委员会、社区社会组织和群众活动团队的有效统领。提倡社区党组织、居委会、物业公司管理人员和业委会委员交叉任职,广泛开展小区自治、业主自治、楼院自治。

三是做实网格化党建促进精细化治理。合理划分社区网格,鼓励社区"两委"成员、辖区党员、志愿者兼任网格党支部书记、党小组组长和网格员,建立街道党员干部联系网格、走访群众制度,打通服务群众神经末梢。

1.1.5　北京市《关于加强新时代街道工作的意见》解读

2019年2月,中共北京市委、北京市人民政府印发《关于加强新时代街道工作的意见》(以下简称《街道工作意见》),在加强党建引领基层治理、街道体制改革、保障和改善民生、街区更新、社区治理和保障机制六个方面,提出30条改革措施,这为北京市各社区治理工作指明了方向,是党建引领"街乡吹哨、部门报到"改革创新的再深化。

《街道工作意见》指出:"街道是城市管理和社会治理的基础,是巩固基层政权、落实党和国家路线方针政策的依托,是联系和服务群众的纽带,在超大城市基层治理体系中发挥着不可替代的中枢作用。"[1]《街道工作意见》把城市管理作为街道的一项重要职责加以明确,表明首都城市管理"两级政府、三级管理"的体制得到了进一步深化,城市管理工作在基层末梢环节得到了进一步强化。

---

[1] 王宏伟. 关于加强新时代街道工作的意见 [N]. 北京日报,2019-2-26.

1.1.5.1 新时代街道管理工作的新形势

（一）聚焦街道中枢地位，增强超大城市治理的基础性

《街道工作意见》提出，随着中国特色社会主义进入新时代，北京正处于向高质量发展的转型阶段，人民群众对美好生活的需要呈现新变化新特点，城市基层治理面临一系列新情况新挑战。街道作为"两级政府、三级管理"的最后一级，也是最基础、最关键的一级，既要对市、区两级政府负责，更要对辖区社会单位和人民群众负责，必须发挥好在城市治理工作中的枢纽作用，总揽全局，协调各方，承上启下，以增强群众获得感、幸福感、安全感为目标，以加强党对基层治理的全面领导为根本，以深化"街乡吹哨、部门报到"改革为重点，以增强街道统筹协调能力为抓手，做强街道、做优社区，构建简约高效的基层管理体制，强化基层治理，为推进首都治理体系和治理能力现代化夯实基础。

（二）聚焦街道职能定位，增强城市精细化管理的统筹性

《街道工作意见》明确提出，街道是城市管理和社会治理的基础，是巩固基层政权、落实党和国家路线方针政策的依托，是联系和服务群众的纽带。街道党工委、办事处依据法律、法规、规章和上级党委、政府的授权，代表区委区政府对辖区党的建设、公共服务、城市管理、社会治理等行使综合管理职能，负责辖区地区性、社会性、群众性工作的统筹协调。围绕街道核心职能和工作定位，《街道工作意见》明确了新时代街道工作的指导思想和基本原则，确立了工作目标，梳理细化了健全基层党建体系、深化机构综合设置、优化街道社区规模、改善基本公共服务等30项主要任务，制定了加强组织领导、强化督促落实、加大宣传激励等保障措施。

（三）聚焦市民诉求响应，增强保障和改善民生的实效性

《街道工作意见》提出，新时代街道工作坚持以人民为中心的发展思想，以增强群众获得感、幸福感、安全感为目标。坚持民有所呼、我有所应，围绕增强便利性、宜居性、多样性、公正性、安全性，推动为民办事常态化、机制化，把解决群众身边问题的实效作为检验工作的标准，打通服务群众、抓落实的"最后一公里"。

"一核多元　融合共治"街道综合治理平台见图1.1。

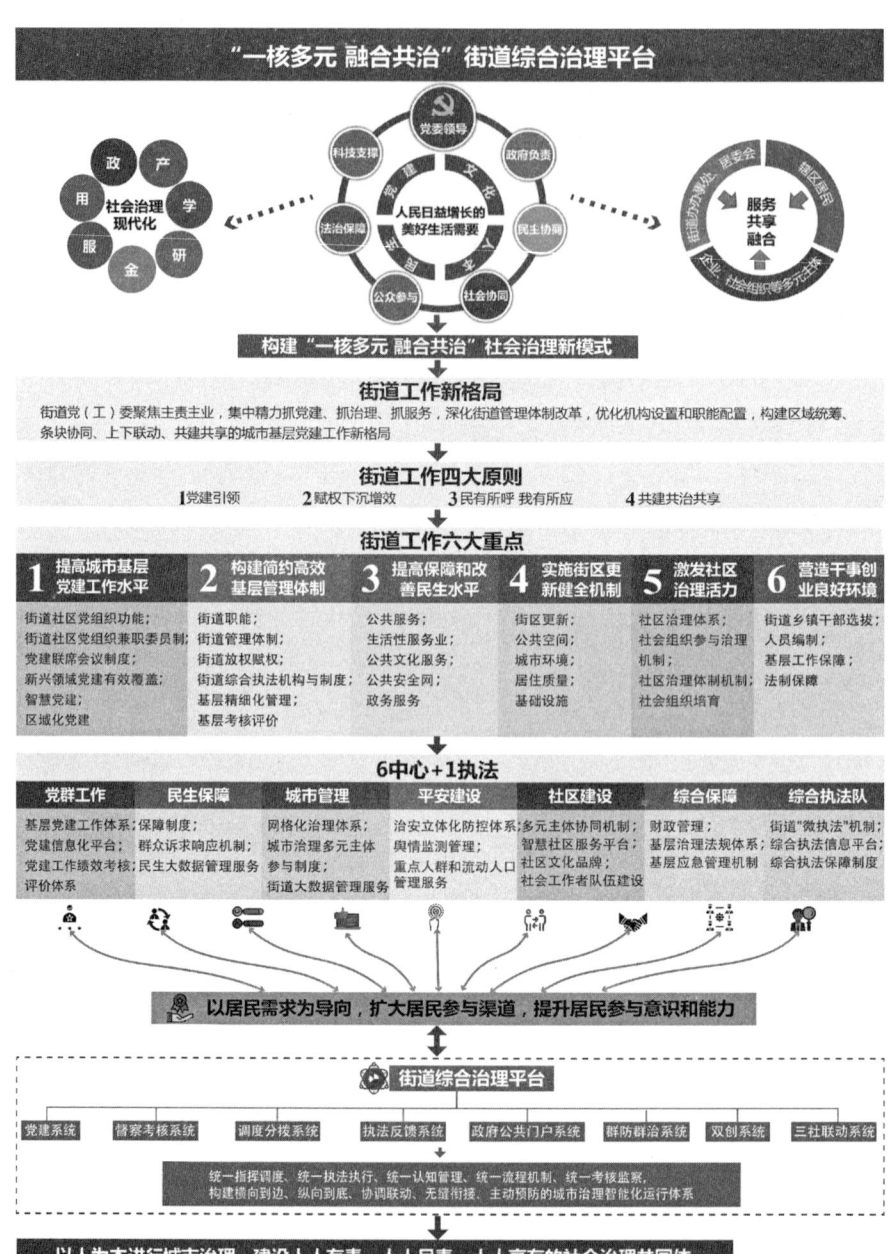

图1.1 "一核多元、融合共治"街道综合治理平台

1.1.5.2 新时代街道管理工作的重点任务

《街道工作意见》梳理出了新时代街道城市管理工作的10项重点任务：

（一）强化辖区统筹，加强"四个能力"建设

《街道工作意见》提出，加强街道能力建设，提升统筹协调、服务、管理和动员能力。一是充分发挥党组织在基层治理中的领导作用，创新党建工作内容和方式，形成以街道为指挥平台、专业部门高效履责的工作合力。二是完善配套服务设施，提供优质公共服务，发挥街道直接面对居民、联系群众广泛、回应诉求快速的优势，解决好群众身边问题，提高居民生活质量和便利度。三是完善决策议事协调机制，统筹推进街区更新、社会秩序规范、综合执法改革等工作，构建城市精细化管理体系。四是扩大基层民主，广泛动员居民群众，调动区域内机关、企事业单位、各类组织的积极性，整合各方力量，共同参与基层治理工作。

（二）推动赋能增权，重点下放"六权"

优化街道职责事项清单，推动区级职能部门向街道下放职权，重点下放给街道"六权"：一是辖区设施规划编制、建设和验收参与权；二是全市性、全区性涉及本街道辖区范围内重大事项和重大决策的建议权；三是职能部门综合执法指挥调度权；四是职能部门派出机构工作情况考核评价和人事任免建议权；五是多部门协同解决的综合性事项统筹协调和考核督办权；六是下沉资金、人员的统筹管理和自主支配权。《街道工作意见》明确提出，区委区政府及其职能部门要支持、保障街道充分行使统筹管理权，职能部门派出机构要主动接受街道统一领导和指挥调度。

（三）构建实体化综合执法机构，逐步实现一支队伍管执法

推进行政执法权限和力量向基层延伸和下沉，强化街道统一指挥和统筹协调职责。一是整合现有资源，组建统一的综合行政执法机构，集中行使行政处罚权，以街道名义开展执法工作，并接受上级主管部门的业务指导和监督，逐步实现一支队伍管执法。二是加强对街道综合行政执法机构、执法人员的业务指导和培训。三是区直部门设在街道的机构原则上实行属地管理，继续实行派驻体制的，要建立健全纳入街道统一指挥协调的工作机制。四是及时清理、修

订、完善不符合基层实际和发展需要的法规及政策规定，为综合执法改革提供制度保障。

（四）整合基层力量，强化统筹调度和使用

推动基层管理资源和工作力量向网格下沉，建立以街道为主体、以网格为基本单元、以街巷长为统领的基层精细化管理体系。一是推广街巷长、"小巷管家"做法，将街巷长、"小巷管家"和网格员、协管员、社区工作者、志愿者、社区专员等基层力量纳入网格化体系，统一调度使用。二是完善管理服务事项标准和流程，实现管理服务制度化、规范化、程序化。三是加强对各类协管员队伍的规范管理，逐步建立市级全面统筹、区级总体负责、街道集中管理使用的协管员队伍管理体制机制。

（五）推动专业化服务下沉街道，提升基层治理专业化水平

以往我们强调专业化水平，主要是在市区两级。此次《街道工作意见》首次提出要在基层治理方面推进专业化，提升基层治理专业化水平，对街道工作提出了新的更高的标准和要求。一是围绕精治共治法治工作，提出"基层治理社会化、法治化、智能化、专业化水平不断提高"的目标。二是在推动重心下移方面，提出"职能部门派出机构要主动接受街道统一领导和指挥调度"。三是在公共服务、街区更新、环境整治、居住质量等多个方面提出了专业化管理要求。四是在基层考核评价体系中，要求街道对水、电、气、热、电信等公共服务企业服务情况进行监督，评价结果纳入公共服务企业绩效评价。

（六）以街区更新为抓手，推动精细化管理

《街道工作意见》明确提出，要着力从街道、街区、社区三个层面做强做实街道工作，统筹推进街道改革、街区更新、社区治理，实现党对基层治理的领导全面加强。一是建立健全街区更新机制。坚持区级统筹、街道主体、部门协作、专业力量支持、社会公众广泛参与，推行以街区为单元的城市更新模式，实现人居环境和城市品质的整体提升。二是提升街区公共空间品质。推动街区城市修补和生态修复，制定街区公共空间改造提升设计导则和行动计划。三是健全市政基础设施维护维修机制。落实市政设施运行管理单位主体责任，公开服务信息和内容，畅通服务渠道，健全管理制度，确保维护资金充足、物资保

障到位。四是着力改善居住质量。实施居住区环境整治分类指导，落实新建居住区规划配套指标，加强老城平房院落修缮整治，补齐配套设施，提升服务标准。

（七）以街巷环境治理为重点，深化城市环境整治

《街道工作意见》明确提出，要建设文明街道、活力街道、宜居街道、平安街道，努力把街道社区打造成为人民群众安居乐业的幸福家园。要实现这一目标，必须深入推进城市环境整治，提升城市环境质量。一是推进以街巷环境治理为重点的城市环境整治。二是建立健全违法建设长效管控机制，减少存量、严控增量，确保新生违建零增长，创建无违建街道。三是加大政策和资金保障力度，持续推进"开墙打洞"整治、主次干道架空线入地、广告牌匾标识规范治理等工作。四是抓好群众性精神文明创建，改善街区环境卫生和城市秩序。推进"厕所革命"，加强生活垃圾分类治理。

（八）以市民诉求为"哨"，建立接诉即办响应机制

《街道工作意见》围绕总书记重要指示精神，明确提出"民有所呼、我有所应"的基本原则，并以此为核心明确了相关政策部署和制度安排。一是确立了建设文明街道、活力街道、宜居街道、平安街道的工作目标。二是整合各类热线归集到"12345"市民服务热线，建立全市统一的群众诉求受理平台。三是完善向街道、部门双向派单机制和职责清单。四是市民服务热线以响应率、解决率、满意度为依据，对接办问题进行分类筛查和评比，定期通报排名靠后的街道和工作不力的部门单位。五是拓宽社情民意反映渠道，利用微信、微博、短视频等网络新媒体倾听群众呼声，迅速回应群众关切。

（九）依托大数据平台，提高城市治理精准度

《街道工作意见》围绕基层治理提出了社会化、法治化、智能化、专业化的"四化"目标。新时代，我们要善于运用互联网技术和信息化手段开展工作。一是依托网格化管理平台，统一底图、统一标准，健全数据采集更新机制，完善街道基础信息数据库。二是加强重点区域物联网建设，推动状态监测与可视化，增强城市部件、事件感知能力，提升城市治理的预见性、精准性、高效性。三是建立街道社区人居环境大数据体检机制，运用"互联网＋"创新基层治理，

打造线上线下各类社会主体紧密互动的公共平台。四是持续推进"北京通""一证通"等便民服务应用建设,推动大数据建设和应用成果向基层延伸。

(十)落实保障措施,形成"城市管理工作要抓到街乡镇"的鲜明导向

《街道工作意见》明确提出,要深化街道管理体制改革,推动重心下移、权力下放、力量下沉,形成到一线解决问题的工作导向。一是加强组织领导。各级党委、政府要将加强街道工作纳入重要议事日程,定期研究基层治理工作重大问题。二是健全完善激励保障制度,营造干事创业的良好环境。三是提高基层工作保障水平。完善街道财政保障机制。四是强化街道社区工作的法治保障,完善基层治理法规体系。

1.1.5.3 处理新时代街道管理工作中的关系

(一)处理好街道属地管理与市区两级行业管理的关系

街道作为政府派出机构,同时承担着辖区管理的"兜底"职能,对市政公用、环境卫生等管理范围以外的区域实施管理,比如平房区、城乡接合部的综合管理;无物业小区的代管;老旧小区、多产权小区的协调管理等。随着"街乡吹哨、部门报到"机制不断深化,《街道工作意见》出台,综合执法力量下沉,街道承担的城市管理任务更为繁重,对街道履职能力提出了巨大的挑战和考验,需要街道主要领导和相关部门负责人重视起来,把握好辖区城市管理与市区两级城市管理的关系,推动辖区城市管理水平不断提升。

(二)处理好"条"与"块"的关系

"条",是指专业管理,主要是垂直管理部门或业务管理系统职能上具有上下级领导关系或行业指导关系的专业化、行业化管理;"块",是指属地管理,主要是一级政府或政府派出机构对辖区或属地内的综合统筹管理。由于街道具有底数清、情况明的优势,又有社区作为依托,善于做群众工作,很多"条"上的专业化工作或社会动员工作需要街道属地的配合支持。在处理"条""块"关系上,不能把职能部门的职责和"棘手"问题简单下放给街道处理,也要避免基层陷入超负荷运作甚至粗暴行政、暴力执法的现象。《街道工作意见》明确提出,抓好街道工作是市、区、街道的共同责任,要明确任务分工,确定任务清单,明确责任单位、完成时限,将街道改革工作落实情况纳入市委、市政府

督查重点项目。

（三）处理好城市管理与综合执法的关系

城市治理现代化是目标，城市管理和综合执法是手段，城市管理为综合执法提供管理资源，综合执法为城市管理提供执法保障，两者共同服务于城市治理现代化。当前，街道办事处承载了城市管理和综合执法两大职能，需要妥善处理好两者关系，理顺街道城市管理部门与综合执法队的工作关系，明确职责分工，明晰职能定位，深化街道体制机制改革，促进城市管理与综合执法无缝衔接，平稳有序开展，实现城市管理高质量发展目标。

从《关于加强新时代街道工作的意见》中我们可以看到，新时代街道社区管理工作需要坚持发挥党建引领作用，加强社区党建工作机制的探索，要不断用新的理念武装头脑，适应新时代社会治理工作的要求，同时，各单位、部门要加强与街道的主动沟通，更要鼓励群众参与社区治理，增强群众在社区的主人翁意识，最终达到共建共治共享的新时代社区治理格局。

1.2 治理视角

1.2.1 智慧社区是推进国家治理体系和治理能力现代化的重要内容

社区是国家治理的基本单位，在城市的政治、经济、文化、社会生活等方面承担着重要的使命。加强智慧社区建设，是城市治理的重要手段，是推进国家治理体系和治理能力现代化的重要内容：一方面，社区治理是解决基层社会矛盾和应对基层社会问题的起点，通过社区治理来谋求社会发展已成为世界发展的新趋势；另一方面，随着工业化、新型城镇化以及人口流动，构建新型社区治理模式已成为迫切的现实需求。

1.2.1.1 社区治理是国家治理的基础性工程

国家治理是指主权国家的执政者及其国家机关（包括立法、行政和司法等机关）为了实现社会发展目标，通过一定的体制设置和制度安排，协同经济组织、政治组织、社会团体和公民一起，共同管理社会公共事务，推动经济和社会其他领域发展的过程。

善治则是国家治理的理想状态，是使公共利益最大化的社会管理，其本质特征在于它是政府与公民对公共生活的合作管理，是政治国家与公民社会的最佳关系。党的十八届四中全会通过的《中共中央关于全面推进依法治国若干重大问题的决定》首次提出：法律是治国之重器，良法是善治之前提，这一论述为国家治理融入了良法善治的基本价值。

实现善治目标，就必须建立与社会经济发展、政治发展和文化发展要求相适应的现代国家治理体系。在国家治理体系的现代化进程中，社区治理具有基础性的地位和作用。我国城乡社区建设操作领域所界定的社区，大都是指居民委员会辖区和村民委员会辖区共同体，属于基层法定社区范畴，是现实社区的重要表现形式。透过社区，人们能够观察到千变万化的社会现象，能够倾听到社会各界发出的呼求。社区承担着构建基层社会治理结构体系的使命，它直接面对社区民众，了解社情民意和群众需求，能够做到及时提供服务、解决问题。要完善和提高国家治理制度设计和制度执行，就需要有立足于社区来构架现代国家治理体系的意识。

1.2.1.2 协同治理是城市社区治理创新机制

在十八届三中全会的决议明确了社会治理的发展方向、实施途径和最终目标："创新社会治理，必须着眼于维护最广大人民根本利益，最大限度增加和谐因素，增强社会发展活力，提高社会治理水平，全面推进平安中国建设，维护国家安全，确保人民安居乐业、社会安定有序。"

国家治理体系中的城市社区治理就是基于社区利益分化、社区矛盾突出和传统行政管控失效的状况而实行的国家权力活动，社区治理的实质应该是社会管理的创新，而不仅仅是为了对社会的控制。在社区治理实践中，先后涌现出"一核多元、融合共治""多元参与、协商共治""幸福城市、共同缔造"等创新的社区治理模式，其共性在于协同各方力量，发挥协同治理资源互补的优势。这也正是顺应社会变化的一种治理模式。

（一）协同治理的定义

协同治理是指在一定范围内的公共生活共同体中，各权力主体形成一个开放性的整体系统，通过行政、法律、经济、科技、舆论等手段，使公共生活共同体诸要素之间统一协调、相互配合、共同作用，产生一个有序的协作系统，实现对社会公共事务"整体大于部分之和"的治理功效，最终达到维护公共利益的目的，因而是城市社区治理的理想模式。

（二）协同治理的机制

协同治理是多中心、多主体的社会公共事务治理模式，其更本质的理论基础是"复杂性管理"范式，或者"以复杂性为基础的管理方法"。具体到中国的城市社区协同治理，是当代中国政府与社会间关系的现实写照，是在一定的地域范围内由党和政府与社区组织、非营利组织、辖区单位以及社区居民通过合作方式组成协同治理系统，聚焦于解决公共问题，创造公共生活的稳定和谐，从而实现公共利益的最大化，协同推进社区的可持续发展。

参与社区协同治理的主体主要包括政府、社会组织、企业、居民等；参与社区治理的动机源于个人的利益需要或者是出于维护和保障公共利益的需要，即利益需求是协同治理的原动力。治理本质上是对利益关系的协调。一般而言，城市社区协同治理运行遵循问题呈现、利益赋予、动员和协商四个步骤。

找出社区治理的关键问题，让所有治理主体共同面对并予以回应和解决，是协同治理的题中之意。各治理主体建立常态化的沟通机制，针对社区问题设立治理目标。政府通过鼓励、引导、支持、协助等方式，在人、财、物、政策等方面向其他治理主体（如：社会组织）等赋权，社会组织则及时搜集民意、反映民意并与政府沟通，建立多元、共治的社区治理模式。在社区治理运作过程中，可依托社区论坛、讲座等载体，发挥社区里的各类人才的才能，集思广益，调动居民承担更多的责任的积极性，持续参与公共事务。在社区民主协商的参与机制下，让每个居民有机会表达自己的利益诉求，让社会组织参与民主政治，表达相关集体、组织的利益需求，形成整合利益、和谐有序的局面。

（三）协同治理的路径

在国家治理语境下，构建协同治理的城市社区治理机制，可以采取以下路径：

1. 优化社区权力体系

社区权力体系结构是社区治理结构的核心，由行政性、经济性、社会性社区组织组成的社区权力体系相较于单一的行政性组织独大的结构，更利于权力运行的稳定。

权力体系优化导致治理主体多元化，有利于形成"国家－社会"良性互动关系，不断促进和完善基层社区治理网络，进而提高治理效能。

2. 再造社区社会组织

社区组织再造的逻辑前提是政府"再造"：政府再造以及职能转变给社区社会组织的培育发展提供了平台，因为社区社会组织是政府职能转变的重要承接者。两者是相辅相成，这种关系多是基于协作形式。因此，将政府管不了、管不好、不该管的社会公共事务转移给社区社会组织承接，既能提高公共服务效率和质量，也为社区社会组织在社区治理中寻求到机会和空间。

社区组织再造主要是以承接政府转移的职能为目标，将绩效管理、激励机制引入社区组织发展，使以社区组织能借鉴企业化组织管理模式，从而获得可持续的组织发展动力。

3. 建立多元参与机制

社区参与水平不高是社区治理中面临的突出问题之一。利益兴趣、参与效能、组织化管道、信息沟通与利益诉求表达机制都会影响到居民社区参与情况。提高社区居民的参与，必须在社区参与内容、参与平台、参与制度等方面有所创新，议题内容要反映居民的迫切需求，通过建构"民生事务参与、结构化平台提供、刚性制度供给、党政群对接和社区居民意见建议落实"这一完整的参与"链条"来解决社区参与群众积极性不高的难题。

社会资本主要是由公民的信任、互惠和合作有关的一系列态度和价值观构成的，其关键是使人们倾向于相互合作、去信任、去理解、去同情的主观世界观所具有的特征，社会资本的主要特征体现在那些将朋友、家庭、社区、工作以及公私生活联系起来的人格网络。理论研究与实践均表明，"一个拥有丰富社会资本存量的社会意味着和谐稳定的秩序和良好的社会治理。"社区社会资本体现在社区居民对自己所生活的社区高度的认同和参与，以及社区居民之间高度的信任上。将社区社会资本有机融入社区秩序的构建，有助于社区治理走上可持续发展道路。

1.2.1.3　以智慧化手段推进社区治理

近年来，从国家政策指引到社区运行实践中，智慧化建设与应用成为社区工作的重要抓手，对我国社区治理的现代化建设起到了很大的推动作用，主要体现在：

（1）通过智慧化政务体系建设，促进社区政务服务能力和效率全面提升，强化社区安防和治安管控能力，形成成熟的社区治理模式。

以宁夏银川市为例，通过线上线下的社区网格化综合管理方案建设，有效延伸工作内容、提高工作效率；增强社区网格管理和服务能力，解决政府和百姓疏离的问题。

（2）通过智慧化公共平台建设，使社区居民均等、方便、快捷地享受社区各类公共服务，同时建成多元化、多层次、智能化的社区公共服务体系。

上海浦东陆家嘴社区建设工作围绕"一切为了幸福生活、一切为了人的发展"两大主题展开，通过"一库""一卡""两平台"的建设，努力实现了提升公共服务、公共管理效能的目标，构建了"社会保障、社会动员、社会创新"三大社会发展模式。

（3）通过智慧化便民平台建设，能推进社区居民服务便利化、精准化，形成可广泛推广、可复制的商业服务模式。

四川攀枝花市"社区＋"建设思路是整合政府、群团组织、社区商家、物业公司等群体在社区服务层面的优势和需求，为社区居民提供政务、商业、生活及其他公共服务资源，并连接和整合外部传统行业和新兴行业的各种资源，形成开放、合作的有机生态圈。

1.2.2 智慧社区与社区治理深度融合是提升城市治理能力的新路径

新时代背景下，智慧社区与社区治理在动力需求、服务对象、根本目标、工作原则、本质特征等方面高度契合，具备深度融合的动力和潜力。党的十九大提出的建设创新型国家和推动国家治理现代化以及社会主要矛盾的变化为智慧社区与社区治理提供了宏观的政策指引和动力机制，新时代的国家治理现代化需要创新驱动，需要深入基层，"大众创业、万众创新"的号角吹响，创新的、接地气的基层方案接踵而至，新时代智慧社区建设更加注重创新的本源即生活，以大众创新精神引领社区建设，用基层的智慧解决美好生活需要与不平衡不充分发展之间的矛盾，这也是二者的根本目标。智慧社区总体框架见图1.2。

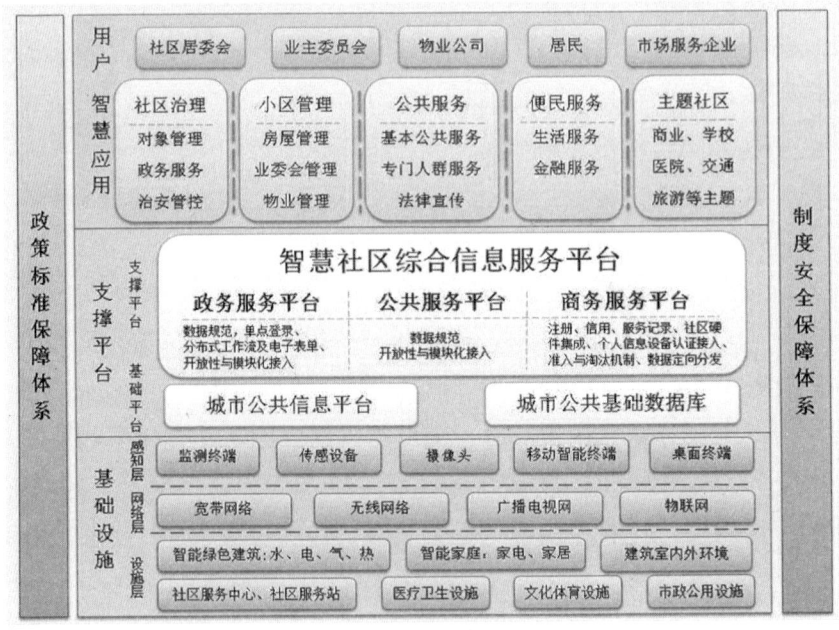

图1.2 智慧社区总体框架图

1.2.2.1 智慧社区和社区治理的出发点和落脚点

首先，居民的获得感、幸福感、安全感是智慧社区和社区治理的出发点和落脚点。因此，社区里的"人"是智慧社区和社区治理共同的服务对象，不仅如此，居民还是二者的行为主体，居民的参与对于智慧社区建设和社区治理工作越来越重要，将直接关系到根本目标的实现。近几年智慧社区市场的发育成长逐渐倾向与居民生活的深入融合，从地产企业由开发投资商向生活服务运营商的转型趋势可以看出，社区服务的市场规模不断扩大，提供优质的人居生活体验和服务为市场经济所倡导，服务居民的理念同时也是社区治理的本源，这为智慧社区与社区治理融合发展提供了市场空间。

其次，国家发展改革委于2018年提出了新的概念——"绿色智慧社区"并总结了绿色智慧社区的建设要求。从智慧社区到绿色智慧社区，新时代智慧社区建设将更加注重"绿色、高效、安全"，更加强调人、社区、社会、自然四者之间的和谐共处。全国智能建筑及居住区数字化标准化技术委员会正在编制全国统一的绿色智慧社区建设标准，这是解决当前智慧社区缺乏顶层设计的一个有力探索，其中"绿色智慧社区试点指标体系（试行）"从资源环境、生态宜居空间、绿色智慧服务、社区治理、绿色低碳生活五个维度构建绿色智慧社区建设的评价指标，说明了社区治理是智慧社区建设实现"安全、便民、高效、互通、协同"的一个重要方面，两者的深度融合逐渐被提升到建设标准和国家政策的高度，反映了新时代智慧社区的发展趋势。

再者，坚持党建引领，以居民需求为导向是二者共有的基础原则，在智慧社区标准尚未统一、技术产品繁多复杂、建设主体各自为政的现实情况下，党建的引领作用发挥对于把握智慧社区服务于民生的发展方向至关重要。此外，新时代的社区同时面临社会结构转型带来的人口管理的新挑战和街道机构改革特别是权力下放的新机遇，党建与基层治理深度融合成为新的党建工作的趋势和重点。党建在引领智慧社区和社区治理的动力机制、方式方法以及最终效果上具有一致性。满足居民的需求是智慧社区和社区治理的共同目标，问需于民作为一种工作原则和方法需要再次被强调。

最后，系统性是二者共有的特征之一。系统革新是促进社会发展的关键，智慧社区作为智慧城市的重要组成部分，是对城市发展理念、模式、方法的系统性革命，从家庭到楼宇再到社区，从硬件基础设施铺设到配套软件的开发应用再到整个社区的运营维护,不仅需要协调生态环境中的众多利益相关者,而且需要整个社会相关体制机制的改革以保障其落地并产生效益。社区治理作为社会治理的最小单元,是政府管理的革新性转型,是一个需要人力、资源、信息、资本、制度的高度配合才能完成的系统工程。

1.2.2.2　社区治理与智慧社区融合发展的体现

社区治理与智慧社区融合发展首先体现在对居民需求的感知与回应。从"七有",即"幼有所育、学有所教、劳有所得、病有所医、老有所养、住有所居、弱有所扶",到"三感",即"获得感、幸福感、安全感",再到"五性",即"便利性、宜居性、多样性、公正性、安全性",党中央对社会治理和民生保障工作的要求的不断深化和细化和将其融入控制性详细规划、地方政策的意图反映了感知和回应居民需求已经成为新时代街道社区工作的重要任务。居民的需求主要从社区产生,社区场景极具丰富性,包含多个主体、多种业态、多级业务,社区居民需求因此具有多样化、复杂化、细节化的特征。又因为社区的成型背景、动力因素、形态规模、文化历史的不同,不同社区的居民的现存需求及动态变化也不尽相同。然而社区是最贴近居民生活的单元,社区层级在对居民需求的感知和识别上具备先天优势,但是却未被充分利用,主要原因在于对居民需求不够重视,需求识别手段应用率低,社区信息化水平低。新时代的智慧社区建设需要坚持以居民的需求为导向,以智慧社区的一个建设内容——智慧养老为例,智慧养老产品种类繁多,从烟雾探测器、生命体征监测手表到一键呼叫器、智能轮椅,社区养老确实已经达到一定的智能化水平,但是,这些智能化设备是社区老人真正需要的吗?武汉市社区智慧养老服务需求调查显示,老年群体在日常生活中对"医疗、饮食、购物"的服务需求较多,偏重医疗的智慧养老建设实际上尚未充分了解老年人绝大多数时间在社区的活动轨迹和生活需求,随着年龄的增大老年人学习和接受能力下降这一现实也阻碍了一些智慧产品的普及。社区不仅提供了老年人安享晚年的居住空间,还应该是感受社会的人文关怀、丰富老年人的精神文化生活的一个缩略空间,这就需要智慧社区多从居民生活的角度思考,需要融入"治理、服务、共享、融合"的理念。

其次,社区要想真正实现智慧化,关键在于居民。智慧社区不仅是关于基础设施、公共服务等影响生活质量的方面，更关乎居民为城市贡献群众智慧的能力、渠道和意识。此外，社区是"重心下移、权力下放"政策的落脚点，社区治理的核心在于居民参与，而社区居民的需求与日俱增，如何将这些需求合理化、规范化，使居民需求的自我满足契合社会主义核心价值观，不成为阻碍公共利益的实现的消极需求是新时代智慧社区建设需要深入探索思考的。社区是有温度的，社区生活和社区治理不需要指标，更需要人的参与和体验。而智慧社区提供了居民创造生活和参与社区治理的新的方式。智慧社区为突破当前社区参与的困境，在互联网的利用上具有独到之处，通过搭建统一的社区信息平台，并将微信、微博等各种社交平台接入，居民不仅可以及时全面地了解关于社区及社区活动的信息，而且可以自由组建虚拟社区，社区中的边缘群体也受益于智慧社区搭建的各种互联网平台，能够接触到原本只有对当地户籍居民、产权所有者开放的信息，并参与相关社区建设和社区活动中。智慧社区除了在硬件设施上塑造居民参与的有利环境，还应该进行利益相关的制度设计，将社区事务与居民生活紧密联系，使社区事务决策与居民生活质量挂钩，给予他们充分的话语权和参与权。这也是社区治理进入智慧社区建设的契合点，在居民参与这一命题上，社区治理提供了从理念到制度机制再到实践的创新思维和方法，针对每个智慧社区的特点，树立"以民为本、需求导向""一核多元、融合共治"的治理理念，因地制宜地建立和完善社区治理主体架构和对话、信任、协商、共享等机制，发挥党建引领社区治理的带头作用，广泛动员党员及社区党组织，引导居民和谐有序地参与社区治理事务。社区治理为智慧社区的真正意义上的实现提供了理念上、机制上、组织上的基础保障，反过来，智慧社区也为更广泛更充分的社区参与提供了技术和环境支撑。

新时代背景下对美好生活的向往也对居民自身文化素质提出了更高的要求，如何使居民有序、有效地参与社区建设是社区治理和智慧社区深度融合要解决的新时代任务。文化治理在社区层面的作用主要体现在塑造价值观念、传承传统文化、规范行为方式、教育引导群众、维护社区稳定等方面。[①]社区文化有利

---

① 陈颜. 论城市社区文化建设 [J]. 西南民族大学学报, 2005, 26 (1): 61-64.

于社区凝聚力的形成，智慧社区通过搭建各种各样的应用场景，使科技融入居民的日常生活，对社区空间、邻里关系、服务内容、居民参与等施加新的影响，从而引领新的生活观念与方式，这是智慧社区的文化引领作用。

居民在社区是为了当下生活，也是为了更美好的未来生活。社会主要矛盾的变化对智慧社区的另一个新要求是要更好地融入居民生活，提高每个居民的感知度和体验度，因而生活服务成为新时代智慧社区建设的一个重要的切入点。面向每个人的生活这一着力点也体现了新时代中国民生体系"适度普惠"的特征。着力于"人人都有"，引导和鼓励广大群众通过勤劳致富改善生活，促进民生事业发展由"负担论""并列论"彻底转向"互动论"是新时代对民生建设的要求，①智慧社区创新了民生供给的新理念新方式，强化了民生资源的可持续性、可支付性，促进了民生事业的全社会参与，智慧社区同时也为贯彻落实"便利性、宜居性、多样性、公正性、安全性"的新时代街道工作要求提供了新手段。早在2014年住房城乡建设部组织编制的《智慧社区建设指南（试行）》中，智慧社区就被赋予了提高保障基本公共服务均等化、改进基本公共服务的提供方式的责任。总的来说，智慧社区的民生意义与社区治理的民生意义一致，社区的智慧与社区治理的现代化将通过服务民生，解决居民生活中的迫切问题，体现智慧的价值。

1.2.3 城市治理是现代国家治理的重要组成部分

城市治理是政府治理、市场治理和社会治理的交叉点，在国家治理体系中有着特殊的重要性。城市治理是全球性难题，经过改革开放40多年的发展，中国取得了令世界瞩目的伟大成就，化解快速城市化进程中问题的能力不断增强，尤其是城市治理现代化持续推进，为解决这一世界难题贡献了中国智慧、提供了中国方案。

青岛市市北区以"互联社区"建设为引擎，建立起协同治理、动态治理和

---

① 王道勇.改革开放以来中国民生事业发展经验及基本趋势［J］.党政研究，2018（6）：19-23.

主动治理的"网格化大治理体系",在全国率先出台城市治理精细化实施意见,全域推进城市治理。整合大数据搭建城市治理信息平台,构建"共建共治共享"城市治理共同体,走出了一条独具特色的城市治理新路,被民政部批准为全国社区治理和服务创新试验区,荣获2015年全国创新社会治理最佳案例奖。可以说,青岛市市北区是我国城市治理现代化生动的基层样本,具有典型示范意义。

坚持以人民为中心,是城市治理现代化的价值导向。在城市治理过程中,市北区以满足人民群众需要为核心,牢固树立城市治理"核心是人"的理念,不断提高人民群众的获得感、安全感和幸福感。坚持以提高公共服务能力作为工作的出发点,寓城市治理于公共服务之中,通过提高办事效率、缩短服务半径、推广信息应用、推进综合执法等措施,不断完善"大服务"工作机制和便民服务"零距离"目标,回应人民群众最关心、最直接和最现实的利益诉求,初步实现了从"消极管控"到"积极治理"的转变。

筑牢治理基层基础,是城市治理现代化的基本前提。在推进城市治理现代化过程中,市北区找准了基层社区城市治理这个难点和突破口,大刀阔斧地推进镇街体制改革,推进"互联社区"建设,充实基层力量、促进职能下放,把各类资源、管理和服务下沉到基层,解决了服务管理"最后一米"的问题。借助"互联网+",优化机构设置和职能配置,打造基层城市治理现代化的升级版,赋予基层在城市治理方面更大的协调权、指挥权和建议权,让下沉的职能能够在社区层面"接得住、发挥好",成为实现城市治理现代化的突破口。

创新治理方法渠道,是城市治理现代化的内在要求。市北区利用现代信息技术推进城市治理精细化,通过完善网格体系和现代信息技术平台,实现群众诉求的及时准确传递与掌握,使城市治理从过去"自上而下"转变为"双向互动",从"粗放机械"转变为"灵活精细"。注重"起点机会公平、过程统筹兼顾、成果收益共享",真正做到以"善治"为导向促进实现"包容性治理"。

遵循文化发展规律,是城市治理现代化的不竭动力。"让生活在市北区的每一个人,都能感受到城市的温度和厚度"。感受城市的温度和厚度,就是让每一位市民都有获得感、幸福感、安全感。城市的温度就是人本理念,是对城市文明的一种抽象演绎。一座有温度的城市,会让身处其中的人们不断从内心深处捕捉到这股彼此激发的力量。城市的厚度就是城市的文化涵养。文化是城市的内核和灵魂，是城市发展永不衰竭的动力。推动现代城市治理，必须尊重特定城市悠久的历史和深厚的文化，遵循城市及文化的发展规律，以文化的力量推动城市发展。综合运用经济、行政、法律、科技、文化等手段，构建权责明确、服务为先、管理优化、执法规范、安全有序的城市治理体制，市北区在城市治理中致力于解决人民日益增长的美好生活需要和不平衡不充分的发展之间的矛盾，真正实现了"人民的城市人民管"，继而实现了"城市，让生活更美好"的愿景。

第 2 章

智慧社区与城市治理的问题导向

2.1 智慧社区解读

2.1.1 社区内涵的历史演变

西方社区的概念和治理模式最早发源于古希腊的"城邦",所谓"城邦",按照亚里士多德的定义就是"一个公民群体",而"公民"则是能够参与城邦政治的人。到了14-15世纪,几乎所有的西欧城市都在某种程度上摆脱了封建制度的束缚,成立了独立或半独立的贵族共和国。西欧中世纪城市的这种市民自治制度,直接导致了近代"市民社会"概念的产生。而根据这种强调个人权利、个人参与,强调与国家相对立的"社会自治领域"市民社会的概念,古希腊城市市民中的自足自治的"集体无意识"就会发展成为一种理性的要求。这时"社区"理念的出现,也就是顺理成章了。

英国学者H.S.梅因于1871年出版了《东西方社区村落》一书,首次使用了"社区"这个名称。而社区学的鼻祖德国社会学家滕尼斯于1887年正式使用"社区"概念,并且对它的含义进行了解释。他提出了"社区"和"社会"这两个概念用来表征近代社会的整体变迁趋势,他认为人类社会是从社区向社会发展变化的过程,也是从同质性向社会异质性的发展和变迁过程,"社区"和"社会"分别反映了人类共同生活的两种表现形式。社区主要存在于传统的乡村社会,它是人与人之间关系密切、守望相助、富有人情味的社会团体,联结人们的是具有共同利益的血缘、感情和伦理团结纽带,人们基于情感形成了亲密无间、相互信任的关系;而社会则是以个人意志、理性契约和法律为基础形成的缺乏感情交流和关怀照顾的社会团体,契约关系、次级关系是人际交往的主导形式。滕尼斯的社区概念并没有明确强调社区的地域性特征,他更多地强调人与人之间所形成的亲密关系和对社区强烈的归属感和认同感,因此社区不仅仅包括地缘共同体，还包括一些精神共同体。①

经过上百年的流变，"社区"这一概念从德国传入美国，被芝加哥学派发扬光大，随后又从西方传入东方，无论是其内涵还是外延都发生了很大的变化。对于社区的定义也是众说纷纭，但归纳起来主要有两类：一类观点认为社会是由有共同目标和共同利害关系的人组成的社会团体，即功能社区；另一类观点认为社区是在一个地区内共同生活的有组织的人群，即地域社区。后者也是我国大多数社会学者采取的定义视角，认为社区是指居住在某一地方的人组成的多种社会关系和社会群体，并从事多种社会活动所构成的区域生活共同体。②不难看出，与滕尼斯最初强调彼此之间感情亲密、守望相助相比，社区的概念已经发生了偏离，它首先看重社区的地域性。特别是伴随着现代社区兴起，"地域"更成为界定一个社区的重要特征。它承载着某一地区人民的实际生活，是具体的、可观察的，也是整个社会的一个缩影，因此社区越来越成为社会研究的基本分析单位。改革开放以后，"单位制"解体，人们从"单位人"变成"社会人"，社区更成为人们日常生活的一个重要场所，人们社会生活的很大一部分需求都需要在社区之内解决，有关社区的研究也方兴未艾，并且与政府主导展开的社区建设和社区服务联系在一起。

改革开放之后，随着现代化进程的加快，社区服务乃至社区建设逐渐兴起。我国社区建设的概念是在社区服务的基础上提出来的。20世纪80年代以后，城市基层逐渐全面展开了以老年人、残疾人、优抚对象和便民利民为主要内容的社区服务工作。随着社会转型的深入发展，社区服务已经无法包容和涵盖具有综合性内容的社区工作。学术界和政府部门结合国外社区发展的理论和实践，适应中国的国情，在1991年提出了具有中国本土特色的社区建设概念。政府倡导社区建设的主要目的是为了解决社会转型期所出现的各种矛盾，如国有企业亏损、工人下岗、老龄化的加剧与城市流动人口的增多，单纯依靠政府的力量无法解决这些复杂的矛盾问题。因此，动员民间力量，与基层社会结合，在城

---

① 刘玉东. 基于中国的语境对社区概念的诠释——视角的差异与实然的内涵 [J]. 陕西行政学院学报, 2011, 25(2): 16-20.
② 姜振华, 胡鸿保. 社区概念发展的历程 [J]. 中国青年政治学院学报, 2002, 21(4): 121-124.

市基层开展社区建设就成为一条行之有效的途径。另外，随着政府机构的改革和"单位制"的被打破，推进社会发展的大量社会事务要在社区落实，因此，尽快发展和完善基层社区的功能，加强社区建设工作成为当务之急。我们目前的社区建设多是以法定社区作为操作单位的，更重要的是侧重于区、街、委这样一个基层的。社区界定的标准是地域界限明显、与大社会沟通联系便捷的社会区域。[①]2000年底中共中央办公厅、国务院办公厅转发的《民政部关于在全国推进城市社区建设的意见》（23号文件）所明确的"社区是指聚居在一定地域范围内的人们所组成的社会生活共同体"。同时该文件对社区这个社会生活的共同体做了描述，指出"目前城市社区的范围，一般是指经过社区体制改革后作了规模调整的居民委员会辖区"。[②]总结来看，中国的社区有以下几个特点：

（1）社区的主体不仅限于居民，代表政权的基层政府和共产党组织是社区运转的核心；

（2）社区的地域因素有其自发的特征，但其明确的边界还是以居委会的辖区来划分的；

（3）社区关乎共同的物质利益，并因此产生利益诉求，在此基础上形成共同的意识。居民一定的心理认同和归属感是其参与社区活动的动力所在。[③]

2.1.2 国内外智慧社区概念的发展历程

智慧社区作为一种创新型的社区建设模式，是基于智慧城市这一概念演变而来，其发展背景与城市发展阶段息息相关。进入20世纪以来，生态恶化、粮食短缺、能源匮乏、金融海啸、恐怖主义等危机层出不穷。Abdoulleav认为当前城市发展面临着环境、经济、社会等方面的问题，其主要原因是城市未发展成为可自我调节并可持续发展的系统。[④]与此同时，互联网、移动智能终

---

① 刘玉东.基于中国的语境对社区概念的诠释——视角的差异与实然的内涵[J].陕西行政学院学报，2011，25（2）：16-20.
② 中共中央办公厅，国务院办公厅.民政部关于在全国推进城市社区建设的意见[N].人民日报，2000-12-13.
③ 姜振华，胡鸿保.社区概念发展的历程[J].中国青年政治学院学报，2002，21（4）：121-124.
④ 同③

端和物联网对城市生产、生活的影响日益深刻。在信息与通信技术（ICT，Information and Communications Technology）技术支持下，城市功能更加复杂，城市运行日益高效。一方面，市民对基于ICT的各类服务需求激增；另一方面，用户在享受服务的同时，也生成了具有社会、商业、科学价值的大数据。城市功能和社区功能的实现越来越离不开大数据技术的支持。[①]在此背景下，智慧城市的概念应运而生。智慧城市可以说是信息化城市、数字城市、可持续城市的延续。[②]IBM倡导的智慧城市愿景是通过先进的信息技术在城市发展中的高度介入与应用，实现城市经济的可持续性。后来，智慧城市的概念逐步发展，关注的焦点不再局限于硬件设施的建设，更注重城市软实力。[③]虽然智慧城市的概念相对较新，但已经经历了1.0、2.0的发展阶段，现在部分地区正在进入3.0阶段。1.0阶段是以技术为驱动的，特点是自上而下式的决策，例如韩国的松岛。2.0阶段的特点是自下而上，以满足公民和政治家的要求为主来推动技术的发展，例如西班牙的马德里。而3.0阶段更加注重把公民参与同政府发展目标和新技术发展结合起来，将社区纳入当地的发展中，运用技术手段来改善社区的整体生活质量，典型案例是西班牙的巴塞罗那。[④]根据Pinterest智慧城市概念图解（图2.1-1），智慧城市主要关注于经济、社会治理、环境、生活、交通、公民六个方面，总揽城市运行系统的各个环节，其探索实践还需从微观层面着手。[⑤]

在智慧城市的实践中，由于社区所具有的相对适中的空间尺度及其在城市生活和社会管理中的重要作用，智慧社区成为发展智慧城市的关键内容之一，也是以点带面实现城市智慧化的主要策略。[⑥]1997年，圣地亚哥州立大学（San Diego State University）的通讯国际中心（International Center for

---

① 刘伦，刘合林，王谦，等. 大数据时代的智慧城市规划：国际经验[J]. 国际城市规划，2014，29（6）：38-43.
② Yigitcanlar, T. Australian local governments' practice and prospects with online planning（澳大利亚当地政府线上规划的实践与预测）. URISA Journal. 2006, 18（2）：7-17.
③ 许庆瑞，吴志岩，陈力田. 智慧城市的愿景与架构[J]. 管理工程学报，2012，26（4）：1-7.
④ Urban Hub. 智慧城市3.0——了解下一代智慧城市巴塞罗那[EB/OL].[2018-04-05]. http://www.urban-hub.com/cities/smart-city-3-0-ask-barcelona-about-the-next-generation-of-smart-cities/.
⑤ Pinterest. Components of Smart Cities Framework. 2018.[EB/OL].[2018-07-27]. https://www.pinterest.com/pin/203858320610317031/?lp=true.
⑥ 申悦，柴彦威，马修军. 人本导向的智慧社区的概念、模式与架构[J]. 现代城市研究，2014（10），13-18.

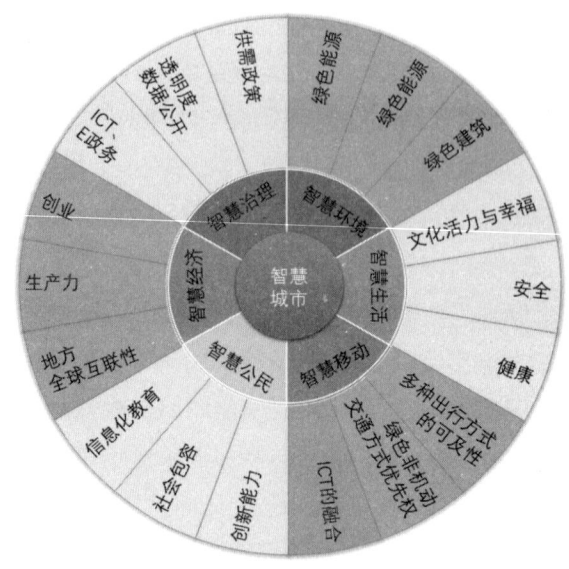

图 2.1-1 智慧城市概念图解

Communication)提出了"智慧社区"的口号。发达国家在界定智慧社区时强调的是以社区和居民的需求为中心、ICT技术在增强居民、组织、企业等社区主体自治权中的角色和不同主体之间的合作关系。例如,圣地亚哥大学的通讯国际中心出版的《智慧社区指导手册》将智慧社区界定为:"一个由邻里到多个县区域的地理区域,其居民、组织和管理机构使用信息技术来显著地改变其地区。"2003年,智慧社区国际网络关于智慧社区的定义是"一个有着未来远见的社区,它采用信息通信技术和创新的方式,为其居民、机构和地区提供整体权利"。[1] 2011年,智慧社区论坛(Intelligent Community Forum)将智慧社区概括为"在宽带经济对社区传统经济提出挑战的背景下,社区利用信息技术等措施促进社区健康与可持续发展"。[2] 日本对智慧社区的定义是"充分使用信息技术对电力流量进行有效控制,并为电力供应商和需求侧用户提供各种

---

[1] Helena Lindskog, Smart Communities Initiatives(智慧社区倡议)[EB/OL]. https://www.researchgate.net/publication/228371789.
[2] 柴彦威,周微茹. 国内外智慧社区建设的标准化审视[J]. 建设科技,2017(13):49-52+59.

服务，在能源、车辆、住宅、建筑、工业和基础设施之间建立网络"。①加拿大工业的智慧社区工作小组指出，智慧社区应该是"从社区到共同或有共同利益的全国范围内的社区，其成员、组织机构和政府利用信息和通信技术显著地改变他们的生活环境"。②

我国的智慧社区建设强调智慧社区综合平台的作用，通过物联化和互联化将人、物、网络互联互通，整合社区各类资源，形成现代化、网络化和信息化的全新社区形态。③住房和城乡建设部在《智慧社区建设指南》中提出，"智慧社区是通过综合运用现代科学技术，整合区域人、地、物、情、事、组织和房屋等信息，统筹公共管理、公共服务和商业服务等资源，以智慧社区综合信息服务平台为支撑，依托适度领先的基础设施建设，提升社区治理和小区管理现代化，促进公共服务和便民利民服务智能化的一种社区管理和服务的创新模式，也是实现新型城镇化发展目标和社区服务体系建设目标的重要举措之一"。④中国的智慧社区建设更关注社会治理和社区服务，涉及智能楼宇、智能家居、智能交通、智能医院、智慧民生、智慧政务、智慧商务和数字生活等诸多领域。⑤社区对信息化的需求值得再次强调。ICT技术扩展了人际交流、传播媒介的渠道，促使社会的结合更加紧密，也形成了新的社会结构。而社区作为人们生活、交流的场所，也需要为每个人提供信息交互的服务和环境。所以说，社区作为社会生活共同体，对信息化的需求十分迫切，这也使得社区发展与信息化的相互融合成为必然。⑥

综上所述，智慧社区的建设以智能技术为导向，整合资源并优化其使用，促进可持续发展，而技术的使用要提升人们的生活质量。智慧社区的建设要以人为本，要求社区不仅应为居民和企业提供良好的人居环境和工作机会，更应强调所有利益相关者的合作和伙伴关系，包括公共机构、私营企业、居民、志

---

① 中华人民共和国住房和城乡建设部. 智慧社区建设指南 [R]. 2014.
② Helena Lindskog, Smart Communities Initiatives（智慧社区倡议），https://www.researchgate.net/publication/228371789. 2004.
③ Weijun Gao, Liyang Fan, Yoshiaki Ushifusa, Yao Zhang and Jianxing Ren. Possibility and Challenge of Smart Community in Japan. Social and Behavioral Sciences（日本智慧社区的发展可能与挑战）. 2015.
④ 同①
⑤ 康春鹏. 智慧社区在社会管理中的应用 [J]. 北京青年政治学院学报，2012（2）：72-76.
⑥ 宋煜. 社区治理视角下的智慧社区的理论与实践研究 [J]. 电子政务，2015（6）：83-90.

愿组织、学校等，共同为社区的建设出谋划策。

2.1.3 国外智慧社区的借鉴

2016年10月20日，厄瓜多尔基多市联合国住房与城市可持续发展大会（人居Ⅲ）通过了《新城市议程》。《新城市议程》第66条提出，我们承诺采用智能城市办法，利用数字化、清洁能源和技术以及创新交通技术所带来的计划，为居民做出更有益环境的选择和提升可持续经济增长提供备选方案，并使城市能够更好地提供社会服务。全球多个国家都非常注重智慧社区的建设。[1]

美国一直关注智慧社区的建设。迪比克市是智慧社区建设的一个典型样本。迪比克市在2006年推出了"三位一体"和互惠的可持续发展模式，实现环境保护，经济繁荣和社会平等。迪比克市利用传感器的作用，包括智能水和电表、GPS设备、管道、天气和建筑传感器，为居民和城市管理者最大化利用资源创造条件。2009年与IBM合作建设美国第一个智慧社区——一个由高科技充分"武装"的6万人社区。社区里采用一系列IBM新技术将城市完全数字化，并把水、电、油、交通、公共服务等所有资源都连接起来，用于侦测、分析和整合各种数据，进而及时响应和解决城市中存在的问题，并解决市民所需。此外，迪比克市向市民和企业公布城市资源的使用状况，使他们对自己的耗能有更清晰的认识，增强对可持续发展的责任感。在社区治理中，美国实行高度的民主自治，社区居委会、企业、居民和非营利性机构积极参与社区治理，而政府的主要职能是协调各参与主体，为其合作提供必要的政策和制度保障。[2]

新加坡于2006年发起了为期10年的"智慧国家2015"（Singapore Smart Nation 2015）以及咨询通信发展蓝图"智能城市2015"，并于2014年发起了"智慧国家2025"（Singapore Smart Nation 2025），提出构建世界首个"智

---

[1] 毛其智."人居三"与新城市议程[J].人类居住，2016（4）：55-64.
[2] Nasrin Khansari. Ali Mostashari and Mo Mansouri, Impacting Sustainable Behaviour and Planning in Smart City [J]. International Journal of Sustainable Land Use and Urban Planning, 2013, 1（2）: 46-61.

慧国"的设想。新加坡将建设覆盖全岛的数据收集、连接和分析基础设施和操作系统，为居民提供更好的公共服务和更多的工作机会，并鼓励企业的创新和成长。国家战略项目是"智慧国"建设的核心，其包括国家数字身份、电子支付、智慧城市交通、生活时刻。此外，"智慧国"将赋能于文化创新和实践，关注共享数据、实验室、行业和启动生态系统、网络安全和数据隐私、计算能力和数字包容。随着"智慧国家"的开展，新加坡政府也更加重视对学生数字化经济化经济技能的学习。

巴塞罗那的智慧城市建设也一直走在世界的前列。经过智慧城市1.0和2.0的阶段，这个城市已经迈入3.0阶段。基于为居民提高生活质量、促进社会公平、促进社会和城市发展、赋予居民价值、促进可持续的绿色经济和能源节约型社会的原则，巴塞罗那开展智慧城市计划。巴塞罗那在智慧城市建设上有以下几个思路。一是为公民按需提供数据。其中，在数据设施上，利用技术平台进行开源数据的采集和分析，并开发用户界面服务水平应用程序，使用户能够访问所有的数据。在数据民主化上，开放平台上的所有数据给公民、企业和其他利益相关方，并保证数据使用的隐私化。二是创建解决方案的平台，提高公民的技术素养，使得公民能够自主了解、探索和处理技术，并使得技术能为公民服务。为了实现此目标，"巴塞罗那数字城市"网站被研发设计，通过数字教育、数字包容、数字权利和民主散步部分来提升公民对技术的了解，为其提供决策机会。三是在城市规划层面上采用"超级街区"的方法，限制每个超级街区内的车流，以为行人提供更多的空间。同时，提升交通的机动性。通过在地铁系统中采用智能电梯，来加快乘客的移动，降低能源消耗。四是在智慧城市中进行公私合作。巴塞罗那积极与技术巨头合作，以此将新技术应用到智慧城市的建设中，并同时增多数字商业机会，创造更多就业岗位。①

英国在2009年启动"数字英国"（Digital Britain）计划，提出建设数字政府、数字经济，并为宽带接入、互联网使用和公共服务传播提供了一系列建议，并于2012年生效此计划。2013年，智慧伦敦委员会（Smart London

---

① Urban Hub. 智慧城市3.0——了解下一代智慧城市巴塞罗那.[EB/OL].[2018-04-05]. http://www.urban-hub.com/cities/smart-city-3-0-ask-barcelona-about-the-next-generation-of-smart-cities/.

Board）成立，成员由学者和企业组成，为大伦敦政府（Greater London Authority）提供智慧城市发展的建议。此委员会设计了智慧伦敦计划，其包括七个主要的主题：把伦敦人放在创新的中心位置；开放数据；促使伦敦的研究技术和创造才能改变；促进与其他智慧城市的利益相关者有效连接；促进更智慧的基础设施发展和管理；提供更有效和更完整的市政厅服务；为所有人提供更智慧的伦敦体验。伦敦的智慧城市计划主要关注在制度、数字空间、基础设施改进、城市更新上。在社区层面，培育公民的数字素养，将公民加入数字经济和数字社会的发展中。同时，发展智能交通，并发展应对世界气候变化的环境友好型技术方案。这一行动使英国站在了世界数字经济的前沿。[1]

相比较欧洲和美国，日本的智慧社区建设覆盖面更广，涵盖了新信息网络（New information network）、新能源系统（New energy system）、新交通体系（New transportation system）、新城市发展（New urban development）和生命线（Lifeline）。同时，也注重抗灾、公众参与、生活方式的创新和生活质量的提升。2009年，4个大范围智慧社区试点建设启动，它们是京都京阪地区、横滨市、北九州市和丰田市。在社区治理的过程中，以人为本是主要理念。日本政府积极推行居民自治，社区以自治为主、行政为辅。2010年，日本智慧社区联盟成立，其旨在促进智慧社区的建设和发展，通过公私合作，支持日本领先的节能和新能源技术的未来发展，促进国内外智慧社区技术的传播以及处理智慧社区的问题。[2]

从这些国外的智慧社区建设案例可以看出，智慧城市和智慧社区的建设是一个覆盖了经济、社会、环境等方方面面的系统方案。以技术为手段，为智慧城市的方案提供支撑和保障；以人为中心，考虑人们的需求，提升人们的生活质量；以协同合作为方式，政府、企业、个人都参与智慧社区的建设中；以促进可持续发展为目标，促进人口、资源、环境的和谐发展。

---

[1] Will Davies, Modernising with Purpose: A Manifesto for a Digital Britain [J]. Institute for Public Policy Research, 2005:79.

[2] Weijun Gao, Liyang Fan, Yoshiaki Ushifusa. Yao Zhang and Jianxing Ren, Possibility and Challenge of Smart Community in Japan [J]. Social and Behavioral Sciences, 2015.

2.1.4 国内智慧社区实践

我国对智慧社区的研究主要集中在物联网、大数据和云计算等领域，其中物联网的研究最多，其次是大数据和云计算。①在智慧社区的模式研究层面，目前有很多理论和实践的研究。理论研究包括模型的研究，如马瑞等提出了一种基于随机响应面法模型预测控制的智慧社区多能流多目标能量滚动优化管理方法；②赵士雯等针对目前智慧社区存在的政府主导作用较强、重技术轻服务的现象以及为实现"以人为本"的理念，从需求入手，基于结构方程模型进行了智慧社区购买意愿影响因素的研究。③

智慧社区既是社区建设的一种理念思考，也是新形势下探索街道公共治理的一种新模式。④智慧社区包含社区物业管理系统、智能家居系统、安全防范系统三种模式，其中社区物业管理系统模式是目前最常见的一种模式，也是目前较为成熟的一种模式。目前的社区物业管理系统中主要有智能显示屏、远程抄表系统和背景音乐与广播系统等。其中智能显示屏用来发布物业信息、紧急通知、即时信息和社区配套信息等，常位于小区出入口、电梯口及物业部门。同时它还是多种活动的平台，比如社区宣传、社区文化平台、基层政务平台、广告增值平台、报事报修等信息发布等。如果与社区物业管理中心连接，还可以发布天气预报、新闻、交通信息，还可以和微信、APP等新媒体联动同时发布各种消息。目前的代表品牌有"彩生活""邻里通"等。智能家居系统主要包括家庭安全防范系统、智能照明控制系统、环境控制系统等系统。这些系统内的各项设备可以根据不同的状态互动运行，不需要用户手动操作，就可以方便地管理家庭设备，舒适、安全、高效、便利。目前"小米""联想"等国内大型厂商已经瞄准了这一块市场，并不断研发推出各种"智慧"插座、智能照明灯具、

---

① 巫细波，杨再高. 智慧城市理念与未来城市发展 [J]. 城市发展研究，2010 (11): 56-60.
② 周洁，梁小明，黄海. 我国智慧社区服务标准体系构建探析 [J]. 中国标准化，2013 (11): 88-91.
③ 史璐. 智慧城市的原理及其在我国城市中的功能和意义 [J]. 中国科技论坛，2011 (5): 97-102.
④ 李公春，张庆全，郭玉. 智慧社区综合信息管理平台的设计与实现 [J]. 测绘与空间地理信息，2015 (9): 48-50.

微联家用电器等节能便捷的家居生活用品，进门、电视、灯光、浇水、热水器、门帘、床等都可以用 APP 系统控制。安防系统是智能化住宅小区不可缺少的部分，主要包括家庭防盗报警系统（住户联网报警系统）、楼宇对讲系统、视频监控系统、门禁系统、停车场管理系统等。其中楼宇对讲系统将各个楼宇联系起来，能够快速传达即时消息，尤其在发生突发事件时能发挥很大的作用，成了住户可视化互动的平台；监控系统则是一种重要的安全设施，能够实时监控小区状况，保护业主安全。甚至可以根据业主的不同需求形成不同级别的停车场管理系统和车辆管制系统。①

通过国家政策的扶持和多地的高效实践，我国智慧社区的建设取得了值得肯定的成果：一是服务内容不断拓展，居家养老、停车引导、就业推进等一系列智慧服务在社区逐步开展。二是社区服务方式不断改善。利用现代信息技术，推动了社区信息化建设，不少地方尝试"一站式"服务；通过多种资金获取渠道，社会力量开始参与为社区提供服务。三是服务环境不断改善。智慧城市建设中的各种人才开始向社区渗透，国家围绕社区服务设施出台了相关的法律法规，各地也出台推进社区服务体系建设的政策措施。

北京、上海、广州、宁波、武汉等地均开展了智慧社区的试点建设，通过对近年来各地市开展的智慧社区试点建设情况进行分析研究，智慧社区的建设是通过建立综合管理服务平台，并以社区综合管理服务平台为载体，实现智慧社区全新的服务管理和服务规范的智能化和标准化运行。②社区依托智慧社区综合管理服务平台，一方面创新管理手段，促进社区工作的规范化、精细化、科学化，同时创新服务模式，为辖区居民和单位、社会组织提供人文化、多元化、社会化的公共服务。③广州市天河区林和街华新智慧社区的建设，就是把社区所涉及的综合管理和公共服务事项进行分类和梳理，分别纳入综合管理和公共服务两个子平台，其中综合管理子平台以网格为管理单位，建立以实有人口、实

---

① 高文娟，陈晔，龚兵，等. 基于RFID的三维GIS智慧小区应用平台建设研究［J］. 测绘与空间地理信息，2017（12）：60-63.
② 庄庆滨. 广州市天河区林和街华新智慧社区建设研究［D］. 华南理工大学，2016.
③ 何晓燕，张雅淋. 我国智慧社区建设存在的问题及对策研究［J］. 建筑经济，2016，37（12）：77-80.

有法人单位为重点的管理对象信息库,并将综合治理、辖区管理、四位一体、地理信息、视频监控等功能集成到平台,实现资源整合、定位分析、科学决策、精细化管理;公共服务子平台是以统筹各类服务资源为切入点,把政务服务、便民服务、社区互助、健康服务等多项便民服务内容整合到平台上,以满足社区居民、企事业单位、社会组织的需求。[①]中国智慧社区体系基本构成见图2.1-2。

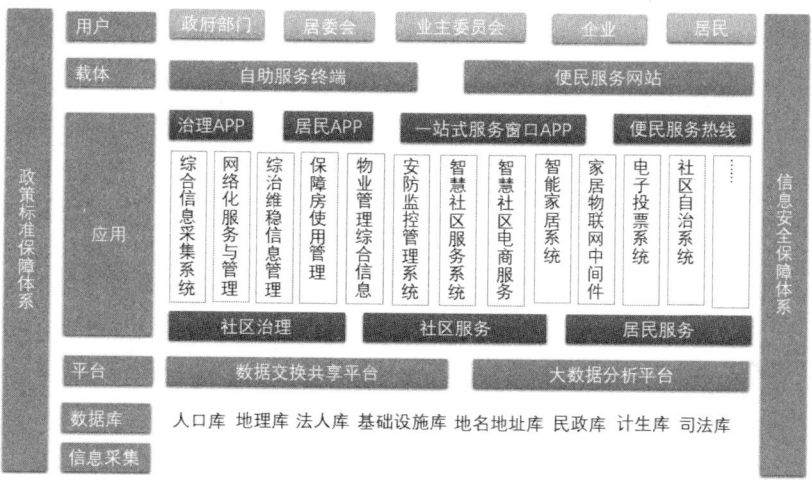

图 2.1-2　中国智慧社区体系基本构成

2.2　城市治理解读

2.2.1　城市治理研究概况

我国学者对城市治理做了较多研究,出版了很多著作,这里面既有以教材

---

① 周建平.网格化智慧社区服务管理平台的设计与开发[D].华南理工大学,2017.

的形式出现，如邱梦华的《城市社区治理（普通高校"十二五"规划教材·公共管理系列）》。也有以蓝皮书的形式出现，如潘家华等人主编的《城市蓝皮书：中国城市发展报告No.7——聚焦特大城市治理》。当然，更多的是以专著的形式出现。在这些专著中，有的学者从历史视角对城市治理问题进行了相关研究，如梁远的《近代英国城市规划与城市病治理研究》。有的学者从综合性视角对城市治理问题进行了研究，如俞可平的《治理与善治》、李友梅的《城市社会治理》、张海冰等人的《我国城市社区治理模式创新研究》。有的学者从专业视角对城市治理问题进行了研究，代表作有蒋晓伟的《城市治理法治化研究》、王志锋的《城市治理的经济学分析》、金江军的《智慧城市：大数据、互联网时代的城市治理》。有的学者从理论视角对城市治理问题进行了相关研究，如贺佐成的《社会资本视角下城市虚拟社区治理研究》。有的学者对城市治理的行为主体进行相关研究，代表作有於强海的《城市治理：城市治理中的社会组织》、王佃利的《城市治理中的利益主体行为机制》、刘淑妍的《公众参与导向的城市治理》。有的学者以具体的某个案例城市作为研究对象进行了相关研究，如汪碧刚的《城市的温度与厚度：青岛市市北区城市治理现代化的实践与创新》、黄群慧等人的《厦门城市治理体系和治理能力现代化研究》、何显明等人的《城市治理创新的逻辑与路径：基于杭州上城区城市复合联动治理模式的个案研究》、张燕平的《城市治理脏乱公共管理体系的构建——以贵阳市"整脏治乱"公共管理体系构建为例》。还有的学者对国外城市治理的经验与启示进行了相关研究，如张红樱等人的《国外城市治理变革与经验》、陶希东的《全球城市区域跨界治理模式与经验》等。可以说我国城市治理方面的研究成果还是非常丰富的。

2.2.1.1 城市治理内涵研究

要透析城市治理的内涵，首先就要透析治理的内涵。"治理"（Governance）一词最早来源于希腊语和拉丁语中的"操舵"，与政府（Government）一词的含义有相互交叉的部分。继1989年和1992年世界银行使用"治理危机"并发表"治理与发展"的年度报告之后，治理一词得到了广泛的应用。而在应用过程中，不同学者对于治理的内涵有不同的理解，"治理"也出现了很多代名词，如好政府、高效政府；也有学者提出"元治理"（Meta governance）、好治/善治（Good governance）等。全球治理委员会在1995年发表的题为《我们的全球伙伴关系》的研究报告中，对治理作出了如下界定："治理是各种公共的或私人的个人和机构管理其共同事务的诸多方式的总和"。它是使相互冲突的或不同的利益得以调和并且采取联合行动的持续的过程。[①]"治理"是对单向度的"管理"理论的超越，其特征可以概括为治理主体多元化、权力关系网络化、治理方式多样化、治理领域公共化，其要素是"权力主体的多中心化""回应性""互动性""公开性""透明度""公正""法治""效率"等。城市与治理有着密切关系，"治理"的概念最初就源于城市问题，后来才被用于企业层次（公司治理）、国家层次（国家治理）和世界层次（全球治理）上。城市治理是治理理论在城市范畴的运用。相对于城市管理的单方性、高权性、强制性而言，城市治理体现了人本、人文、民主、法治、高效、和谐等重要理念。[②]应该说，治理的概念界定还是比较清晰的。

不同的学者对城市治理的概念有着不同的定义，如闵学勤[③]认为城市治理是指在城市范围内政府、市场和社会组织作为三种主要的组织形态形成相互依赖的多主体治理网络，在平等的基础上按照参与、沟通、协商、合作的治理机制，在解决城市公共问题、提供城市公共服务、增进城市公共利益的过程中相互合作的利益整合过程。何增科[④]认为，城市治理是指城市的政府、城市的居民以及各种社会组织等利益相关方通过开放参与、平等协商、分工协作的方式达成城市公共事务的决策，以实现城市公共利益的最大化。虽然学者们关于城市治理概念的定义是多样化的，但是他们反映出来的城市治理的本质有着明显的同质性。

为了更好地透析城市治理的内涵，有的学者介绍了西方城市治理的特征，如谢媛[⑤]认为西方国家城市治理有以下几个特征：社会主体参与程度不断提高；

---

① 俞可平.治理与善治［M］.北京：社会科学文献出版社，2000.
② 莫于川，雷振.从城市管理走向城市治理：《南京市城市治理条例》的理念与制度创新［J］.行政法学研究，2013（3）：56-62.
③ 闵学勤.基于协商的城市治理逻辑和路径研究［J］.杭州师范大学学报（社会科学版），2015，37（5）：131-136.
④ 何增科.城市治理评估的初步思考［J］.华中科技大学学报（社会科学版），2015，29（4）：6-7.
⑤ 谢媛.当代西方国家城市治理研究［J］.上海经济研究，2010（4）：82-89.

城市政府与社会的合作程度日益加强;城市社区与城市议会的治理功能日益突出;城市与区域之间联合治理的趋势不断凸显。还有的学者从与城市管理比较的角度探讨了城市治理的内涵,如闵学勤①的研究认为,相比以往的城市管理,城市治理至少在4个方面发生了变化:以往城市管理中单一的政府主导格局,将在政府让渡部分权力之后,逐渐向政府、市场和社会共同治理的格局过渡;城市治理需要更广泛的公众参与;城市治理比城市管理更注重过程的合法性和有效性;让城市公民更大程度地享受治理的福利是治理唯一需要追求的目标。应该说,国内学术界对城市治理内涵的研究是比较多的,从整体上来说,学者们对城市治理内涵的界定也是比较清晰的。

2.2.1.2 城市治理历史研究

历史研究往往是一项研究所不可或缺的,通过历史研究才能更好地了解问题的来龙去脉。对于城市治理研究来说也是一样,离不开历史研究的"把脉"。国内学术界对城市治理进行了很多历史研究,有的历史研究是探讨国外城市治理的发展脉络,有的历史研究是对国外城市治理发展中的一些重要事件进行分析。还有的历史研究是探讨我国城市治理的发展变化情况,如徐林等②通过全面透视了全球城市治理研究的历史流变,按照研究的问题域和方法论两个维度将城市治理研究划分成3个阶段:研究探索及提出阶段、研究完善及拓展阶段、研究跃迁后的"新范式"阶段。姚尚建③的研究指出,20世纪80年代以来,城市政府开始获得了相对农村政府的凌越地位。可以说,我国学术界关于城市治理的历史研究成果还是非常丰富的,但是,比较而言,学术界对国外城市治理历史脉络的梳理还是比较清晰的,而对我国城市治理历史脉络的梳理还有待于进一步清晰化。

2.2.1.3 城市治理综合研究

国内学术界对城市治理进行了丰富的综合性研究,有的学者偏向于宏观层

---

① 闵学勤. 基于协商的城市治理逻辑和路径研究 [J]. 杭州师范大学学报(社会科学版), 2015, 37 (5): 131-136.
② 徐林, 卢昱杰. 城市治理研究的问题域和方法论:历史流变与研究展望 [J]. 理论与改革, 2016 (4): 11-20.
③ 姚尚建. 城市治理:空间、正义与权利 [J]. 学术界, 2012 (4): 42-48.

面的综合研究，如韩震[①]认为，城市公共治理的价值取向应该基于中国特色社会主义的实践需要，应该符合社会主义核心价值观的基本要求，走人本治理、民主治理、公平治理、依法治理、文明治理的道路；蒋晓伟等[②]的研究指出，在城市治理法治化过程中，需要确立尽量满足人们生活需求的原则、民主化原则、社会化原则和科学化原则。有的学者偏向于中观层面的综合研究，如匡亚林[③]以权力、参与、利益与风险为视角，以治理架构、民主规则与法治思想为指引，将城市治理的有效性诠释为有限分权、有序参与、利益整合与风险化解的四维向度。还有的学者偏向于微观层面的综合研究，如张亚明等[④]建立了我国数字城市治理成熟度体系，同时结合因子分析与聚类分析方法，对我国31个省市的数字城市进行了实证分析，得出处于不同成熟度阶段的4类地区并找出其优势与薄弱环节，为我国数字城市采取有针对性的治理措施提供了有价值的参考。

有的学者围绕城市治理存在的问题以及优化路径进行了综合研究，如陈文等[⑤]认为，我国城市治理面临着治理理念滞后、治理体制局限、依法治理能力不足、市民参与欠缺、治理方式粗陋、大都市协同治理机制缺失等困境，亟需完善城市治理立法体系，健全城市管理执法体制，压缩城市管理层级，建立健全部门协调联动机制，促进居民有序参与，提高城市治理的精细化和信息化水平，完善城市群协同治理机制。周善东[⑥]指出，围绕城市治理的社会路径构建，应把培育群众的市民意识、转变政府职能、发展社会组织、加强社区治理、厘清职能边界作为应着力推进的重点工作，初步搭建起城市治理社会路径的框架体系。

国内学术界对如何评估城市治理绩效进行了相关研究，有的学者侧重于评估模型的研究，如李宪奇[⑦]对城市治理评估模型的基本框架应当兼顾的方面进行

---

① 韩震.现代城市治理应有的价值取向[J].中国高校社会科学，2015（2）：4-8.
② 蒋晓伟，饶龙飞.城市治理法治化：原则与路径[J].甘肃社会科学，2014（4）：5-9.
③ 匡亚林.城市治理的有效性探微：有限分权、有序参与、利益整合与风险化解[J].云南行政学院学报，2015，17（16）：131-134.
④ 张亚明，裴琳，刘海鸥.我国数字城市治理成熟度实证研究[J].中国科技论坛，2010（5）：70-76.
⑤ 陈文，孔德勇.我国城市治理改革趋向[J].开放导报，2015（3）：7-12.
⑥ 周善东.城市治理的社会路径：价值、内涵与构建[J].山东大学学报（哲学社会科学版），2015（6）：85-92.
⑦ 李宪奇.中国城市治理评估模型的建构与应用[J].江淮论坛，2015（6）：16-20.

了探讨。过勇等[①]的研究建立了一个综合的治理水平评估框架，并以中国的5个城市为例，尝试采用主客观指标相结合的方法来评估中国城市的治理水平。王珺等[②]构建了包括基础设施、文化教育、医疗卫生、社会保障、环境保护、园林绿化6个要素和49个评价指标的城市治理能力评价体系。城市财政投入的产出效率反映了城市政府的管理水平和地方的治理绩效，林崇建等[③]运用DEA两步法对江浙两省地级及以上城市的公共治理效率进行了研究。可以说，我国学术界关于城市治理综合研究的成果还是比较丰富的，但是从整体上来说，多数城市治理研究偏向于宏观和中观层面的综合研究，微观层面的综合研究还是较少的。

2.2.1.4 城市治理理论研究

理论研究往往是一项研究的基础所在，决定了该研究的生命力和支撑力。对于城市治理研究来说也是一样，离不开理论的强有力支撑。国内学术界围绕着城市治理这一主题进行了很多理论研究。如莫于川等[④]认为，城市治理包括如下理论要点：城市治理以人民主权为理论基石；城市治理的核心是行政民主化，以社会权利制约政府权力；城市治理的方法论是系统观、过程观、和谐观、辩证观；城市治理的实现路径是以多元主体参与为中心，以体制、制度建构为支撑，以机制、方式创新为主体，以信息技术建设为保障。

有的学者侧重从分析框架层面进行了相关理论探讨，如庄立峰等[⑤]的研究指出，"空间正义"理应成为当代城市治理的一个重要维度，主要包括空间价值正义、空间生产正义和空间分配正义3个理论层面。有的学者侧重从分析视角和方法层面进行了相关理论探讨，如赵强[⑥]的研究认为，行动者网络理论为研究利益联盟网络的形成提供了一种新视角和新方法。从这个视角看，城市治理是异

---

① 过勇，程文浩. 城市治理水平评价：基于五个城市的实证研究[J]. 城市发展研究，2010，17（12）：113-118.
② 王珺，夏宏武. 五区域中心城市治理能力评价[J]. 开放导报，2015（3）：16-19.
③ 林崇建，毛丰付. 财政投入与城市治理绩效分析：以江浙城市群比较为例[J]. 财贸经济，2012（12）：46-52.
④ 莫于川，雷振. 从城市管理走向城市治理：《南京市城市治理条例》的理念与制度创新[J]. 行政法学研究，2013（3）：56-62.
⑤ 庄立峰，江德兴. 城市治理的空间正义维度探究[J]. 东南大学学报（哲学社会科学版），2015，17（14）：45-49.
⑥ 赵强. 城市治理动力机制：行动者网络理论视角[J]. 行政论坛，2011，18（1）：74-77.

质行动者网络的组构和利益联盟网络形成、发展和更新的过程,是人类行动者和非人类行动者构成的异质行动者网络的组构过程。

有的国内学者介绍了西方学者对城市治理的相关理论研究,如曹海军等[①]的研究指出,西方发达国家从功能混杂的城市逐渐发展成为具有复合性功能特征的大都市区,催生了城市职能和范围的重构。围绕城市发展的新形势,城市治理理论领域发生了3次范式转换,即传统区域主义、公共选择理论学派和新区域主义。瑞典的学者乔恩·皮埃尔[②]的研究指出,与城市政体理论不同,城市治理理论明确要求地方政治机构的主要职能是通过协调当地机构以达成集体目标。城市治理强调了对政治和制度控制的限制,以及社会参与实现集体目标的重要性。可以说,我国学术界关于城市治理理论的研究成果还是比较丰富的,但是从整体上来说,受多种因素的影响,很多国外的理论在运用到中国城市治理问题上时尚缺乏进一步的本土化过程。

2.2.1.5 城市治理主体研究

在城市管理时期,其管理主体往往是"单维度"的,政府占据着绝对的管理主体地位。而到了城市治理时期,其治理主体日益由"单维度"向"多维度"转变,形成了政府治理主体、社会治理主体、市场治理主体的"三位一体"格局。这种变化在学术界关于城市治理的主体研究中就能很好地反映出来,很多学者对政府、社会、市场三个治理主体都进行了相关研究。如田祚雄等[③]认为,政府治理主体存在的问题表现为:政府包揽一切的"全能政府、无限责任政府"倾向;政府的越位和缺位并存;政府治理的本位功能发挥不足。市场治理主体存在的问题表现为:市场机制的误用;企业承担了部分理当由政府承担的责任;市场主体垄断与羸弱并存。社会治理主体存在的问题表现为:城市公共治理中缺乏社会组织的积极有序参与;既有社会组织数量少、力量弱、治理资源不足;社会组织自身建设存在偏差。

---

① 曹海军,霍伟桦. 城市治理理论的范式转换及其对中国的启示[J]. 中国行政管理,2013(7):94-99.
② 乔恩·皮埃尔. 城市政体理论、城市治理理论和比较城市政治[J]. 陈文,史滢滢,译. 国外理论动态,2015(12):59-70.
③ 田祚雄,杨瑜娴. 主体再造:推进城市治理体系现代化的关键[J]. 学习与实践,2015(7):68-77.

有的学者对如何处理不同治理主体之间的关系进行了相关研究，如黄鹰等[1]对城市治理体系中治理主体进行了界定，明确提出服务型政府、责任型企业、协调型非营利组织和参与型市民四大定位，并对各主体职责进行了梳理，为进一步明确城市主体间的相互关系，为治理体系的构建和运行机制建立基础。王志锋[2]的研究认为，要协调不同主体间的利益博弈，首先要培育城市主体利益确认机制，其次要建立城市主体利益规范机制。而规范政府权力是实现各方博弈均衡与治理多元化的关键。王卫[3]的研究指出，围绕公私伙伴关系，基层政府与公民之间建立多方面的合作关系，不仅提高政府管理的效率，控制行政滥权、卸责现象，而且还在基层社会管理中引入一个新的治理逻辑，促进公共参与。

还有的学者在城市治理的主体研究中越来越强调公民参与的重要性，如马海韵等[4]的研究指出，公民参与城市治理的困境需要注意以下几点：转变主体理念，促成政府和公民良性互动的网络治理状态；加强制度设计，保证公民参与城市治理有章可循；打造智慧城市，优化公民参与的数据化环境；建立健全法制，完善公民参与的各项法律制度；借鉴国际经验，学习域外公民参与城市治理的有益经验。可以说，我国学术界关于城市治理主体的研究成果还是非常丰富的，但是从整体上来说，受多种因素的影响，很多研究还是会无意中更强调政府的治理主体地位，而弱化了社会和市场的治理主体地位。

2.2.1.6 城市治理案例研究

国内学术界对城市治理进行了众多的案例研究，这些案例研究往往是选择一个具体的城市进行相关研究，有的学者还将一些在全国具有一定影响力的案例上升到了"经验"层面。如张兆曙[5]立足于杭州市推进城市治理的3个典型案例，提炼联合治理的社会组织形式、参与结构与运作机制等"杭州经验"。胡刚

---

[1] 黄鹰,安然. 城市治理主体的职责定位[J]. 开放导报, 2015 (3): 13-15.
[2] 王志锋. 城市治理多元化及利益均衡机制研究[J]. 南开学报(哲学社会科学版), 2010 (1): 119-126.
[3] 王卫. 城市治理中的公私伙伴关系：一个街道公共服务外包的实证研究[J]. 广东社会科学, 2010 (3): 163-168.
[4] 马海韵,华笑. 当前我国公民有序参与城市治理的困境及消解[J]. 江西财经大学学报, 2016 (2): 107-113.
[5] 张兆曙. 城市议题与社会复合主体的联合治理：对杭州3种城市治理实践的组织分析[J]. 管理世界, 2010 (2): 46-59.

等[①]通过对新时期广州城市治理转型实践的深入分析与思考,阐明其理论价值和现实意义,并针对其不足之处加以提升完善。杨津等[②]以广州市东濠涌的治理实践为例,找出公众参与在城市治理模式中发挥的积极作用,并从组织结构及其功能、多网络下的主导权问题、公众参与度以及精英人物和媒体介入的角度探讨了公众参与平台未能完全发挥作用的原因。

有的学者是在模式层面上来进行案例研究的,如陈雪莲[③]以北京市"城市精简"治理为例,对管控型特大城市治理模式进行了深入分析,得出结论认为,适用于中国特大城市治理的新思路是摒弃"管控型"特大城市治理模式,推行"多中心化"的城市群联动,以城市治理模式和社会管制方式上的多元化创新带动公共资源均等化和城市发展多元化。张丽娜[④]对合同制治理进行了相关研究,她认为,合同制治理为城市治理既带来了机遇,又带来了挑战。因此,加强城市政府合同制治理能力建设重在:确保市场主体的充分竞争,创造公平的竞争环境;设立独立的合同执行与监管机构,提高政府合同管理能力;完善相应法律制度,维护合作双方利益。

还有的学者是在实践做法层面上来进行案例研究的,如何显明[⑤]对杭州上城区"城市复合联动治理体系"的实践进行了深入研究。李保林等[⑥]认为,近年在政治领域推进中的协商民主,其经验可为改革和完善城市治理方略输入积极的资源。协商民主经验中的公共协商、民主管理、重视法治思维和依靠法治方式、重视多元主体共治以及变管制型政府为服务型政府,均可输入城市治理现代化的进程。可以说,我国学者关于城市治理案例研究是非常充分的,但是,这些案例往往是集中在我国的东部地区的,对中西部地区的相关案例研究非常

[①] 胡刚,苏红叶. 广州城市治理转型的实践与创新:基于"同德围模式"的思考[J]. 城市问题,2014(3):85-89.
[②] 杨津,赵俊源,胡刚. 广州城市治理改革的反思:以公众参与东濠涌治理为例[J]. 现代城市研究,2015(3):110-116.
[③] 陈雪莲. 管控型特大城市治理模式分析:以北京市"城市精简"治理为例[J]. 中共天津市委党校学报,2016(3):85-90.
[④] 张丽娜. 合同制治理:城市治理面临的机遇与挑战[J]. 行政论坛,2010,17(6):84-88.
[⑤] 何显明. 复合联动 城市治理创新的逻辑与现实路径:基于杭州上城区实践的个案分析[J]. 中共浙江省委党校学报,2015(4):29-36.
[⑥] 李保林,刘强,高云. 协商民主经验对城市治理创新的启示[J]. 学习论坛,2014,30(8):40-43.

少；这些案例研究往往是属于质性研究，相关的量化研究非常少。

2.2.1.7 城市治理借鉴研究

很多学者对国外的城市治理经验进行了相关研究，有的学者以多个发达国家作为经验借鉴的对象，如张莉[①]的北京社科基金项目成果在综合考察美、英、法、德、意等发达国家和巴西等发展中国家的公众参与制度与实践后，得出了对于我国的经验启示。杨馥源等[②]从城市治理的视角，考察和研究20世纪70年代以来法国、日本、美国和德国等主要发达国家城市政府的治道变革和制度创新以及对中国城市政府改革的启示。孙彩红[③]的研究认为，美国、澳大利亚、英国等发达国家的一些城市治理中公民参与的案例具有共同特点：公民参与有法律基础和制度保障、有政府的引导作用、参与环节和链条比较完整、运用现代化手段促进参与等。

在城市治理的国外经验借鉴研究中，美国是学者们最为关注的国家，这方面的研究也是最为集中的。如苏晓智[④]通过对美国示范城市运动在西雅图、亚特兰大和代顿3个城市的具体实践的研究，试图对美国社区社会特征下，城市治理角度的实践和创新加以分析和总结，以期为我国和谐社会中和谐城市的建设提供借鉴和参考；杨宏山[⑤]分析了美国大都市地区府际合作的主要形式，探讨了美国大都市地区治理实践对中国城市治理的启示和借鉴意义。除了美国之外，英国也是学者们比较关注的国家，这方面的研究也有不少。如曲凌雁[⑥]较为系统地归纳总结了英国围绕"合作伙伴组织"政策发展和创新的城市治理经验。

为了能够更好地学习借鉴国外的城市治理相关经验，有的学者以同属于儒家文化圈的国家作为经验借鉴对象，如韦如梅[⑦]的研究指出，对比新加坡，我

---

① 张莉.国外城市治理八个启示[J].人民论坛，2014（16）：64-65.
② 杨馥源，陈剩勇，张丙宣.城市政府改革与城市治理：发达国家的经验与启示[J].浙江社会科学，2010（8）：19-23.
③ 孙彩红.国外公民参与城市治理的案例与借鉴价值[J].中共天津市委党校学报，2016（1）：65-71.
④ 苏晓智.从示范城市运动看美国社区社会特征下的城市治理：以西雅图、亚特兰大和代顿为例[J].开发研究，2013（3）：37-40.
⑤ 杨宏山.美国城市治理结构及府际关系发展[J].中国行政管理，2010（5）：102-105.
⑥ 曲凌雁."合作伙伴组织"政策的发展与创新：英国城市治理经验[J].国际城市规划，2013，28（6）：73-81.
⑦ 韦如梅.城市治理中的公民参与：新加坡经验的中国借鉴[J].湖北社会科学，2014（8）：51-54.

国在公民参与城市治理方面还存在诸多问题，如法制化程度不高、角色定位单一、形式主义严重、参与领域不平衡等。加强中国城市治理创新，提高公民参与效能，应着重从提高认识、培养公民素质、建设公民社会、健全参与制度等方面入手。还有的学者选择了一些发展中国家作为经验借鉴对象，如周志伟[①]的研究认为，巴西在城市治理方面的经验可以概括为以下几点：推动农村土地改革；实施旨在减贫的系列社会政策；改善城市基础设施；推广职业教育，促进贫困人口就业；调整经济布局，缓解大城市压力。可以说，我国学术界关于城市治理的借鉴研究成果是比较丰富的，但是在借鉴过程中往往也存在着"照抄照搬""生搬硬套"的现象。

2.2.2　国外推进城市治理现代化的经验启示

改革开放以来，工业化及城镇化已成为党委政府工作的重要着力点。在这一目标的引领之下，1978年至2013年，我国的城镇常住人口数量由1.7亿人增加到了7.3亿人，城镇化率由17.9提高到了53.7%，平均每年提高1.02个百分点。在由计划经济向市场经济的转轨过程当中，城市经济发展迅速，城市容量及规模得到迅速扩张，与此同时，农村剩余劳动力持续往城市转移，这也促进了城市的发展和扩张。进入21世纪以来，城市扩展速度呈现出加速趋势，城市治理方面的各类问题不断涌现出来，比如城市环境维护问题、城市公共产品供给不足问题、城市弱势群体权益保护问题、城市运作效率低下问题、人口膨胀问题、区域发展失衡问题都已经成为党委政府必须要面对和解决的棘手问题。如何有效地治理城市是一个颇具挑战性的重大课题，也是各国都必须面对的一个问题。随着全球化的深入推进，城市作为一个国家经济发展的核心载体，在全球竞争中所扮演的角色也日益凸显，能否实现城市治理的现代化，不仅关系到国家竞争力的提升，而且关系到国家治理现代化的实现。深入研究发达国家和地区在推进城市治理现代化过程中的经验和教训，有助于我们看清楚城市发展过程中

---

① 周志伟.巴西城市化问题及城市治理［J］.中国金融，2010（4）：39-40.

已出现和可能会出现的治理难题，吸收借鉴发达国家的成功经验，避免他们在城市治理中所走过的弯路和误区。在所有的发达国家和地区当中，美国作为世界头号强国，其城市化发展起步较早，城市治理成效显著。很多城市规划得当、布局合理、运转有序，城市环境保护得力，居民生产和生活也非常便利。

城市治理（Urban Governance）是指政府、私营部门和非营利组织作为主体所组成相互依赖的多治理网络，依据相关的法律、法规和规章制度，按照参与、沟通、协商、合作的治理机制，对城市地理空间结构、城市的规划格局、城市的发展路径进行协调规划，整合城市中的各类资本、技术、土地、信息、劳动力和知识等生产要素，解决城市公共问题、增进城市公共利益、提供城市公共服务，谋求城市经济、社会以及生态等各个方面的持续发展。作为老牌资本主义国家的美国和新兴发达国家新加坡，其城市治理现代化经验值得学习和借鉴。

2.2.2.1　美国推进城市治理现代化的经验及启示

（一）美国推进城市治理现代化的历史演变与进程

美国是世界上发达国家中拥有地方政府数量最多的，在几百年的城市发展和城市治理过程中进行了卓有成效的探索，其经验具有较强的典型性。据美国人口统计局在2002年的统计显示，美国共有城市19429个，这当中有94%的城市人口不超于25万，其中人口超过10万的城市仅仅有254个。另外，美国各个州对城市标准的确定并不一致，比如在俄亥俄州，人口高于5000人的一体化社区就被定位为城市，而人口不高于5000人的社区则被确定为村镇。有的州规定人口超过1000人的社区可以申请设立城市建制。从15世纪欧洲殖民者到达北美大陆后，建立和形成了现代城市的雏形。根据城市发展形态的不同，美国城市治理现代化大体经历了三个不同阶段。

1. 16世纪中期到20世纪初：现代城市治理的起步探索阶段

早在1565年，西班牙裔的殖民者就制定了"圣·奥古斯汀规划"（St. Augustine Plan），并按照这一规划建设了美国早期的西班牙风格城镇。与此同时，其他国家的殖民者也效仿西班牙的做法，建立了具有本国风情的市镇。1861—1865年美国内战之后，随着相对和平环境的出现和资本主义经济的迅速发展，美国城市出现了快速发展的局面。19世纪40年代，美国开始了工业革命,在商业、文化功能之外,城市的工业职能越来越突出。由传统农业社会向现代工业社会的过渡促进了城市规模的迅速扩张。城镇人口比例迅速上升,新型工业城市不断涌现。城市化与工业化实现了同步发展。面对这一形势,在城市管理方面出现了继续实行"自由放任"和引入政府干预两种倾向。受古典自由主义思潮的影响,主张"自由放任"的一方提出应该让城市自由发展和扩展,不能加以限制。部分人则注意到传统的"放手不管"政策(Hand-off Policy)已经不能适应形势发展需要,继续实行这一政策会导致不良后果。虽然出现了反对自由发展的呼声,但在当时城市人口、经济迅速发展的大背景下,主张"自由放任"的一方仍占主流。所以直到19世纪末期,美国各地地方城市当局还没有出台官方土地使用和管理政策。除了为避免城市居民密集区发生火灾制定的相关建筑物监督条例之外,政府没有主动纠正当时的土地滥用行为。

2. 20世纪初到20世纪70年代:地方城市自治发展推进阶段

20世纪开始的20年,随着现代交通的发展完善,城市规模较之以前有了很大跨越,有的达到10英里以上。城市在数量、规模和功能方面有了质的提升,基本形成了全国范围的现代城市体系。在美国当时的城市体系中,既有像纽约和芝加哥等综合性全国中心城市,也有费城、巴尔的摩等地方性中心城市。城市的发展吸引了大批外来移民与农村人口的流入,从1851年到1919年,平均每年有39万外国移民进入美国;截至1910年,美国4200万城市人口中大约有1100万从农村流入;1920年,美国总人口达到了1.067亿人,城市人口为5416万人,城市人口占比超过50%,美国城市化基本完成。1920年以后,美国的城市发展由集中转为扩散式发展,其主要发展标志是"大都市区"的形成和城市郊区化发展。美国城市在这一过程中完成了数量扩张和质量提升。在城市公共服务供给方面,推进公共服务供给体制改革,区分公共服务中的"生产"(Product)和"供给"(Provide),通过引入政府以外的外部生产方,来实现规模经济。在坚持政府主导地位的同时,其他公共服务供给主体的地位日益凸显,比如在1982年美国地方公共服务合同外包所占比例是34%,在1992年、1997年、2002年和2007年,这一比例分别达到了28%、33%、18%和30%。

3. 20世纪70年代至今：城市治理多元主体合力推进阶段

20世纪70年代以来，全球化的快速发展使国家之间的竞争加剧。新自由主义引导下的市场化、私有化改革导致了公共产品供给不足和社会公正缺失问题，非政府组织的发展为现代城市治理的发展奠定了基础。同时，城市之间在政治、经济、社会、文化方面的联系也不断增多，需要跨城市解决的问题和事务也不断增多，不同城市之间的依赖性越来越强。唐纳德·诺里斯（Donald Norris）、汉克·萨维奇（Hank Savitch）、阿兰·沃利斯（Alan Wallis）从理论上对这一特征进行了总结。在治理理论和新制度主义理论的指导下，以提升城市竞争力和加强培育合作为导向的网络化城市治理模式。在"政治碎片化"背景之下，不同大都市区的地方政府根据特定的议题，通过签订合作协议，在服务相互交叉重叠的领域结成资源合作的治理网络。促进大都市区的协同发展、环境污染的防控工作以及江河湖海的跨区域治理。围绕经济社会发展、公共服务供给和基础设施建设，许多城市在建立了政府、市场、社会和公民组成的治理网络，比如费城、克利夫兰、辛辛那提、丹佛、休斯敦、华盛顿、西雅图及亚特兰大分别在1980年、1985年、1988年、1988年、1989年、1990年、1991年、1991年先后建立了形式多样的治理网络。

（二）美国推进城市治理现代化的主要做法与经验

1. 健全政府组织结构，提高城市治理科学化水准

美国各个城市政府及时由州政府设立的地方政府，也是根据州宪法以"自上而下"的形式建立的市政自治体。在决策执行体制方面，美国地方政府城市治理在决策方面的显著特点是其"决策—执行"体系相对分离。由市民选举产生的议会负责立法和决策工作。在执行方面主要有两种形式：一是"市议会——市长制"（Council-Mayor form），二是"市议会——市经理制"（Council-Manager form）。前者市长由市议会从议员中选举或由选民选举产生，后者除了选举的方式之外，还借鉴公司法人治理方式，聘请一名管理专家担任市经理，对市议会负责，领导城市治理的日常工作，有用人员任命、机构设置和提出预算的权力。很多人口规模在2.5万～25万的城市，近年来采用了这种形式。在政府组织结构方面，美国城市政府的组织形式由本市的城市宪章自主规定。所以不同

城市的组织结构会存在一定不同，但其职能主要集中在四个方面：一是公共安全，包括警察、应急及消防等；二是城市建设，包括规划、住房、供水、排污、环保等方面；三是社区服务，包括社区发展、邻里关系及公共档案等方面；四是经济发展，包括职业培训、市场开发和企业服务等方面。各个城市为提高城市治理效能，在机构设置方面遵循精简原则，采用扁平化的组织结构形式。以美国杜姆市为例，杜姆市政府设置了市经理办公室、审计服务局、紧急联络中心和预算管理服务局等25个部门，2015年，杜姆市总共有全职工作人员2100人，兼职人员121人，大约每1000名居民中有11名公务员。在政府支出方面，与部分发展中国家的"建设财政"不同，美国各城市是典型的"公共服务财政"。以剑桥市为例，其公共安全支出占23%，社区维护发展支出占16%，教育支出占36%，政府内部开支占12%，人力资源开发占5%，一般政府开支占8%。其行政管理成本是相对较低的。在府际合作方面，为了适应大都市地区一体化发展的趋势，又同时兼顾各市、镇居民的具体利益诉求，很多地区通过府际合作的形式进行跨域治理。比如成立特殊服务区（Special service districts，简称"特区"），相邻城市把适合由专业化机构统一提供服务的事项移交给"特区"提供，"特区"根据服务项目具体情况确定收费标准。另外，签订政府间合作协议，建立市县联盟、市镇联盟，成立都市政府联合会也是府际合作的常用形式。

2. 完善城市治理结构，推进城市治理有效性程度

美国学者斯蒂芬·戈德史密斯（Stephen Goldsmith）在《网络化治理：公共部门的新形态》一书中，对美国的城市治理模式进行了系统总结。美国城市治理打破了传统官僚制下僵化治理模式，形成了一个在公共价值目标引领下多元合作、协同互动的网络化治理模式。美国实现有效城市治理的重要原因在于探索出了在市场经济条件下怎样调动各方面利益相关者共同参与城市治理。在网络化治理模式下，地方城市政府角色转化为"召集人、经纪人、催化人"，比如在城市公共服务供给中，除了警察、消防等由政府直接提供之外，还通过签约外包、特许经营和代币券等形式由非政府部门承担。签约外包是指政府与企业或其他地方政府签订供给合同，涵盖了公共工程、医疗卫生、社会福利以及一般性政府业务等几个方面。特许经营是在使用收费的公共服务领域，政府通过颁发许可证的

形式特许私人企业提供该项服务，主要涵盖了垃圾处理、供水供电、污水处理等公用事业中。代用券是指政府对符合条件的居民发放的凭证（代用券），居民凭券到政府认定的机构购买托幼、养老、戒毒、文体、培训等服务。除了向私人部门购买服务外，美国城市治理还非常注重非营利组织的协同治理作用，比如在2009年，时任美国总统奥巴马签署了《爱德华·肯尼迪服务美国法》，设立了用来鼓励和资助非营利组织参与城市治理的服务基金和奖学金，设立了每笔不少于20万美元的"非营利组织能力建设资助"规划，赞助各城市的社会组织加大志愿者的招募和管理力度。以旧金山市为例，2013年有160个非营利组织与政府签订了460个服务合同，平均每个组织购买政府的项目达到了29个。美国各大城市以政府为动力原点，以各类非政府、非营利组织为"经纬线"，通过建立网络化治理结构，对城市治理难题进行个性化、灵活化、分权化和有创意的回应，实现了治理主体之间物质信息资源共享、减少行政成本、降低政治风险。

3. 扩大公众参与治理，提高城市治理民主化层次

美国城市治理的一个显著特点是公众参与的深度介入和有效发挥作用。巴伯（Benjamin R Barber）曾指出，美国存在两种民主：一种是国家民主，体现在总统大选和联邦政策制定等国家层面；另一种是基层民主，体现在居民通过自组织来进行自我管理、处理公共事务、解决公共问题。美国城市治理中的居民参与具有参与主体广泛、参与程度较深、参与渠道畅通、参与过程全面、参与方式众多等特点。从居民参与的角度来看，美国城市治理中建立了居民与政府的"参与—互动"关系，由过去自上而下的城市管理转变为双向互动的城市治理，具体形式有三种：一是通过各类民间委员会和理事会参与城市治理。美国城市治理结构中有两条并行的系统：以市长为首的行政机构和以各类理事会、委员会为代表的非政府机构。作为非政府组织，其成员由公众自愿申请，再经过公共选举产生。居民通过各类理事会和委员会参与城市治理决策、提供咨询意见、监督政策执行，同时作为"城市之眼"对政府权力起到监督制衡作用；二是通过社区自治组织参与城市治理。美国社区最能体现1620年"五月花号公约"内在的自治精神。自20世纪70年代起，美国开启了"社区复兴"的历程，城市基层的公民参与受到持续的重视和强化。大多数美国城市社区实行高

度自治，由居民和社区利益相关人选举社区理事会（Community Board）等社区管理机构，再根据需要设立相关专业委员会协助开展工作。比如美国西雅图市设立了200多个社区理事会承担本社区管理服务工作，通过与政府签订合同或自主承担社区基础设施管理、停车服务、各类活动筹备、公共秩序维护等工作；三是通过居民集体行动参与城市治理。托克维尔在《论美国的民主》一书中论述了美国人的结社传统，美国的各类商会、工会、协会、行会都是居民参与城市治理的重要渠道，通过组织社团进行"集体行动"，提高了诉求表达的效果、督促政府提高治理绩效、提高公民的参与精神。从政府角度来看，美国各城市政府建立了一套调动公众参与城市治理的完整机制。一是注重事前公示，各市议会讨论城市治理议题前会提前较长时间向居民发出通告，让居民有充足的时间做准备；二是注重决策公开，美国有发达的听证程序，政府运作公开透明、"阳光运行"。政府的会议及决策过程向公众和媒体开放，居民可以自由参加旁听，发表自己的观点；三是鼓励参与，美国建立了一套志愿者服务制度，将居民信用等级评价、个人纳税情况和企业奖金发放与其参与志愿服务时间挂钩，鼓励居民参与城市治理、提供志愿服务。四是鼓励监督，以城市规划为例，美国各个城市发展方向、城市布局、土地性质、各分区的详细规划都是在法治的框架内进行公开讨论和利益协调的结果，利益相关者对自身权利义务都非常清楚，如果执行过程有任何改动，马上就会有人提出质疑。

4. 引入现代治理工具，推进城市治理信息化水平

美国城市治理注重利用计算机、数据库、通信网络、人工智能、物联网、多媒体等现代治理工具，推进城市治理现代化。一是建立"电子政府"提高城市治理能力。美国从20世纪90年代初开始大力发展电子政务，在"以公众为中心、以结果为导向、以市场为基础、以便捷为目标"理念引导下，打造"指尖上的政府"，提出"让人们点击鼠标三次就能够办事"，方便了居民办事和参与城市治理。另一方面，政府内部实现了管理信息化，政府行政效率大大提高，同时极大降低了城市治理成本；二是运用大数据提高城市治理效能。人类正从IT（信息技术时代）时代走向DT（数据技术时代）时代，大数据以其容量大、速度快、价值大、成本低、实用性强等特点，给美国城市治理带来了革命性变

革。2012年，美国政府颁布了"大数据的研究和发展计划"，同时"大数据社会福祉"（Big Data for Social Good）运动席卷了以美国为代表的发达国家，通过引入大数据技术，极大提高了城市治理的民主化、开放性、科学性和精细化。比如纽约消防局筛选了建筑、消防、经济、治安、城市建设等政府部门的数据，从当中找到60多个与火灾发生关联度最大的数据，并据此计算出建筑火灾的危险指数。根据这一指数，消防局派遣消防员加强对高危区域的日常排查，极大降低了火灾的发生概率；三是建立城市地理信息系统（GIS）来提高城市治理水平。城市地理信息系统是一个以计算机为核心的城市动态管理系统。它具有管理功能、评价分析功能和规划预测等多种功能：可以对城市的交通网络、投资环境、规划管理、企业选址或工程效益等进行评价分析、提出方案；提高应对诸如洪水、火灾等突发性事件的能力，作出快速反应；根据城市现状、发展趋势和潜在能力等综合因素预测城市未来发展状况。比如美国凤凰城建立了完善的地理信息系统，提高了在地下管道、供电网络、邮政网点、道路交通等城市基础设施管理方面的管理水平，极大提高设计与施工、设备维护与故障排除、线路改造等方面的效率，产生了巨大的经济社会效益。

5. 完善法律保障体系，提高城市治理制度化程度

美国具有深厚的法治传统，城市治理的现代化与其法治化进程是同步的。从理念方面来看，基于对人性弱点的深刻认识，他们力图建立一套能够有效约束权力的制度安排，建立一道阻止权力滥用、权力腐败、权力侵犯公民权利的屏障。以宪法和法制约束权力，政府的权力只限于宪法和法律明确赋予的范围，宪法和法律无明确规定的权力，政府绝对不可以行使。从体制方面来看，美国各级政府都采用了立法、行政、司法"三权分立"模式，各大城市的治理都深深扎根于这一政治体系当中，"三权分立"的运行机制，把美国城市治理中的法律制定、行政管理及执法监督三方面互相制约的因素密切联系在一起，而且使城市治理活动能够在各个城市都能进行有效地自我调整和修正，形成良性内部循环机制，极大减少了强制干预和行政监督。从机制方面来看，美国在城市治理方面建立了一套比较完整的依法治理机制。比如在美国高楼林立的纽约市，20000多个街头摊位井然有序地遍布城市各个角落，形成了一道独特的"街头

摊贩景观"。虽然没有专门的"城管"部门,但纽约市通过一套完整的立法、执法和监督体系,实现了街头摊贩的有序经营。按照纽约市法律规定,从事街头销售必须要取得许可执照,无照销售有可能面临被拘捕的风险。摊位必须离开路沿0.4米,离十字路口、地铁口3.48米。违反城市治理相关法律,会被处以最高500美元的罚款。纽约市对执法过程也做了严格法律规定。执法人员通过口头或书面形式通告有违法行为的当事人,如果有多项违规行为,当事人会收到违规行为名单列表及一份传讯通知书。小贩有权要求对方出示证件,也有权自行拍照存证。管理者与当事人共同维护法律的权威,相互理解与尊重,形成了良性的城市治理生态。

（三）美国推进城市治理现代化对我国的启示与借鉴

1. 引入现代治理理念,推动城市治理理念现代化

坚持以人为本、服务为先。城市治理现代化要贯彻以人为本的原则,实现好、维护好、发展好人民群众的根本利益。促使各种社会矛盾和社会问题在有序的状态下逐步得到调整和解决,着力保障和实现城市治理中公民的权利公平、规则公平、分配公平和社会保障公平,使社会公平正义得到维护和实现。让社会发展的优秀成果和福祉尽可能地惠及每一个人,实现"包容共享"。城市治理是一个公民增权的过程,城市治理要以增进公民权利为导向,减少或避免因为政府权力扩张而限制甚至侵犯公民权利的事情发生。坚持既有秩序、又有活力。社会共同体要正常运行,必然需要建立一定的社会秩序,"维系社会秩序"是人们从事一切活动的基础条件,是城市治理的核心要义之一,城市治理的其他任务都是围绕"维系社会秩序"这一核心任务派生和展开的。强调社会秩序和激发社会活力存在一定的矛盾,强调城市管理的时候,可能会把社会"管死",陷入"一管就死,一放就乱"的怪圈。推进城市治理现代化要把二者有机结合起来,实现秩序和活力并存。社会创造力和活力的源泉在于民众,因此要提倡和鼓励社会创新,充分发挥人才和知识的作用,为社会发展提供可持续的动力源。

2. 完善城市治理结构,推进城市治理体系现代化

充分发挥政府的"元治理"作用。各类社会组织参与城市治理变革了过去城市治理的"国家中心模式",对政府在维护城市公共秩序和处理公共事务中起

到了协同作用，同时也带来了一定的挑战，对公共秩序维护和政府的行政方式变革提出了新要求。在我国的城市治理体系中，政府部门起主导作用，负责承担引领指导和制定行为规范等职能，扮演"元治理"角色，因此政府有责任引领、监督各类社会组织合理、有序、规范地参与城市治理。促进不同城市治理主体建立共同的愿景，鼓励社会组织创新其活动及发挥作用的形式，弥补现有城市治理模式的不足。政府部门通过建立各种机制促进多元主体合作，加强它们之间在资源依赖和功能互补基础上的沟通协调。提高各类社会组织创新发展能力、专业服务能力、协同治理能力和公信力。2017年6月份，《中共中央 国务院关于加强和完善城乡社区治理的意见》，对城乡社区社区治理现代化提出了指导意见。目前我国在推进国家治理现代化进程中，各类主体发展面临着难得的机遇。建立党委领导、政府负责、社会协同、公众参与的"一核多元"的城市治理体系势在必行。

3. 创新城市治理模式，推进城市治理机制现代化

现代管理学和信息技术的发展为公共服务提供和城市治理方式的现代化带来了巨大机遇。与美国相比，目前我国政府预算存在编制时间短、细化程度不高、透明度不强、公众参与较低等问题。下一步要借鉴国外在政府预算编制方面的经验，在编制程序、细目分类和预算执行等各个环节中改进提高，确保城市治理预算能够体现公共财政的要求，增强政府提供公共服务的职责和导向。借鉴美国的城市治理经验，要通过各种方式途径，进一步引入竞争机制和市场机制，不断扩大非政府组织提供公共服务的范围和参与城市治理的深度和广度，降低政府的行政成本，不断提高政府服务效能。借鉴美国城市治理在政府购买服务方面的好做法，借鉴其在选定服务机构、制定服务价格、管控服务成本等各个方面的有益经验。建立完善政府在签约外包城市治理公共服务中的管理机构，完善有关监管部门对签约外包及特许经营在质量、价格和效率方面的监管责任，不断提高其监管能力。进一步改善政府部门在购买公共服务中的合同签订、合同实施和绩效评估等多个方面的监管途径。

4. 利用现代信息技术，推进城市治理工具现代化

数字时代特别是大数据时代的到来极大地推进了城市治理信息化发展，在

美国城市的网络化治理结构中。网络信息技术内在的继承能力实现了信息的有效整合，促进了城市治理现代化的发展。现代信息技术可以有效缩短政府部门之间及其与非政府组织的距离，突破不同治理主体之间协调沟通的壁垒。城市治理的网络化对信息技术的依赖性较强，治理网络中的各个主体通过信息技术可以进行不间断的沟通交流及知识经验共享，最大限度减少因为信息不对称造成的误解和低效。我国城市治理中在引入现代信息技术方面做了大量工作，但与美国发达城市相比，还存在一定的差距。因此，未来我国城市治理现代化要加大政府对信息化治理的投入力度，依托城市信息治理平台，提高各类信息化治理平台的整合程度，突破政府、市场及社会助理兼的沟通壁垒，实现多元主体治理的高效化。

5. 加强法律法规建设，推进城市治理制度现代化

当前我国在城市治理中的很多问题，有一大部分是因为法律法规没有有效落实执行所导致的。提高城市治理的现代化程度，除了要运用好经济杠杆和教育宣传手段之外，更多的要运用好法治手段，实现依法治市。目前我国在城市治理方面的法律法规还存在覆盖不全面、可操作性不够、碎片化严重等问题，下一步需要在这些方面进一步进行补充和完善，让城市治理真正能够有法可依。用法治去减少城市治理中的侵权、越界现象，惩治城市治理中的各类腐败问题，特别是打击各类建设、规划中的违法违规行为，逐步消除"朝令夕改""以权代法"等突出问题。在城市治理法律实施方面，要更加注重法律的执行和落实，强化对各类执法行为的监督，减少执法过程中的随意性。通过有法必依、执法必严来确立和维护城市治理法律法规的权威性、公平性、稳定性、严肃性及有效性。

2.2.2.2　新加坡推进城市治理现代化的经验及启示

作为"亚洲四小龙"之一，新加坡是亚洲乃至世界重要的服务、航运中心之一，是享誉世界的"花园城市"，也是排在纽约、伦敦及中国香港后的全球第四大金融中心。新加坡是全世界面积最小的20个国家之一，它位于马来半岛的南部，有420万人口，由一个本岛及63个离岛组成，国土面积为683平方千米。由于城市规划科学合理、交通基础设施布局得当及绿色宜居的城市生态环境，即便在每平方千米7615人的高人口密度下，新加坡也没有出现"城市病"。其

城市治理经验值得学习和借鉴。从1965年新加坡独立算起，其建国仅有52年的时间。作为后发赶超型国家，新加坡从一个"脏乱差"的国家发展为世界上最发达的国家和最宜居的城市之一，这一切成绩的取得离不开一套比较成熟完善的城市治理方法模式，新加坡在树立城市品牌的同时为全世界提供了一个城市善治的典范。

（一）新加坡城市治理的主要经验

1. 通过科学编制城市规划为城市治理现代化奠定基础

新加坡推进城市治理现代化进程中，非常重视城市规划的科学编制。在城市建设发展初期，新加坡从联合国及多个发达国家聘请专家，坚持"高起点、高质量"原则，花费了4年时间，对新加坡未来30到50年的城市总体空间格局、产业布局和交通体系进行了谋划。为了在有限的城市发展空间内实现土地利用的最优化、为公众提供优质的工作生活环境、实现经济发展与城市发展的协调，新加坡依据"城市中心—城市次中心—城市副中心"的思路将全市划分为55个建设区域，制定了以本岛中心区域为主体的"星座结构"、组团发展的城市空间布局和注重城市生态和古迹保护的城市发展规划，力争实现每一个小区的布局和功能最优化，满足居民的交通、居住、工作和休闲的需求。各类商业网点是新加坡城市规划关注的重点。在大型居住区规划设计方面，新加坡以城市规划引领大型住宅区建设，按照"城市规划—总体设计—建筑设计—景观设计"的程序来进行，同时也以住宅区建设推动城市规划的有序发展。在商业网点规划设计方面，新加坡的商业网点被分为5个不同级别，第一个级别是中央商务区；第二个级别是4个距离市中心大约13千米的"区域中心"；第三个级别是5个距离市中心大约6千米的"小型中心"；第四个级别是6个距离市中心大约2.5千米的"边缘中心"；第五个级别是分布于各个住宅小区内的"邻里中心"。新加坡每个级别的商业中心都有明确的功能定位，对于商业网点的选址、规模、布局和经营类别做了细致的规范，规定新建商业网点不能影响现有网点的运营，从而节约土地资源，实现了城市商业体系的有序发展。在城市景观设计当中，新加坡非常注重城市组团内基础设计的合理分布，充分考虑自然景观与城市文化的景观轴带设计，实现城市建筑与发展空间和谐有序，对行人和机动车的进出口进行合理规划。

2. 通过完善城市治理体制为城市治理现代化创造条件

新加坡城市治理现代化离不开一套行之有效的治理体制。首先，新加坡建立了一套完整的城市治理方法体系。新加坡城市治理中建立了一整套法规体系、考评制度、经营机制、资金管理及罚款制度。在城市治理法律法规体系建设方面，新加坡城市治理法律具有全面、严格、周密、具体、贴合实际及操作性强等特点，对城市当中的建筑物、园林绿化和广告牌等城市治理硬件都做了具体规定，对于城市治理执法人员的行为标准也做了法律规范，既增强了可操作性又避免了随意性。新加坡城市治理法律的一个重要特点是其严格的罚款制度。除对严重违法行为追究法律责任外，对轻微的违法行为则广泛采用了罚款这一措施。作为一项规制公众行为的措施，新加坡城市治理中的罚款名目众多，涵盖了几乎所有公共治理领域；罚款数额较大，震慑作用强，足以使受罚者不敢再出现同类问题；罚款程序明确、执法严格，政府安排抓人督查和抽查罚款执行情况，确保制度落实。其次，新加坡建立了完善的城市治理组织体系。新加坡城市治理遵循"建管分离"原则，其城市治理主要由环保部下属的环境卫生局、国家发展部下属的市镇理事会和公园及康乐局负责。其中市镇理事会负责大部分城市治理的日常工作，其定位类似于我国的城市社区物业，作为城市治理的主体，负责园林维护、环境清洁、基础设施维护、建筑物管理维护及社区改进和翻新工作。作为政府的法定机构，它们之间权责明确，通过定期交流提升城市治理能力。最后，新加坡城市治理建立了一套完整的绩效考评制度。新加坡城市治理考评体系具有较强的系统性，每项指标都具有很具体的评价标准，最大限度减少考核中的主观因素，增强了城市治理评价的客观性和公正性。新加坡城市治理考评项目主要分为城市卫生保洁管理及硬件设施管理维护两个方面，规定城市建筑需要5年粉刷一次，对公共卫生、电梯、电器、开敞空间、娱乐设施的管理维护情况，对公共场所乱丢垃圾、抽烟及各类不文明行为都做了详细考评规定。

3．通过健全城市基础设施为城市治理现代化提供保障

新加坡从三个方面不断完善基础设施，为城市治理现代化提供基础和保障。

首先，完善城市基础配套设施，实现公共服务设置标准化。按照便民原则和资源配置优化原则，新加坡非常重视按照中心式和集合化理念来布局城市公共服务基础设施。建立了"区域中心—次区域中心—新镇中心"的公共服务设施体系。新镇依据其规模设立"镇中心—社区中心—邻里中心"，不同级别的"中心"按照人口规模及布局设置相应规模、等级和功能的学校、医疗、商业和交通设施，从而减少居民出行、就近解决民生需要。不同级别的商业基础设施在规模、布局和配置方面都有明确规定：比如"邻里中心"规定设置35个商店、1个超市、2个餐厅、1到2台取款机、2个菜市场，并规定了每种基础设施的必备功能与推荐功能，对其主营业态和组织结构进行标准化规定。其次，科学建设便捷高效的城市综合交通体系。新加坡井然有序的交通离不开综合交通网络的科学规划和严格的交通管理：一是交通体系结构科学、体系完善。新加坡路网规划集成了方格路网和放射状路网的优点，其路网主体架构为环形放射（蜂窝状）结构，路网密度居于世界第三位，道路用地占其国土面积约12%～15%。新加坡的道路由轻轨系统、地铁系统、市政道路和城市快速路四级构成，以地铁为主，以其他方式为补充。新加坡地铁覆盖了本国的大部分地区，保证了整体交通的稳定和高效。二是道路布局合理、对接顺畅、科学管理。新加坡车展通常设在中心区及人流密集区域。将不同类型交通工具换乘控制在合理范围内，实现"无缝衔接"和便捷换乘。另外，为提高人流集散效率，新加坡在重要交通枢纽周边进行高密度和高强度的"商业—住宅"混合开发。在增加路网密度和拓宽道路的同时，在管理上通过ERP调控收费系统和"拥车证制度"控制私家车数量，调节交通高峰时段的车流量，有效缓和了交通问题。最后，坚持生态优先，注重生态修复，打造"花园城市"。新加坡在国土面积优先的情况下仍坚持培育生态基质，保留了大量生态空间。多维度推进城市绿化建设。一是通过划定"绿线"、设立标准实施严格管控。在规划之处就设定了公园绿地绿线和生态保护区。规定每一个新镇应设立一个10公顷的公园，每千人应有0.8公顷绿地，居住区500米内应设立1.5公顷的公园。新加坡目前已有占地20公顷以上的公园44个，占地0.2公顷的街心公园240多个。二是注重生态修复，实行绿道串联，建立多维立体的绿化景观。通过各类绿道将分散的公园绿地串联起来，注重各类主体公园的建设，比如在泄洪区建立雨洪公园，打造滨海湾公园等。通过"生态天桥"将被道路割裂的绿色区域串联起来，实行"打造翠绿都市和空中绿意"计划。要求居民在住宅前插缝绿化，通过绿化屋顶津贴、容积率补偿等奖励措施激励开发商建立屋顶花园、垂直绿墙、天空廊道等多维立体垂直绿化的力度。在各类措施的共同作用下，新加坡近年来已增加了超过40公顷的空中绿化面积。

（二）新加坡城市治理对于我国推进城市治理现代化的借鉴与启示

1. 完善城市治理体制，推进城市治理现代化

健全城市治理体制是推进城市治理现代化的前提。一要完善城市治理法规体系。法治化与城市治理现代化是同步发展的，新加坡城市治理成功的保障是在推进城市治理的法治化的同时最大限度减少人治因素。全面深化改革领导小组第十八次会议提出："推进执法体制改革，改进城市管理工作，让城市成为人民追求更加美好生活的有力依托。"我国的城市治理亟待法治破局，未来要以问题为导向，尊重城市发展的规律，以法治建设引领城市治理现代化。二是在城市治理中要严格依法行政。新加坡城市治理以"严"字当头，做到依法行政、执法如山，法律面前人人平等。在我国，执法力量不下沉，市县一级城市治理职能交叉、存在空白、效率低下，是我国城市治理中的突出问题，因此在改革城市治理体制的同时，要着力推进依法行政、严格执法和公正执法，逐步实现法治化、规范化和精细化治理。三是在城市治理中引入柔性因素。我国近年来城市管理中出现了不少执法人员和当事人的矛盾冲突事件，反映出执法方式方法还有待改进完善。结合我国国情，在城市治理中要将硬性的法治手段和柔性执法结合起来，恰当地引入和采用宣传、说服、教育、协商等手段进行执法，解决城市治理执法中遇到的"钉子"问题和不容易处理的矛盾纠纷。让柔性手段成为依法治理的"润滑剂"，不断提高执法艺术，确保城市治理任务的顺利完成。四是遵循教育和惩罚并举的原则。我国城市治理中既要引入新加坡城市治理中广泛采用的罚款手段，也要注重对市民的法治教育，不断提高居民素质，做到惩防并举，形成良好的城市治理氛围。

2. 健全城市治理体系，推进城市治理现代化

新加坡国家发展部下设有建屋发展局（HDB）、城市重建局（URA）、公园

暨康乐署等负责城市治理的机构，负责城市规划、建设和管理工作。建屋发展局负责组屋的设计建设和新镇、邻里单位的规划。城市重建局职责包括规划编制、发展控制、城市设计、土地售卖、策略制定、用地规划和文物保护等。城市重建局下设开发控制委员会和城市总体规划委员会，负责城市非公益项目和公益项目的审批和协调工作。康乐署和市镇理事会负责城市日常保洁、园林保养工作。我国城市治理中存在由于缺乏沟通和分工不清而导致的推诿扯皮和交叉管理问题。就世界范围来看，协同治理是当今城市治理的主要方式之一。借鉴新加坡的城市治理经验，明确我国城市治理各部门的主体责任，加强城市治理相关部门之间的沟通协调，建立主体清晰、权责明确、上下联动、协调有力、执法到位、运转高效的城市治理格局，可以有效减少资源浪费，提高城市治理效能。

3. 加强城市文化建设，推进城市治理现代化

新加坡作为移民国家，华人、印度人、马来西亚人及其他人种分别占到其人口总数的76.8%、7.9%、13.9%和1.4%，其语言、习俗、文化和信仰都存在差异。为了促进不同族群之间的和谐，新加坡实行了"种族平等相处和文化多元并存"政策，其国花万代兰的唇片四绽，就象征着四大民族和四种语言的平等。新加坡推进英语和本族母语的双语教学制度；佛教、印度教、伊斯兰教和基督教等宗教场所并存；学生混合就读，学校成为不同文化的融合场所；各族群混合居住，政府组屋按照种族比例进行分配；新加坡在推进城市治理现代化进程中，非常注重作为非正式制度安排的精神文化因素的作用。政府通过强调以儒家文化为代表的东方文化教育来增强公职人员的责任心，培养居民对城市治理的责任感。为了培育城市文化，早在2002年，新加坡就公布了"创意产业发展战略"，提出把经济、艺术和科技结合起来，将新加坡建成全球文艺复兴城市、世界文化中心和世界媒体城。为此，新加坡实施了四项重大工程来落实这一战略，分别是："艺术无处不在"（Ares Every Where）、"艺术之旅计划"（Arts Tourism）、"知识新加坡计划"（Knowledge Singapore）、"巧思妙想计划"（Design Singapore），引导资助非政府组织举办各类文化创意活动，调动居民参与文化活动的积极性，建立了"3P"（Public-Private-People）推动和"3E"（Every one-Every time-Every where）参与的城市文化发展机制。我国作为多民族国家和儒家文

化的发源地，更应当充分挖掘城市的历史文化资源、塑造提升城市形象文化、繁荣发展城市的文化产业、丰富群众的文化活动、培育具有现代文化素质的市民，充分发挥城市文化作为城市治理现代化的助推器作用。

4. 扩大城市居民参与，推进城市治理现代化

美国学者雪莉·阿恩斯坦提出："公民参与是对公民权利的一种表述。"居民参与体现在新加坡城市治理的方方面面，比如其市镇理事会就吸纳了许多普通公民。市镇理事会每两个月召开一次理事会会议，会上理事和居民一起商议城市治理中的各类问题。新加坡环境治理中的"3P"模式："people（市民）、private（企业）、public（政府）"，也体现了多元主体特别是居民的参与，通过全国性的宣传活动、强化公众教育、社会志愿者推广等方式让全社会投入环境保护运动之中。自建国以来，新加坡前后开展了"取缔乱抛垃圾运动""反吐痰运动""保持新加坡清洁"和"防止污化运动"等几十次全国性的社会教育运动。就我国来看，虽然近十年来某些城市治理领域中的公众参与有所进步，但因为缺乏相关法律规定及制度保障，目前的公众参与渠道、参与程度、参与形式还有待完善。不断完善民众参与城市治理制度，畅通公众诉求表达机制，加强公众和政府的互动，通过公民全方位参与城市治理的体制和机制的建立健全，着力培养市民的公民意识和参与能力，将公民参与的制度体系化、法制化，增进公众参与的规范有序，确保城市治理的科学、稳定和高效。

2.2.3 国内推进城市治理现代化的经验启示

2.2.3.1 国家制度：从"强制性制度"走向"诱致性制度"

制度问题是一切问题的根本，2014年2月，习近平总书记在省部级主要领导干部专题研讨班开班式上发表的重要讲话指出，"必须适应国家现代化总进程……实现党、国家、社会各项事务治理制度化、规范化、程序化，不断提高运用中国特色社会主义制度有效治理国家的能力"。当前我国社会治理中最欠缺的就是制度化、规范化和程序化。以杭州市为例，杭州市的开放式决策为解决这个问题提供了一个范例，共制订了9个地方性法规，使地方政府决策逐渐实

现了制度化、规范化、程序化。杭州市上城区在社会组织培育方面也形成了一系列的制度性规范，制订出台了《关于加快推进社会组织培育发展和规范管理的指导意见（试行）》《关于政府购买社会组织服务和绩效评估的实施意见（试行）》等7个社会组织培育发展和社会建设的文件，分别对社会体系建设规划、政策扶持保障、政府购买社会组织服务和绩效评估等作了明确的规定。一系列的政策文件提升了上城区社会组织培育和社会建设的制度化、规范化和程序化水平，对于进一步推进社会治理体系变革有着根本性的意义。正是在实践中不断提升社会治理的制度化、规范化水平，杭州市上城区逐步培育、发展、壮大了一批社会组织，规范了一批维权类社会组织，并支持、奖励了一大批活动形式好、居民满意度高的社会组织，使多元主体协同参与的社会复合治理具备了可能。

随着我国城市化进程的快速推进，城市规模不断扩张，流动人口不断增加、道路交通日益拥堵、生活环境日益恶化等现象给城市治理工作带来了新的挑战。如何通过正确、有效的现代城市治理，既保持城市发展的活力，又能形成良好的秩序，是需要正视和迫切解决的问题。中央城市工作会议指明了一条中国特色城市发展道路，要"坚持以人为本、科学发展、改革创新、依法治市，转变城市发展方式，完善城市治理体系，提高城市治理能力，着力解决城市病等突出问题"。2012年12月4日，首都各界在人民大会堂隆重集会，纪念现行《宪法》公布施行30周年，中共中央总书记习近平作了《在首都各界纪念现行宪法公布施行30周年大会上的讲话》。他指出，"各级领导干部要提高运用法治思维和法治方式深化改革、推动发展、化解矛盾、维护稳定能力，努力推动形成办事依法、遇事找法、解决问题用法、化解矛盾靠法的良好法治环境，在法治轨道上推动各项工作"。如何有效运用法治思维和法治方式提升城市治理水平，正是值得我们深入思考的重大问题。城市治理的法律制度落后是我国城市稳定和发展的一大瓶颈，换言之，完善的法律制度是城市治理现代化能够顺利推进的根基所在。通过完善法律制度，将广大市民和社会组织看作政府机关的合作伙伴，看作城市共同体管理事务的利益相关者，畅通其利益表达途径，尊重其意见和建议，确保其参与城市治理过程，有利于打破城市管理中公权力的垄断性，也有利于保障广大市民的各项权益，更有利于城市经济社会的稳定与发展。因此，很多地方都非常重视完善城市治理的法律制度。

以南京为例，2011年，国务院法制办委托南京市人民政府与中国人民大学法学院共同完成"城市综合管理立法"重点课题，在课题组提交的研究报告和立法建议稿的基础上，南京市人大常委会制定了《南京市城市治理条例》，经江苏省人大常委会批准，已于2013年3月1日起正式施行。这一条例是我国城市管理立法的最新成果，它以"城市治理"理论为指导，参考了多年来各地城管立法的经验教训，推动了行政民主化和行政方式创新，为中央和地方各级立法提供了参考样本，也为法学研究提供了新鲜素材。《南京市城市治理条例》作为我国第一部关于城市治理的地方性综合法规，探索建立了人性化、多样化、高效化的新的城市治理模式，其核心思路是推动由"城市管理"向"城市治理"转变，符合当代行政法治发展方向和城市经济社会协调发展要求，具有鲜明的时代性、实践性和针对性。

完善的法律制度为我国城市治理现代化的顺利推进提供了非常好的制度保障。全国各地的经验告诉我们：城市治理现代化首先要从完善相关法律制度着手，形成完整的制度体系，并通过法律的形式加以制度化、规范化，从而使城市治理现代化能够顺利推进。而从我国城市治理的法律制度保障来看，我国相关法律制度还很不完善，同时，我国的法律制度往往存在着多变、随意性明显等特点，这已经严重制约了我国城市治理现代化的顺利推进。因此，通过借鉴全国各地的成功经验，在我国的城市治理现代化进程中，也亟需建立完善的法律制度，从而能够为城市治理现代化的顺利推进提供良好的制度保障。

再以深圳为例，深圳城市治理的突出特色是其城市规划的法定图则。法定图则是由深圳市人大常委会1998年通过的《深圳市城市规划条例》予以确立的，与其他地方实施的控制性详细规划不同之处在于，法定图则体现了规划过程的公众参与程序，详细规划决策权力从规划行政部门向社会人士占多数的规划委员会和图则委员会转移，从而提升规划决策的民主化程度。法定图则打破了规划决策的封闭性，增强了透明性和公众的参与性，特别是半数以上的非公务员委员使城市规划中的长官意志得到了一定程度的制衡。深圳城市治理的另一个制度创新是城市管理市场化试点——城管业务外包的实践。一般来说"合同外包"多在城市建设环节,深圳在城市管理环节引入市场外包具有一定的创新意义。这个试点工作起源于深圳宝安区西乡街道,初衷是为了解决人手不足这个综合执法最突出问题。为此,通过签约外包的方式,培育民营企业当"城市保姆",购买社会服务,整合资源,借用院校实习生资源,利用社区资源协助执法,逐步形成了"政府主导、企业协同、公众参与"的格局。由于物业保安、院校学生、社区志愿者均不是公职人员,不能依法采用罚款、没收等强制手段,因而只能是口头劝导等柔性管理方式,这是对传统刚性城市管理方式的必要补充和新的有益探索。

从制度经济学的视角来说,一种制度及其演变过程,可以用"制度变迁"的视角来进行审视。制度变迁可以分为"强制性制度变迁"和"诱致性制度变迁"两种类型。"强制性制度变迁"是一种由国家主导、以自上而下的方式进行的制度变迁,而"诱致性制度变迁"则是一种由社会自身主导、以自下而上的方式进行的制度变迁。从我国城市治理制度的产生及其演变过程来看,我国的城市治理制度更多的是表现出"强制性制度变迁"的特征,是一种由政府主导、以自上而下的方式进行的制度变迁。强制性制度的特征决定了其不能充分考虑到制度与外在环境和内在环境的适应性,而诱致性制度的特征决定了其能够充分考虑到制度与外在环境和内在环境的适应性。同时,强制性制度的特征决定了其并不利于城市治理现代化建设的因时而异、因地而异和因人而异,而诱致性制度的特征决定了其有利于城市治理现代化建设的因时而异、因地而异和因人而异。我国的城市治理制度主要是由政府以自上而下的方式"设计"出来的,不能很好地实现制度与外在环境和内在环境的适应,这样的制度对于城市治理现代化建设是极为不利的。因此,为了更好地设计城市治理制度,必须要充分考虑到制度与外在环境和内在环境的适应性,以自下而上的方式,也就是以诱致性方式来设计城市治理现代化的制度体系。从而使城市治理现代化的制度体系能够更好地"落地",更好地适应地区经济社会发展状况和人民群众对城市治理的需求状况,从而最终实现有效推进城市治理现代化的目标。

2.2.3.2 社会基础:从"强国家—弱社会"走向"强国家—强社会"

全国各地在夯实城市治理的社会基础上进行了大量的探索和实践,其中城市网格化体系建设是最典型的实践探索。党的十八届三中全会通过的《中共中央关于全面深化改革若干重大问题的决定》明确提出，要改进社会治理方式，创新社会治理体制，以网格化管理、社会化服务为方向，健全基层综合服务管理平台。未来城市社区网格化管理必须要朝着网络化治理的方向前行才能增强内在活力。

近年来，数字化城市管理作为城市网格化管理的雏形，其实质是一种多元主体的城市治理模式，同时也是对传统社会管理模式的整合。简言之，网格化管理并不是对原有城市管理模式的一种完全抛弃，而是对原有传统管理模式的一种深化、整合和拓展。其特征主要体现在这样几个方面：一是在原有行政区划的基础上利用信息技术打破了传统意义上的城市区划空间，实行整体性的统一规划、管理和服务；二是对原有社会管理的行政管理资源、社会治理资源、公共服务资源等进行整合优化，从低效行政向高效服务型政府转变，以切实消除城市管理条块分割的弊病；三是整合原有"管制型"的社会管理体制，理顺市场经济条件下政府与公民、社会组织的关系，将基层政府工作的中心和重心转移到为普通社区居民提供高效、公平和全程的公共服务；四是对单一层级的社会管理方式进行上下联动的综合改革，建构社会综合体和全方位、多层次、多功能的城市管理系统，从组织机构、人员配备及运行方式等方面进行不断完善，从原先的"全能政府""失责政府"向有限政府和责任政府转变，开始注重基层权力向保障公民权利和扩大社会参与、培育公民社会方向深化和提升。

我国城市的网格化管理最先发端于北京东城区。以北京的网格化发展为例，其发展大致经历了四个阶段。第一个阶段：2004年，北京市东城区率先实行城市管理网格化，主要是落实市政管理责任，将市政道路、设施等公共区域划分成若干个"万米单元网格"，以维护市政设施物件的安全。第二个阶段：伴随着2008年北京奥运会筹办工作的全面开展，网格化理念又被运用到社会治安领域，作为"平安奥运"的一个重要举措加以实施。网格化从市政管理扩展到社会治安，从管"物"发展到管"人"管"物"。第三个阶段：党的十七大和北京奥运会成功举办后，北京市社会建设工作全面展开，又把网格化引入社会服务管理之中。2010年，北京市推出"社会服务管理创新行动方案"，提出在全市开展社会服务管理网格化试点；2012年，北京市出台文件明确全面开展社会服务管理网格化体系建设，设定了三年基本实现全覆盖的发展目标。第四个阶段：2015年8月，北京市又出台网格化"1+3"文件，明确提出"三步走"目标：2015年底基本实现区、街道（乡镇）、社区（村）网格化体系全覆盖；2016年底基本实现城市管理网、社会治安网、社会服务管理网"三网融合"；2017年底基本实现全市网格"一体化"科学运行，达到"全面覆盖、三网融合、一体运行、管用有效"的目标。2016年6月，北京市委十一届十次全会明确提出，到2017年底建成覆盖城乡、功能齐全、三级联动的网格化工作体系，实现城市管理服务一体化运行；充分利用物联网技术，整合各部门图像采集系统，到2018年完成重点监控区域信息采集全覆盖；完善网格化调度指挥平台建设，实现网格常态化、精细化、制度化管理。

继北京之后，全国各地在网格化管理上进行了丰富的探索和实践。作为一种新型的数字化城市管理模式，网格化管理出现了若干典型样本：样本之一是湖北省宜昌市的"一本三化"（以人为本、服务为先，网格化管理、信息化支撑、全程化服务）社会管理新体系；样本之二是河南漯河"一格四员"（首先是划分"网格"，其次是在每个网格配备管理员、协管员、警务员和监督员）运作模式；样本之三是宁夏石嘴山大武口区"4+6"运作模式（"4"即网格督导员、网格管理员、网格警员、民生助理员等"四员"；"6"即社情民意收集员、环境卫生监督员、政策法规宣传员、计划生育监督员、治安巡逻员、矛盾纠纷调解员等"六员"）；样本之四是山西长治"三位一体"管理模式（它整合资源建设融党的建设、社会管理、公共服务三位一体的网格化社会管理服务信息平台，打造覆盖"区—街道—社区—单元网格"的网格化社会管理新模式）。

杭州的做法同样是夯实城市治理社会基础的成功探索。杭州实践的创新则在于，以城市政府为主导力量的同时，引入多元社会力量参与的复合主体，推进政府的治理化；亦即打破政府单向度、层级化的控制形态，使其与多重社会力量结合，建构互动合作的地方社会行动结构。杭州市由城市政府作为原初动力，组织与主导社区管理与服务的展开。2000年初，杭州市成立社区建设领导小组，并引导各区相继成立社区建设领导（协调）小组，强化街道、社区居民委员会的社区建设功能，巩固了其市、区、街道、社区相互衔接的，"两级政府、三级管理、四级服务"的城市社区建设的管理体制。2005年杭州市成立社区服务业发展工作领导小组，2009年组建杭州市社区服务业发展中心；同时市政府积极做好城市社区建设的发展规划，出台各种扶持社区服务业的政策，扩大社区事业发展的财政投入，在政府引导之下推进社区管理与相应的服务业的渐进发展。杭州在推进社区建设的过程中，不断创新社区管理与服务，动员和激励多元社会力量，共同参与社区治理，探索并建构一种政府引领的多元复合、良性互动的社区管理与服务的行动格局。2008年初，杭州市提出"城市有机更新"的发展理念，强调城市社会类似于有机生命体的内在机理与特征；并强调以城市"复合主体"的治理结构，亦即，以党政界、行业界、知识界、媒体界的社会合力，在多重社会力量的参与协商中，推进城市社会事业的发展。具体到社区建设事业的层面，在完善社区管理过程中，各层级政府以不同形式参与社区事务，健全社区组织系统，建构起市区党委政府统一领导，民政部门组织协调，有关部门积极配合，街道与社区自治组织主体推进，社区民间组织、辖区单位、物业企业共同参与的社区建设的运行机制；在提升社区服务过程中，政府主导的市、区、街道、社区服务站四级服务体系之外，引入的多元主体的经营性服务、志愿性服务与社区公众的自助性服务；在具体的社区管理与服务项目实施中，如背街小巷改善、庭院改善、公厕提升改造、危旧房改善等项目，更是引入多元社会主体的力量，在参与协商中实现管理与服务的目标。城市各层级党委与政府以开放性的组织结构，融入基层社区，使基层社区成为政治接点；并以多元复合主体互动合作的行动结构，激活社区管理与服务的社会之轨；在政府与社会的双轨交汇中推进城市政府的治理化，这些构成杭州参与式治理的社会管理创新重要层面。然而，其参与式治理的创新路径更表现于社区时空中多元的公众参与过程。

改革开放以来，随着国家力量的削弱、社会力量的强大，国家与社会关系模式逐渐成为国内学术界普遍使用的一个分析框架。在不同的国家—社会关系模式下，城市治理现代化的作用空间是不相同的。那么国家—社会关系有哪几种模式呢？以国家为纵坐标、以社会为横坐标，可以将国家社会关系划分为四种模式：第一种是强国家—强社会模式，这是比较理想的国家社会关系模式，国家具有较强的行动能力，同时社会也具有较强的行动能力；第二种是强国家—弱社会模式，国家具有超强的行动能力，但是社会的行动能力却严重不足，国家在发展过程中起主导作用，后发展中国家在实现现代化过程中往往是这种模式；第三种是弱国家—弱社会模式，国家与社会的行动能力都严重不足，这是最不理想的国家社会关系模式，最不利于一个国家的发展；第四种是弱国家—强社会模式，社会具有超强的行动能力，但是国家的行动能力却严重不足，在这种国家社会关系模式下，国家主要是充当"守夜人"的角色。

国家—社会关系的四种模式呈现出一种阶段性和层次性关系，弱国家—弱社会模式属于国家—社会关系发展的初级阶段，强国家—弱社会模式是国家—社会关系发展的中级阶段，弱国家—强社会模式是国家—社会关系更高层次的发展阶段（这一阶段的弱国家与第一阶段的弱国家是两个概念，这里更多是表现为国家把很多权力让渡给社会），而强国家—强社会则是国家—社会关系发展的最高阶段。国家—社会关系对城市治理现代化的影响是显而易见的：在弱国家—弱社会模式下，由于国家和社会的力量都不足以支撑起城市治理现代化的发展，因此，在这一模式下要想推进城市治理现代化是异常困难的；在强国家—弱社会模式下，城市治理现代化主要是依靠国家的力量在推动，在这一模式下国家的力量是能够有效推进城市治理现代化建设的；在弱国家—强社会模式下，城市治理现代化主要是依靠社会的力量在推动，在这一模式下社会的力量是能够有效推进城市治理现代化建设的；而在强国家—强社会模式下，国家和社会力量都在城市治理现代化建设中发挥了积极作用，因此，这一模式对于城市治理现代化建设来说是最为有利的。可以说，在这四种依次递进的国家—社会关系模式下，越是到更高层次的发展阶段，越是有利于城市治理现代化建设。从当前所处的阶段来说，我国的国家—社会关系处于强国家—弱社会模式，属于国家—社会关系发展的第二个阶段。因此，为了更好地推进城市治理现代化建设，就必须要实现国家—社会关系从强国家—弱社会关系模式向强国家—强社会关系模式转变。

又例如，"深圳市基层公共服务综合平台"以方便基层居民为导向，以技术为支撑，整合大数据，为市民提供无缝隙精准化服务。2016年初，南山区的招商街道被确定为"深圳市基层公共服务综合平台"建设试点单位。在不增设机构、编制的前提下，招商街道将原来位于工业七路的街道社区服务中心更名为街道公共服务中心。在职能方面，中心承接原街道各部门审批服务职能，做到一个部门、一个公章审核审批所有行政服务事项；在服务方面，中心设置了10个综合服务窗口，推行"一窗式"服务，每个窗口都可受理和办理所有行政服务事项，增设一个出件窗口、一个缴税窗口，前者提供非即办预约领证或快递送证上门等服务，后者可代征私人房屋租赁税；在人员配备上，原来需9个部门、18名公职人员轮流调配到大厅工作，现只配备5名全额事业编专职工作人员，即可完成所有后台综合审批；在街道社区联动上，每个社区公共服务站设立2个综合服务窗口，与街道公共服务中心线上、线下对接，线上通过统一受理平台直接互通，线下通过业务流转沟通互动，提高基层服务效率；在服务质量考评上，通过公开招投标，将前台窗口服务委托专业社会服务机构，由"两代表一委员"、社会组织代表、律师等组成街道公共服务绩效评估委员会，通过办事群众即时评价、定期绩效考评、楼栋长联合会反馈的居民评议、第三方专业机构评估等，共同对其服务质量进行监督、考核。可以说，社会基础的不断夯实为城市治理的顺利开展提供了非常好的前提和基础。

2.2.3.3 组织载体：从"依附式组织"走向"合作式组织"

当前我国很多组织在城市治理现代化中并没有发挥应有的作用，很多组织形同虚设。由政府推动的"社区建设"运动历经多年发展，仍然难以脱离自上而下行政式、模板化的窠臼，其原因在于"社区建设"运动高度依赖于居委会这类基层组织，本质上仍是传统国家治理方式的一种变体，是在政府的扶持下建立的，政府导向特征明显有关，这就使得这些组织丧失了独立性和自主性，限制了其在城市治理现代化中的作用。而居委会无论是掌握的资源、能力还是行动策略上都受此限制，令社区建设的内容实际趋向社会管理与社会服务，且无法自发地导向居民参与和自治。

我国的很多社会组织、市场组织具有两个显著特征：一个是由外而内的特征，这是指很多社会组织、市场组织都是在政府外力的推动下建立的，其"外生型"特征较为明显，导致其"内生型"动力远远不足；另一个是自上而下的特征，这是指很多社会组织、市场组织在开展活动的过程中"自上而下"的特征较为明显，很少以"自下而上"的形式开展活动，因而不能切实反映人民群众对城市治理现代化的现实需求。因此，为了切实有效发挥社会组织、市场组织在城市治理现代化中的作用，必须要实现两个转变：一个是社会组织、市场组织实现由"外生型"组织向"内生型"组织转变，另一个是社会组织、市场组织在参与城市治理时要实现由"自上而下"方式向"自下而上"方式转变。这两个转变的目的是增强社会组织、市场组织的独立自主性，使社会组织、市场组织从依附式组织走向合作式组织。

  城市治理中遇到的一些难题单纯通过政府组织是难以有效解决的，这就需要借助于社会组织和市场组织的力量，因而需要涵盖党组织、政府组织、社会组织、市场组织的多层次服务体系。拥有坚实的组织载体同样也是城市治理现代化能够顺利推进的根基所在，因此，很多地方都非常重视夯实城市治理的组织载体。在众多的组织载体中，有两个组织载体是最为突出的。

  一个是要夯实城市治理的党组织基础。2015年习近平总书记参加全国"两会"上海代表团审议时要求，"要把加强基层党的建设、巩固党的执政基础作为贯彻社会治理和基层建设的一条红线"。上海认真学习领会中央精神和总书记讲话，努力探索党建引领推进社会组织参与社会治理的途径方法。上海深化党建引领推进社会组织参与社会治理，进一步巩固党的执政基础、夯实党的群众基础。在加强社会组织党建格局上下功夫，落实责任完善机制。构建层层抓落实的党建工作格局；落实责权明确的党建领导责任；完善联动合作的党建工作机制。在发挥社会组织党建作用上下功夫，扩大覆盖发挥作用。近年来，上海落实"党要管党、从严治党"的要求，确保社会组织的健康发展。一是按照"应建尽建"原则扩大党的组织覆盖和工作覆盖。二是发挥党组织的政治核心作用和党员的先锋模范作用。三是强化社会组织党建工作的基础保障。

  另一个是要夯实城市治理的社会组织基础。党的十八届三中全会通过的《中共中央关于全面深化改革若干重大问题的决定》指出，"激发社会组织活力，适合由社会组织提供的公共服务和解决的事项，交由社会组织承担"。北京市为创新社会组织管理体制，构建了"枢纽型"社会组织工作体系。2009年3月，北京市认定了工、青、妇等10家人民团体为第一批市级"枢纽型"社会组织。这些"枢纽型"社会组织积极发挥作用,取得了明显成效,特别是在完善基层社会服务管理体系、引导社会组织参与社会公共服务等方面探索出了许多好的经验和工作亮点。2010年底,北京市认定了市工商联、市贸促会等12家单位为第二批市级"枢纽型"社会组织。2016年最新又认定15家市级"枢纽型"社会组织。截至2016年,北京市级"枢纽型"社会组织总数已经达到51家,服务管理社会组织覆盖率达到90%以上。认定区级"枢纽型"社会组织231家,街道、乡镇级467家,基本形成市、区、街三级"枢纽型"社会组织工作体系框架。2016年北京印发了《市级"枢纽型"社会组织业务工作规范》和《街道"枢纽型"社会组织培育发展社区公益服务项目指南》,从制度层面对"枢纽型"社会组织工作进行了规范。

以杭州市上城区的社会复合治理的实践创新为例,复合治理强调多元主体间的合作共治,期望实现国家、社会、居民等众多社会治理主体在相互依存的环境里彼此合作、有效整合,实现治理绩效的最优化和"善治"。上城区于1949年10月23日就成立了中华人民共和国第一个居委会,经过60余年的探索实践,在社会建设方面系统性地开展了"333+X"社区大服务体系建设,逐渐建构起了多元主体协同的社会治理新体制。一是着力培育了一个多元主体联合而成的复合型社会组织,培育了民间物改办、草根质监站、邻里值班室、湖滨晴雨、"异乡姐妹心灵港湾"等一大批社会治理主体。这些主体既是个体居民广泛参与治理的社会网络组成,也是各种跨组织的复合过程,通过个人特色专业延伸、交叉兼职形成复合协同效应,因而被誉为"复合主体"。二是建构了"区级社会组织服务中心、6个街道社区社会组织服务中心、54个社区社会组织联合会"的区、街、社区三级社会治理网络。这三级治理网络以民生需求为导向,按照共建共治共享的理念,形成了公共服务"吸纳供给"与"合作供给"的有效整合和社会多元主体协同治理。通过三级网络和社会多元主体的复合协同,上城区社会治理主体相应地由单一向复合转型,公共服务渠道由单一向多元转型,社会治理网络由简单向复合转型,构建了"上下联动、区域联动、社会联动"的网络化服务机制,实现了从"单边主导"向"双向互动"的转变,推进了基层治理机制、模式的变革创新，逐渐形成了新型的复合型社会治理体制，实现了功能叠加、人员复合、资源整合和绩效优化。

为了摆脱"依附式组织"的尴尬地位，进一步夯实城市治理的组织基础离不开良好的社会环境，这里的社会环境涵盖经济、社会和文化三方面内容。从经济层面来说，必须要强化措施，加大对城市治理相关参与组织的资金投入力度；从社会层面来说，必须要充分发掘社会资源，为城市治理相关参与组织提供更多的资源和机会，让其参与城市治理的途径更加顺畅；从文化层面来说，必须要使全社会形成对城市治理相关参与组织的高度认同，使其在接纳和认同的氛围中积极参与城市治理。当前全社会对城市治理相关参与组织的扶持力度很大，在经济、社会和文化等各个方面都有体现，不仅表现在资金投入和提供更多机会上，还表现在营造良好氛围上。但是当前对城市治理相关参与组织的扶持更多的还是一种"输血式"扶持，"造血式"的扶持还是比较欠缺的，"造血式"的扶持更加有利于夯实城市治理的组织基础。因此，务必实现从"输血式"扶持向"造血式"扶持转变，从而能够真正使城市治理的相关参与组织实现从"依附式组织"走向"合作式组织"。

2.2.3.4　群众参与：从"消极性参与"走向"积极性参与"

在我国城市治理现代化进程中，必须认真贯彻"坚持以人民为中心的发展思想"。推进城市治理现代化离不开充分发挥人民群众的主观能动性。从个人层面来说，必须要加强引导，着力发挥人民群众的主观能动性。城市治理现代化不仅需要政府、社会和市场的积极参与，更离不开人民群众的积极参与。对于城市治理现代化来说，国家、社会和市场层面的因素都是外在力量。要想真正推进城市治理现代化，最终还是需要依靠人民群众实现由"消极性参与"向"积极性参与"的转变。

目前，我国城市治理中的公民参与主体主要为：拥有参与需求的公民，既包括个体公民，又包括由个体公民组成的民间组织；参与领域为：法律赋予公民可以参与的各个公共领域，其主要特征就是公共利益和公共理性的存在；参与渠道：听证会、公民投票、民意调查、公民咨询、共识性会议等。可以说，近年来我国公民参与城市治理已经得到了快速发展，更多的公民参与意识被唤醒，更多的利益主体对公民参与表示了接受与支持，公众"消极性参与"逐渐向"积极性参与"转变，形成了前所未有的新格局。全国各地在这方面的实践探索非常丰富，以广州为例，广州历来是一个开放包容的城市，在尊重和倾听民意方面一直都有很多很好的经验和做法，2012年更是首创"公咨委制度"，为有效整合社会民意，推动公众有序参与提供了一条新的思路。"公咨委制度"是2012年在广州市白云区同德围地区综合整治的过程中应运而生的。2013年4月12日，广州市公布实施《广州市重大民生决策公众意见征询委员会制度（试行）》该制度明确指出，公咨委制度是政府重大民生决策征询民意的重要实现形式，是政府决策过程中问需于民、问计于民、问政于民、问效于民，尊重并保障公众知情权、参与权、表达权、监督权的重要载体和平台。在此政策的指引下，广州又陆续成立了其他多个公众咨询监督机构，如花都区城市废弃物处理公咨委、市城市废弃物处理公咨委、越秀区东濠涌（中北段）综合整治工程公咨委、市社会医疗保险公咨委以及市重大城建项目公咨委、金沙洲综合整治公咨委、白云山隧道公咨委、广州大桥扩建工程公咨委等，这些机构在推进和实现民意与政意的有效对接以及促成治理项目持续有效完成方面都发挥了重要的作用。广州的"公咨委制度"不仅拓宽了民主的深度，同时关注决策的过程和决策的结果，还拓宽了民主的广度，有效融合了多数人的意见和少数人的意见。可以说，广州在群众参与上的这一创新做法为城市治理的顺利开展提供了非常坚实的群众基础。

近年来，让政府领导干部在电视演播厅里与民众进行面对面的交流、直面现场提出的种种问题，并给出承诺和解决办法的电视问政，先后出现在湖北、浙江、湖南、江苏、甘肃等地，倍受社会关注。这一创意可以追溯到2005年兰州市的"一把手上电视"栏目，时任兰州市委书记的陈宝生于5月份提出构想，6月17号，"一把手上电视"开机仪式在兰州电视台演播厅举行，市委书记陈宝生第一个带头出镜。城市治理创新的过程，是公众深入参与城市发展管理、维护自身民主权利的过程，更是城市政府完善职能履行、提升治理能力、建设新型政府的过程。电视问政节目创新性地将群众、媒体和政府三者的监督力量融为一体，搭建了政府和公众面对面交流的平台，在促进城市治理发展中发挥了积极作用。可以说，电视问政极大增进了市民对城市问题的理解，充分调动了市民参与城市治理的积极性。以2015年武汉市电视问政"期中考"六场直播为例，其收视份额创五年新高：直播观众总人次701.1万，观众总人次（含重播）874.56万。问政期间，共有174万人次通过武汉广电新媒体平台参与互动，其中，通过"掌上武汉"参与问政的网友达到133万人次，57.3万人次在"掌上武汉"参与问政满意度测评投票。另外，"掌上武汉"共收到市民有效报料10230条。可以说，电视问政是在城市治理过程中实现人民群众从"消极性参与"走向"积极性参与"的有效路径。

城市治理过程的实质在于解决公共问题，必然涉及利益问题的讨论、利益关系的调整，以及利益矛盾的解决。在推进城市治理现代化的过程中，要让人民群众从"消极性参与"走向"积极性参与"，不得不提及"利益"二字。从某种程度而言，公民参与城市治理的过程就是公民利益与其他社会利益相互竞争、博弈的过程。这一纷繁复杂的过程中充斥着各种矛盾和纠纷，但基本遵循着一个线性路径。因此，在推进公民参与城市治理的过程中，有以下四点建议：

首先，要建立规范的公民参与教育和培训制度，提高公民参与城市治理的意识，促进公民利益觉醒。一要不断加强公民的参与主体意识和权利意识教育。公民只有具备了主体意识，才能认识到自己是城市治理的主人，才有参与城市治理的使命感和热情；只有具备了权利意识，才能实现利益觉醒，在城市治理中进行利益诉求，为维护自己利益提出建议与对策。建立规范的公民参与教育制度，不仅能提高公民的参与意识和水平，还可以增强公民对治理政策的理解，形成多主体的治理合力，提升城市治理效果。二要培养和提高公民参与城市治理的能力。高校和各级政府机构应当承担起公民参与技能、技巧培训的使命和任务，而政府则应作为培训的组织者和带头人，在培训中发挥核心作用。美国早在20世纪上半叶就设立了基金项目，对公民参与城市治理、社会管理的技能进行培训。在我国这样一个公民参与意识不高、技能不强的国家，更应该重视公民参政能力的培养，形成良性教育机制，最大限度地保证公民利益，实现公民自治。

其次，创新公民参与形式，拓宽公民参与渠道，完善多元利益表达机制。公民是城市治理主体中比重最大、利益诉求最为松散的主体，如何明确表达公民的利益诉求，是政府和社会应该高度重视的问题。要主动增强政府与公民之间的互动与合作，建立良好的政民关系。我国由于历史的原因，民主力量的形成大都来自政府自上而下的推动，加上长期计划经济的影响，党和政府在政策问题上的主导作用，导致了我国政策决策呈现出"单方案决策"的特征，成为公民参与政府决策的障碍之一。因此，要加强政府与公民间的互动，引导公民参与到城市治理的利益选择和利益分配过程中，主动向政府表达自己的意愿和利益需求，获取较高的利益实现程度；要积极推进公民参与城市治理形式多样化、主体多元化，主动拓宽公民参与渠道。我国现行的公民利益表达机制主要有：公开听证制度、信访制度、大众传媒窗口、民意调查、领导接待日、热线电话等，可以说公民利益表达机制得到了充实和规范。随着信息网络技术的发展和普及，还应开辟公民参与的多元化、互动化渠道，如公民可以利用网络终端，以电子邮件、视频会议、电子市政厅等形式参与到城市治理中来，扩大参与范围；政府也可以通过网络增加城市治理相关信息的发布与意见收集，对相关政策进行解读，提高政策的认可度和执行力，实现政府决策的民主化、科学化，促进公民利益和公共利益的实现。

再次，丰富社会公众组织，形成公民参与合力，优化利益综合、竞取和博弈机制。社会公众组织是独立于政府之外的民间组织，发挥政府与公民之间的桥梁作用，一方面，进行个体公民利益的收集整理，对不同的利益诉求进行综合、比较、分析，选定符合大多数公民利益的最优方案，促使个体呼吁成为集体声音，形成利益合力，提升公民利益的博弈能力，促进公民利益的实现。另一方面，按照政府的决策需求，有目的、有方向地征求公民意见，主动吸纳公民参与城市治理，促进决策民主化、亲民化、科学化，实现城市治理综合利益最大化，不断增强公民对城市的归属感，提升公民幸福指数和城市治理水平。

最后，建立健全公民参与城市治理的制度体系和法律体系，构建利益整合、利益分配、利益补偿机制。一要建立公民参与的制度体系。目前我国公民参与城市治理的最大制度缺失是：公民参与不是公共政策制定的必经程序。因此，要建立和完善包括听证制度、政务公开制度、民意调查制度等在内的公民参与制度体系，使其成为城市治理中公众参与的惯性机制，而非针对某一特殊问题设定的特定环节，成为城市治理的"规定动作"而非"自选动作"，从而保障公民利益的表达、整合与实现。二要完善参与制度建设。近30年来，我国各级政府从公民参与、公民自治、公民利益诉求等多角度，进行有益的制度创新探索，为公民参与相关制度建设积累经验。公民参与的制度是否健全，直接影响公民利益的整合、分配与补偿是否科学，影响着公民利益的实现程度，影响公民参与的热情和效果。随着公民的利益觉醒和参与意识的增强，要建立更完善的参与制度，更加准确地反映公民意愿，保障公共利益。要提高公民参与的代表性，给不同的公民或公民组织平等的利益诉求机会，对多元公民主体的利益进行综合、竞取，统筹利益分配与补偿，实现公众利益最大化；要降低公民参与成本，简化公民参与城市治理的相关程序，避免程序过于繁琐，给公民造成的挫败感、弱势感，同时由政府主动承担部分成本，保持和促进公民参与的热情，实现公民参与的良性互动。

2.3 关键技术

我国的智慧社区建设通过物联化和互联化将人、物、网络互联互通，整合社区各类资源，形成现代化、网络化和信息化的全新社区形态。物联网和互联网的发展推动着人工智能、云计算和大数据的发展，这些成为智慧城市和智慧社区的发展基石，而绿色建筑推动着生态文明的发展。

2.3.1 物联网技术

2.3.1.1 LPWAN

由于传统的蜂巢式网络无法满足物联网所要求的技术条件和操作成本的结合。低功耗广域网络LPWAN（Low Power Wide Area Network）是广域物联网网络的远期目标，实现透过全国性覆盖将资料传输率（data rate）从每秒数百个位元提升到数万个位元，同时电池续航力最多可达10年、端点硬件成本控制在5美元上下，而且能支持数十万种连结基地台的设备或类似物件。低功耗广域网络是根据非开放技术打造的。LPWAN低功耗广域网络，专为低带宽、低功耗、远距离、大量连接的物联网应用而设计。LPWAN包含多种技术，如LoRa、Sigfox、Weightles和NB-IoT等。LPWA网络一般是由电信运营商或专门的物联网运营商部署，LPWAN也叫"物联网专用网络"。

NB-IoT，使用授权频段，构建于蜂窝网络，只消耗大约180KHz的频段，可直接部署于GSM网络、UMTS网络或LTE网络。NB-IoT具备四大特点：第一个特点是覆盖范围广，有助于室内网络覆盖的升级；第二个特点是具有支持海量连接的能力，有利于节省成本、优化网络架构；第三个特点是功耗显著减少，其终端板块可提供长达十年的待机时间；第四个特点是模块成本更低，企业预期的单个连接模板低于五美元。[①]2017年NB-IoT的发展速度迅猛。2017年3月，华为NB-IoT芯片Boudica 120开始规模发售，月发货能力可到达百万以上，这代表在性能、做工、配套等各方面都达到成熟，有助于带动和支撑相关产业和应用的同步增长。5月，中国电信启动NB-IoT全网商用，NB-IoT基站达到31万个。11月，国务院发布《关于进一步扩大和升级信息消费持续释放内需潜力的指导意见》指出，到2020年，在重点地区和行业实现窄带物联网（NB-IoT）等无线网络技术应用。

LoRa是一种基于扩频技术的超远距离无线传输方案，属于物联网通信技术之一。主要在全球免费频段运行（即非授权频段），包括433、868、915 MHz等。LoRa改变了传输功耗和传输距离之间的平衡，彻底改变了嵌入式无线通信领域的局面，有远距离、长电池寿命、大系统容量、低硬件成本等特点。2017年10月，国际LoRa联盟第九届联盟会议暨 2017中国LoRa物联网国际峰会在中国苏州举行。会上宣布LoRaWAN的协议范围将被扩展，具体包含：LoRaWAN1.1，支持切换漫游以及B类和安全增强功能。LoRaWAN后端接口1.0，根据提供商内部漫游的要求，支持把网络分解成可相互操作的节点。

---

① 未来移动通信论坛. 2016蜂窝上的万物互联: NB-IoT [DB/OL]. http://www.future-forum.org/2009cn/on ews.asp?id=5627.

LoRaWAN 1.1区域参数版本A，其中介绍了针对LoRaWAN 1.1终端设备的各地区具体的无线电参数。①

在智慧社区方面NB-IoT和LoRa都有应用，如在控制路灯、免费停车位、环境条件等方面的应用，以及为智能建筑、智慧家居等提供宽带连接支持。2017年，LPWAN在抄表、定位器、消防烟感、智能停车等智慧社区相关领域都得到了全面的发展，同时相关配到产品，如仪表、能源、手表手环、智能锁等也越来越丰富。可以预见，在未来的一年里，LPWAN产业的行情值得期待。②

2.3.1.2 第五代移动通信（5G）技术

未来，第五代移动通信（5G）技术将是物联网发展所主要依赖的技术，2022年全球将拥有5.5亿5G用户。根据工业和信息化部、中国IMT-2020（5G）推进组工作部署以及三大运营商的5G商用计划，我国于2017年展开5G网络第二阶段测试，2018年进行大规模试验组网，并在此基础上于2019年启动5G网络建设，最快2020年正式商用。从理论上来说，5G的网速能达到4G的数十倍甚至上百倍。5G是推动物联网发展的关键技术。5G的低功耗大连接场景主要面向智慧城市、环境监测、智能农业、森林防火等以传感和数据采集为目标的应用场景，具有小数据包、低功耗、海量连接等特点。5G的低延时高可靠场景主要面向车联网、工业控制等垂直行业的特殊应用需求，这类应用对时延和可靠性具有极高的指标要求，需要为用户提供毫秒级的端到端时延和接近100%的业务可靠性保证。

随着5G技术到来，物联网技术将有大幅度提升，实现万物互联不再是梦想，智慧社区借助5G的发展将实现社区内人、事、物更全面接入和互联，基于物联网低功耗大容量的应用成为可能。根据埃森哲（Accenture）发布的5G智慧城市报告指出，5G技术将直接推动智慧社区建设，为能源、治安、交通等各方面提供更快的响应速度和工作效率，如：

（1）智慧物业管理：随着5G网络崛起，单位流量内的资费费率肯定会逐步下降，物联网及视频内容等领域突破的基础上，进而带来更多的安防监控、家

---

① 银匠.万众瞩目的LPWAN在这一年又交出了哪些成绩单呢？[DB/OL]. http://www.sohu.com/a/210663164_472880.
② 贤集网.浅谈NB-IoT应用场景及方案[DB/OL]. http://www.xianjichina.com/news/details_54157.html.

庭安全保障的变革，甚至更多基于这些领域安全防范方面商业模式的变革。

（2）智能家居：5G的超高速传输有助于信息的检测和管理，能使设备之间的"感知"更加精确，有利于提高整个智能家居控制系统的智慧化程度。其中海尔推出第一个NB-IOT空调。

（3）智慧医疗：未来将受益于5G网络技术先进的连接能力、整合移动性与大数据分析的平台能力，医生将使用更多的技术手段实现对病人的实时监测和远程诊治。病人也将通过5G网络实现随时随地的可穿戴医疗、远程监控和诊断，方便快捷的传输个体健康体征数据、辅助各项医疗诊治项目的开展。健康监测与诊断无处不在，提高医疗效率的同时，也降低了医疗服务的成本。

（4）智能建筑：5G将推动智能建筑中物联网终端价格降低、传输容量增大，更多的智能设备将应用到智能建筑中。

（5）智能公共治安：5G技术可以更深入、更综合性地分析监控视频数据，更精确地捕捉犯罪地点。与此同时，面部识别功能的运用能够帮助社区治安更快速地识别罪犯和失踪人口。在很多社区中，5G急救报警系统都能为极端天气提供警报，并提供逃生路线引导，帮助住户避开危险区域。

（6）智能停车：使用NB-IoT（5G物联网）技术增加覆盖，并简化传感器部署，支持众多物联网用户场景。NB-IoT技术所具有的广覆盖、大连接、低功耗、低成本这些优势，可以更快速帮助实现云栖小镇的地下停车场精确定位与智能导航，让智能停车从"互联网＋"时代进军到物联网时代。2017年3月22、23日，第六届中国智能交通市场年会在北京举办，与行业大咖共同探讨智能交通市场走势。公路交通将开启"网络化"运行时代，涵盖"智慧路网"的建设，运用大数据驱动智慧交通的应用。

（7）智慧生活：智慧生活系统实现智能家居可授权的远程共享与控制，跨地域的自然语音交互，多重加密、分级授权、分布式及基于行为数据的人工智能，实现安全的生活服务与O2O无缝融合。[1]

---

[1] Accenture Strategy. SMART CITIES: How 5G Can Help Municipalities Become Vibrant Smart Cities. [R] https://www.accenture.com/t20170222T202102Z__w__/us-en/_acnmedia/PDF-43/Accenture-5G-Municipalities-Become-Smart-Cities.pdf#zoom=50.

2.3.1.3 物联网安全

物联网领域主要存在四方面安全威胁。第一点是数据保护。很多设备收集的是敏感数据，不论是从商业角度，还是从管控角度，数据的传输、存储和处理都应该在安全情况下进行。第二点是攻击界面扩大化。物联网时代会有更多的设备在网上，这样IT基础设施会进一步扩大，攻击者会试探着去破解。与用户的终端不同，很多物联网设备需要永久在线和实时连接，这一特征使得它们更容易成为攻击的目标。第三点是对物联网运行过程的攻击。那些想干扰一个特定企业活动的行为，会让更多基础设施、设备和应用成为攻击目标，通过DoS攻击或通过危及、破坏个人设备。第四点是僵尸网络。未得到有效保护的物联网设备可能会招致僵尸网络攻击，大大降低企业的效率，长期如此将会导致企业声誉的损失。所有这些威胁在一定程度上依赖于物联网设备的潜在漏洞，因此在部署和管理物联网设备时应该有安全的意识，精心设计，大量的工作应该列为高优先级。[①]

2.3.2 人工智能

人工智能（Artificial Intelligence）是研究、开发用于模拟、延伸和扩展人的智能的理论、方法、技术及应用系统的一门新的技术科学。从2016年3月谷歌围棋机器人"阿尔法狗"（AlphaGO）首胜韩国选手李世石，到现在对人类顶尖高手的60连胜，"深度学习"技术在围棋领域展现出的实力宣告了人工智能时代的到来。"深度学习"是基于大数据、云计算等技术的一个应用，这表明借助大数据、云计算等信息技术可以使机器像人类一样思考，甚至可能超过人类。

2017年，谷歌围棋机器人"阿尔法狗"AlphaGo三度升级进化。截至2017年1月4日夜，AlphaGo Master斩获了59连胜，其中包括中日韩各自的"当今第一人"柯洁、朴廷桓和井山裕太。10月19日，DeepMind团队重磅发布AlphaGo Zero，再次震惊世人。相比之前的AlphaGo，该版本的

---

① 中国传动网. 浅析物联网即将面临这四大安全问题[DB/OL]. http: //news.rfidworld.com.cn/2017_11/a687b0fd55bc8626.html. 2017-11-03.

AlphaGo Zero实现了在AI发展中非常有意义的一步——"无师自通"。12月7日，AlphaGo Zero再进化，通用算法AlphaZero诞生，除了围棋以外，攻克了更多棋类。

2017年7月20日，国务院正式印发《新一代人工智能发展规划》。该规划提出三步走的战略目标：第一步，到2020年，人工智能总体技术和应用与世界先进水平同步，人工智能产业成为新的重要经济增长点，人工智能技术应用成为改善民生的新途径、有力支撑进入创新型国家行列和实现全面建成小康社会的奋斗目标；第二步，到2025年，人工智能基础理论实现重大突破，部分技术与应用达到世界领先水平，人工智能成为带动我国产业升级和经济转型的主要动力，智能社会建设取得积极进展；第三步，到2030年，人工智能理论、技术与应用总体达到世界领先水平，成为世界主要人工智能创新中心，智能经济、智能社会取得明显成效，为跻身创新型国家前列和经济强国奠定重要基础。规划还提出了六项重点任务，包括构建开放协同的人工智能科技创新体系、培育高端高效的智能经济、建设安全便捷的智能社会、加强人工智能领域军民融合、构建泛在安全高效的智能化基础设施体系、前瞻布局新一代人工智能重大科技项目。

2017年10月，机器人Sophia参加了联合国大会第二委员会和联合国经济社会委员会联合举办的会议"所有东西的未来——科技快速改变时代的可持续发展"，并接受了联合国副秘书长Amina J.Mohammed的采访。Sophia是由Hanson Robotics公司于2015年4月创造的。她是世界上第一个获得公民身份的机器人，在2016年10月获得了沙特的公民身份。Sophia有人造皮肤，身上安装多个摄像机和一台3D感应器，眼中的照相机可以识别人脸。她能够识别声音，与人交流，做出演讲，能够展示超过50中面部表情。在2018年1月，她被改造升级，能够使用四肢并且走路。Sophia的出现表明人工智能技术的快速发展，但是她的语言应用和交流能力受到部分媒体质疑，授予她公民身份的行为也受到部分公众的批判。[1]

2017年12月13日，Google AI中国中心（Google AI China Center）在

---

[1] 杨文. 2017年度人工智能热门事件大盘点，哪些令你印象最深刻？[DB/OL]. https://www.leiphone.com/news/201712/5dt9OWugc8j43et2.html.

北京正式成立,研究重点为人工智能基础研究,并且将与中国人工智能学术界建立长期合作。谷歌AI中国中心将聚焦AI的一些关键领域,包括深度学习、强化学习、语言以及图像研究,将在中国开展基础AI研究工作。同时,也会与中国学术界建立持续发展的合作关系,提供AI和机器学习的教育支持。[①]

"科学技术是第一生产力",人工智能也可以应用到社区服务行业,安保机器人、保洁机器人和收发快递机器人等应用,将提升企业运营效率,减少人力成本。

2.3.2.1 智能设备运用

人工智能发展的最重要特点之一即是机器代替人工,尤其是劳动密集型产业,目前社区服务行业中主要人员集中分布于简单易操作、技术含量较低的岗位,如保安、保洁等工作,而人工费用往往又占据了物业管理支出的重要比例,来自亿翰智库的数据显示,人工费用支出占百强物业企业的成本支出比例超过了50%,因此,机器人替代物业管理人员将是大势所趋。作为人工智能的典型代表之一,服务机器人处于加速蓄势时期。一方面,服务机器人的投入和研发进一步加深;另一方面,潜在市场不断被开拓,产业盈利模式进一步确立。服务机器人的大规模生产与应用随时可能爆发。

2.3.2.2 智能管控系统

通过智能管控系统实现远程、在线监控设备设施运行状态,为社区决策提供数据分析、预测、预警和决策功能,帮助及时处理设备故障、提高设备运营效率,与企业能够降低成本,与业主能够提升服务质量。以上海国际金融中心为例,其写字楼部分采用CISCO IP电话及CAT5语音设备系统、先进的电子门禁系统、大小型会议室、视频会议设施,实现所有关键区域的视频监控、所有设备的远程管理。这类应用属于物联网的应用。[②]

2.3.2.3 社区安防

保障社区安全是物业管理最基本最基础的职能,而一群素质高、数量多的

---

① 亿翰智库.人工智能兴起,智慧社区离我们还有多远?[DB/OL]. http://www.sohu.com/a/191543322_99945412.
② 林宏忆.浅析人脸识别技术及其应用[J].数字通信世界,2018(1):134+222.

保安人员往往为企业带来较高的人力成本，因此，采用机器代替人工是较好的选择。目前社区安全主要应用的系统有无人机巡逻、智能门禁等。当然未来人工智能的应用远远不止这些。随着安防技术的发展和人脸识别技术的发展，人脸识别开始应用在视频监控中，用于对人物的智能检索和行为的智能分析等。随着智慧社区和平安城市的提出，安防领域的要求会不断增长，并对安防系统的智能化提出越来越高的要求，这会给人脸识别带来巨大的应用需求。[①]

2.3.2.4 语音智能助理

在语音交互的背后，体现的是人工智能对于用户体验上的识别能力。现阶段，智能手机、车载系统等领域都是语音交互技术应用较多的市场范畴，例如上海试点农村设立服务点，通过智能助理用语音交互回答办事流程和热点问题等。但未来，随着5G技术的到来以及物联网网络的普及，智慧社区的智能家居行业将会成为智能语音发展的重要市场。除了语音交互技术将会得到继续加强以外，有关图像识别的交互技术也有可能取得一定突破性的进展。

2.3.3 云计算与大数据

2.3.3.1 云计算技术架构体系

美国国家标准与技术研究院（NIST）定义云计算是一种按使用量付费的模式，这种模式提供可用的、便捷的、按需的网络访问，进入可配置的计算资源共享池（资源包括网络，服务器，存储，应用软件，服务），这些资源能够被快速提供，只需投入很少的管理工作，或与服务供应商进行很少的交互。

云计算技术架构体系是智慧社区管理系统得以运行的基础。该体系主要由三个部分组成，自下而上分别为设施即服务层（IaaS）、平台即服务层（PaaS）、软件即服务层（SaaS）。其中，IaaS层包括资源虚拟化、动态规模扩展、自动化部署、负载管理、系统监控，负责社区数据和地理空间数据等的存储、网络连接等服务。PaaS层包括分布式存储、分布式数据库、分布式计算、

---

① 杨毅.基于云计算的智慧社区管理平台关键技术研究［R］.2017-04-10.

服务组装、服务运营、安全认证、搜索引擎、支付中心等，负责用户管理和数据管理，还负责为系统开发的相关软件、硬件等资源服务，如Hadoop分布式处理平台等。SaaS层包括应用平台、企业应用、数据分析、虚拟桌面、智慧政务、社区监控、安防系统、社区医疗、养老服务、便民服务、物业管理、标准接口等，主要负责为社区居民、政府、企业和物业提供相关的应用程序，从而让用户只需要通过浏览器即可浏览系统。①

2.3.3.2 云计算相关发展情况

2017年4月，工业和信息化部印发《云计算发展三年行动计划（2017—2019年）》，目标中提到2019年，要将中国的云计算产业规模从2015年的1500亿元扩大至4300亿元；提出了技术增强行动、产业发展行动、应用促进行动、安全保障行动和环境优化行动五大重点任务，和优化投资融资环境、创新人才培养模式、加强产业品牌打造、推进国际交流合作等保障措施。截至2017年10月，共有34家企业获得第一批CDN经营许可证；在2017年8月，工业和信息化部颁发首批"增加互联网资源协作服务"牌照，截至2017年10月，共有22家企业获得云服务经营许可证。②

2017年，公有云技术发展迅猛。根据RightScale统计数据，1002家受访企业中，就有95%在使用云服务，云资源的广泛使用吸引众多企业参与进来，纷纷加快在云计算市场的布局。根据Gartner发布的最新报告，2017年全球公有云服务营收将达到2602亿美元，较2016年的2196亿美元增长18.5%。预计2020年，全球公有云服务营收将增长至4114亿美元。

目前，在国内公有云市场阿里云可谓是一枝独秀，领跑群雄。2017年11月，IDC公布数据：2017年上半年整体规模超过10亿美元，同比增长近七成。中国公有云厂商中，阿里云份额扩大至47.6%，腾讯云9.6%、金山云6.5%、中国电信6%、Ucloud5.5%分列第二到第五。经过近10年发展，中国公有云市场大局初定，阿里云一家独大，势头难挡，似乎只有全球老大哥Amazon才能成

---

① 中华人民共和国工业和信息化部.云计算发展三年行动计划（2017—2019年）[Z].2017-04-10.
② 盘点云计算2017：公有云格局初定，政务云将成未来主战场[EB/OL].[2017-12-29].http://www.sohu.com/a/213437483_404292.

为其竞标对手。而腾讯云、金山云也各有千秋，一路狂奔。12月12日，在获得3亿美元D轮融资的金山云方面雄心壮志，力争未来3年，金山云收入超过百亿元，占据中国公有云IaaS市场30%份额。

据悉，80%最有价值的数据掌握在政府手中，谁攥紧政务云这个入口，谁就拿到开采这座"数据金矿"的钥匙，自然而然政务云市场成为大家争夺的香饽饽。

2017年2月，厦门市信息中心公开招标外网云服务，其中共有5家企业参与竞标，最终，腾讯云以0.01元的价格中标；继腾讯云之后，2017年3月，中国电信也以0.01元的价格中标辽阳市信息中心公共信息资源共享平台硬件建设项目；6月，中国电信以0.01元中标海南政务云，随后在国内政务云市场迅速掀起了一股低价中标之风。

通常，一般只有地级市及以上的政府机构才会提出政务云建设需求。从政府招标来看，全国一共34个省级行政单位、333个地级市，招标投标及中标信息公开透明，谁中了标谁就能在未来几年为当地政府提供服务。来自中国政府采购网的数据显示，2016年、2017年两年，全国一共131个政务云招标投标项目，浪潮中标31个，排名第一，其余为电信20个、移动15个、联通14个。[①]

云计算技术在智慧社区中的应用，把共享数据和最重要的应用功能都放在"云"上时，可以为政府和社区居民提供高效的服务。通过对数据的惊喜化处理，分析总结出社区存在的问题，为管理人员的决策和服务提供依据。包括政府决策与服务、人们的衣食住行、养老、医疗、社区的运营管理等。

目前市场上已经出现了基于云计算的智慧社区综合管理系统，这些平台以云计算平台为枢纽，通过智慧社区综合服务平台将社区车闸门禁系统、智能家居服务系统、社区探针系统、社区安防监控系统、社区物业服务系统、大数据管理系统等社区子系统有机结合起来，形成覆盖社区全面的数据网络，分类挖掘客户需求和开发网络增值服务。并不断完善居民数据分析模型，有效获取和处理数据，并从中提炼出有效价值信息。经提炼的数据信息不仅仅用于企业内

---

① 光速追猎者. 全民尚网布局智慧社区用云计算搭建社区管理系统［EB/OL］.［2016-09-14］. http://it.sohu.com/20160914/n468434337.shtml.

部决策、精准营销、增值服务方面，还可对接政府监管安防系统，成为政府决策咨询智库，提升社区整体安全系数，同时跨界整合应用到O2O生活服务、电商、互联网金融、社区交友、旅游等物联网领域。[①]

2.3.3.3 大数据

在智慧城市和智慧社区的建设中，大数据的发展是其建设的基石，体现其建设的衡量指标。与大数据相关的技术有Hadoop平台、ETL、数据可视化分析等。Hadoop平台能够存储和分析智慧社区运营过程中的大量数据。平台的核心组件包括HDFS（分布式文件系统）、MapReduce（并行计算框架）和Hive（数据仓库工具）。其中，HDFS是Hadoop生态系统中所有组件的基础，可以实现对大量数据的访问、存储和处理，具有可靠性、高吞吐量、高容错性、高扩展性等特点。Hive能够对结构化数据存储在HDFS中，并采用类SQL语言HQL对数据进行管理。MapReduce是一种由编程模型和运行时环境组成的分布式计算框架，为用户提供易用的编程接口，并完成大量的数据处理任务。[②]ETL将数据从业务系统数据等数据源端抽取，之后进行清洗、交互转换，再加载到目的端，为下一步的数据分析打下基础。也就是说，ETL在数据处理中起着承前启后的作用，关系着数据的质量与数据分析的质量。此外，数据可视化分析为数据提供进一步的增值服务，它是一种"通过交互式可视化界面，来辅助用户对大规模复杂数据进行分析推理的科学与技术"。[③]借助可视化分析，可以将数据以更加直观形象的图示（如条形图、饼图、直方图、折现图等）展现出来，有助于决策人员更方便地提取数据中的信息，进行统计分析。

2.3.4 绿色建筑技术

绿色建筑技术是智慧社区实现可持续发展和推进社区生态文明建设的关键

---

① 常红，刘洁妍. 中国首次启动"全球宽带卫星通信系统"计划[DB/OL]. http://world.people.com.cn/n1/2016/1104/c1002-28835519.html. 2016-11-04.
② 艾丽蓉，刘云峰. 基于Hive的智慧城市数据处理技术研究与实现[J]. 计算机技术与发展，2018（2）：9-13.
③ Thomas，J; Cook，K. A. Illuminating the path: the research and development agenda for visual analytics[M]. [s. l.]: National Visualization and Analytics Ctr，2005.

技术。绿色建筑是指"在建筑的寿命周期内,竭尽所能的节约建材、能源,利用环保的建筑方式以最大限度做到减少污染,为居住者提供一个健康良好的生活环境"。[①]绿色建筑的功能系统涉及包括能源、植物、风环境、光环境、水环境、声环境、生活垃圾处理、生态交通道路系统和空气污染防治,旨在降低和减少能源消耗。在能源利用上,绿色建筑采用太阳能、地热能、和生物质能,使住宅建筑减少对能源的消耗,达到保护环境的目的。

2016年10月,国务院发布《"健康中国2030"规划纲要》,提出到2030年,中国在健康生活、健康服务、健康保障、健康环境以及健康产业等各方面的健康指标进入高收入国家行列的战略目标。[②]

2017年是为中国绿色建筑发展按下快进键的一年。1月,中国建筑学会发布《健康建筑评价标准》,将绿色与健康、建筑和人更融洽地纳入同一个体系内;3月,住房和城乡建设部发布《建筑节能与绿色建筑发展"十三五"规划》,提出了加快提高建筑节能标准及执行质量,全面推动绿色建筑发展量质齐升,稳步提升既有建筑节能水平,深入推进可再生能源建筑应用,积极推进农村建筑节能五项主要任务;4月26日,住房和城乡建设部印发《建筑业发展"十三五"规划》(以下简称《规划》),内容涵盖工程勘察设计、建筑施工、建设监理、工程造价等行业,以及政府对建筑市场、工程质量安全、工程标准定额、建筑节能与技术进步等方面的监督管理工作。在建筑节能和绿色建筑发展方面,《规划》对民用建筑、绿色建筑、装配式建筑发展均提出了量化目标。在建筑市场监管方面,《规划》提出了修订《建筑法》的要求,这是行业企业一直翘首以盼的大事情。此外,建筑工程担保、工程保险制度等市场机制的引入被重点提出。6月,中国人民银行等七部委出台《绿色金融改革创新试验区总体方案》,广东、江西、浙江、贵州、新疆等五省(区)的部分地区地方获批各有侧重、各具特色的绿色金融改革创新试验区。[③]

[①] 马维娜,梅洪元,俞天琦. 我国绿色建筑技术现状与发展策略 [J]. 建筑技术,2007(7): 641-644.
[②] 胡婧琛. 十件大事!关于2017年绿色建筑的发展,你都知道吗? [DB/OL]. http://www.sohu.com/a/220 1494 38_742310, 2018-01-31.
[③] 世邦魏理仕研究部. 2017中国绿色建筑报告:从绿色到健康 [R]. 2017-11-10.

2017年3月，住房和城乡建设部正式印发《"十三五"装配式建筑行动方案》（以下简称《行动方案》），提出到2020年，全国装配式建筑占新建建筑的比例达到15%以上，培育50个以上装配式建筑示范城市，200个以上装配式建筑产业基地，500个以上装配式建筑示范工程，建设30个以上装配式建筑科技创新基地。近年来，改变传统粗放型发展模式，向以装配式建筑为代表的工业化方向转型已是大势所趋。《行动方案》提出，培育装配式建筑示范城市、装配式建筑产业基地装配式建筑示范工程，建设装配式建筑科技创新基地。因此，未来几年，装配式建筑示范城市、产业基地等建设将出现如火如荼的局面。

2017年11月，住房和城乡建设部公布了全国首批30个装配式建筑示范城市和首批195家装配式建筑产业基地。从此次名单来看，京津冀、长三角、珠三角地区仍将是装配式产业发展的重点区域，现有的示范城市和产业基地也多集中在这些区域。未来示范城市、产业基地的建设，一方面要鼓励京津冀、长三角、珠三角地区装配式建筑发展较为成熟、技术水平较高的企业申请；另一方面也对重庆、成都等内陆城市出台专项扶持政策，建立高起点、大容量、市场化、节能环保和商业模式独特的示范基地。

2.3.5 空间信息技术

空间信息技术包括地理信息系统（GIS）、遥感（RS）和全球卫星导航系统（GNSS），以及卫星通信、广播等，其作为位置信息获取、传输、定位的核心技术，可应用到智慧社区的很多方面。

第一，在公共服务和管理方面，利用地理空间信息技术，可以更加便捷地提供市政服务、养老等与居民位置相关的服务、社区规划和社区中的人和物的管理。社区可利用三维地图建立"三维智慧社区"，实现方便的可视化社区网格管理。第二，在交通管理方面，利用地理空间信息技术，使社区居民方便出行，并快速响应突发状况，如公共交通信息提醒、自行车在小区中的位置提示等。第三，在资源利用、生态环境、公共安全方面，利用地理空间信息技术，可以通过及时地监测、预警和控制，有效地减少资源浪费，保护生态环境和保障社区安全。

目前全球已建和在建的GNSS系统包括美国的GPS、俄罗斯的GLONASS、欧盟的GALILEO和中国的BDS（北斗）。GNSS是一种全天候的、空间基准的导航系统，可满足位于全球任何地方或近地空间的军、民用户连续地精确地确定三维位置和运动速率及时间的需要。GNSS由空间星座、地面控制中心系统和用户终端三部分构成。

2016年8月16日，我国在酒泉卫星发射中心用长征二号丁运载火箭成功将世界首颗量子科学实验卫星"墨子号"发射升空。"墨子号"的成功发射，将使我国在世界上首次实现卫星和地面之间的量子通信，构建天地一体化的量子保密通信与科学实验体系。

2016年11月1日，中国航天科技集团在珠海航展现场召开新闻发布会，宣布我国首个北斗全球"厘米级"定位系统建设工作全面启动，该系统命名为"夔龙系统"。"夔龙系统"通过计算从全球多达300个以上的多系统卫星导航参考站所获取的观测数据，对定位精度影响较大的轨道误差、时钟误差等参数进行精密修正。

2016年11月1日，中国航天科技集团公司所属中国长城工业集团有限公司与香港亚太通信卫星有限公司、亚太卫星宽带通信（深圳）有限公司，在珠海航展上签署了《全球宽带卫星通信系统采购意向书》及亚太6D卫星在轨交付合同。高通量宽带卫星采用多点波束和频率复用技术，使用KU或KA频段资源，容量比常规通信卫星高出数十倍。

未来我国将建全球低轨卫星通信系统："鸿雁星座"通信系统由60颗卫星组成，将在2020年组网完毕，届时将具有全天候、全时段及在复杂地形条件下的实时双向通信能力，可为用户提供全球实时数据通信和综合信息服务。此外，该系统导航增强功能可为北斗导航卫星增强系统提供信息播发通道，提高北斗导航卫星定位精度。

通过以上卫星群的共同部署，多样化频段、多样化适用场景的网络选择将为不同行业依据自身需求"定制"通信解决方案提供可能，如检修、监测、表计等行业对低功耗网络有实际需求，另外在一些偏远地区、航海、极端环境中又需要信号的全面覆盖。智慧社区中可以使用导航和定位技术实现如车辆调度、监控系统、车辆防盗系统、手机、PAD、PC等通信移动设备防盗、电子地图、儿童及特殊人群的防走失系统等。

2.4 科学发展

在我国社会主要矛盾发生深刻转变以及社会主义新时代的背景下，城市作为市域发展主体，其作用和地位越来越凸显，而城市治理是推进国家治理体系和治理能力现代化的重要内容。习近平总书记强调，要深入学习贯彻党的十九届四中全会精神，提高城市治理现代化水平，要统筹规划、建设、管理和生产、生活、生态等各方面，发挥好政府、社会、市民等各方力量。

城市治理的核心在"人"，终点是文化。①从我国的实际情况出发，城市治理创新应当突出以下3个重点：① 服务，城市治理应当从"管制型"转为"服务型"，从"网格化管理"转为"网格化服务"，并满足市民个性化需求；② 共享，城市治理不但要体现工具化共享和信息化共享，更重要的是要突出价值共享；③ 融合，要促进城市居民之间的观念、新旧体制之间的融合和公共治理的融合，这是破解城市碎裂化的唯一出路②。坚持党建引领，重心下移，立足基层服务，运用大数据，动员居民参与，实现"一核多元、融合共治"。城市治理是政府治理、市场治理和社会治理的交叉点，在国家治理体系中有着特殊的重要性，从一定意义上说推进城市治理的创新，就是推进国家治理的现代化。

---

① 汪碧刚. 推进城市治理现代化：核心在"人"，终点是文化 [N]. 中国建设报，2020-01-16（7）.
② 王永健，汪碧刚. 探索共建共治共享的城市治理新格局 [J]. 人民论坛，2017（36）：46-47.

2.4.1 我国智慧社区建设的主要困境

近年来,在智慧城市实践的浪潮中,我国各级城市对智慧社区展开探索,构建了智慧政务、智慧产业、智慧民生等综合服务系统,提高了政府管理和服务的效率;电信、移动等通信运营商参建数字社区,借助信息化+商业模式,充分利用信息化平台覆盖社区人群并有效形成交互的优势,积极推进社区电子政务、社区电子医疗、社区电子商务等应用,多样的便民、利民、惠民等基础设施的建设,尤其是新型B2C商业模式逐步深入社区,实现基于传统模式的创新,普惠服务能力大大提升。

从整体上来看,我国大多数智慧社区的建设还处于探索阶段,系统效能也没有集中释放,由于顶层设计的缺失或缺陷、技术手段不成熟等系列原因,导致互联互通性差、系统不具备更新框架、迭代基础缺失等问题。尽管我国城乡社区治理"总体上适应我国国情,可以基本满足居民需求,而且有很多可供其他国家借鉴的地方","与人民群众新期待、与社区治理现代化新要求、与我国经济社会发展新形势相比,城乡社区治理还存在一些不足,主要表现在:城乡社区治理的法制化、科学化、精细化水平和社会活力还不够高,社区治理体系还不完善,居民参与社区治理的能力还不够强"。

随着智慧社区建设试点工作的不断推进以及企业界和学术界对智慧社区建设的参与和推动,我国智慧社区建设取得了一定的进展,对智慧社区的认识更加深入,但总体而言,当前我国智慧社区建设还面临着以下主要困境:

(一)缺乏统一规划,难以形成整体推进的态势

就目前情况而言,各个社区以及街道都承载着多个政务垂直系统,而它们又相互独立,由此而形成了一个个分散的"信息孤岛"。一方面,海量的基础数据需要社区工作人员在多个政务系统分别录入,数据标准又不统一,工作量巨大;另一方面,社区、街道等基层没有查阅和使用信息的权限,所采集的数据信息资源很难做到共融共通共享。

（二）基础设施建设相对滞后

我国地域广阔，经济条件差异较大，城乡社区类型多种多样，智慧社区的建设程度也参差不齐，社区基础设施的水平也不尽相同，总体上看，基础设施的建设相对滞后。尽管"智慧社区"建设已经在一些地区开展，社区信息资源的开发与利用依旧存在短板，在经济欠发达的城市或社区，其智慧社区建设侧重于实现信息采集的数字化、社区办公的自动化，基础设施落后且不健全，而对于发达的城市或社区，其智慧社区建设虽然已进展到精细化管理、智能化管理等层面，但信息分割、信息安全、设备维护与更新问题也很突出。

（三）社区治理的主体定位不准，现有社区治理体制仍需改革

一方面，社区居委会行政化色彩浓厚，行政负担过重。社区居委会承担了过于繁杂的行政事务，由于政府行政管理职能的延伸与惯性，无法顾及应有的自治功能及公共服务职责。

另一方面，政社关系的边界模糊，缺少明确界定，社区社会组织发展受到诸多局限，多元治理体系有待建构。政府主导与多元治理融合缺少适度平衡，社区社会组织发展不平衡，力量薄弱，治理主体缺少参与动力，无法成为独立的社会治理主体。

（四）居民参与度低

在已有的智慧社区实践中也存在以系统和技术为核心，而非以居民为核心、以人为本，重管理而轻服务等现象。此外，由于缺乏社会参与机制，社区居民参与积极性不够高，企事业单位人力财力投资不足等原因，一定程度上阻碍了智慧社区的可持续发展与建设。政府对智慧社区建设干预过多，各类行业、企业又有自身的局限性与不同的建设角度，导致了智慧社区建设的局限性与片面性。从而难以满足社区居民与物业管理的多重服务需求。因此，社区内居民对智慧社区建设的参与积极性颇低，社区凝聚力也不强。

（五）基层党建引领作用发挥不到位

以往党建大多着力于街道、社区层面上，未能充分覆盖非公企业、两新组织、商务楼宇、园区、商圈等新的组织和区域。党建发展的不及时易出现党建真空地带，不能实现以党建带群建促社建的目的。城市基层党组织作为社会治

理的领导核心，在新时代社会治理中要发挥总揽全局、统筹协调的作用。城市基层治理中面临三大难题：一是党建统筹规划不足，缺乏总体设计、系统推进不够；二是城市街道、社区党组织的"块"与单位党组织、行业党组织的"条"之间相互独立，各自为战，工作碎片化，互联互通难度大，纵向与横向有待充分发挥社会资源整合功能；三是街道、社区统筹协调能力弱。社会体制创新需要充分认识到加强和改进城市基层党建工作的重要性、紧迫性。坚持和加强党对城市工作的全面领导，夯实党在城市的执政基础，推进城市治理体系和治理能力现代化。

（六）社区服务质量较低

社会体制创新需要服务为先。解决好城市问题是处理好人民日益增长的美好生活需要和不平衡不充分的发展之间的矛盾的最具现实意义的落脚点之一。人民对城市生活品质的要求不断提高、对城市问题的体验感受逐渐被放大，迫切要求充分发挥党的组织优势，不断提升党的城市工作水平，需要提供高效、便捷、精准的服务。城市问题需要由社会体制创新来解决，新时代是在不断发展的时代，是承载着人民的期望不断前进的时代，新时代的城市治理要在发展中解决好提供服务的问题。

（七）社区人力资源缺失

智慧社区具有数字化、现代化、信息化、智能化的特点，其建设需要高素质、专业性人才作为智力支撑。就目前情况来看，现有工作人员多处于综合行政岗，工作的"行政化"倾向严重，每日承担着大量的行政工作，自身素质难以适应当前智慧社区建设的要求。另一方面，社会组织人才、社会工作人才以及社区治理中的骨干，一直都是社区治理创新中需要进一步补充的人力资源。此外，社区工作量大，工作人员年龄结构老龄化等，也直接影响了智慧社区建设的推进。

（八）资金缺乏，缺少融资渠道

智慧社区的基础信息设施建设以及软硬件的日常运行维护都需要大量经费。但社区如何获得充足的财力资源，一直是各类社区发展的瓶颈因素。

从实际情况来看，一方面，政府资金投入不足且缺乏长期持续性；另一方面，社区建设缺乏融资渠道，自筹也缺乏力度。长此以往，缺乏连贯性的资金投入，则可能导致智慧社区建设出现"半拉子"工程，从而影响整体的建设规划与进度。

2.4.2 我国城市治理研究的趋势

2.4.2.1 研究重点

城市治理是应用科学，其研究需要理论与实践相结合，扎实开展基础研究与对策研究。笔者认为研究的重点至少包含以下几个方面：

（1）更好地总结我国各地城市治理的不同模式。对城市治理模式进行充分的类型学分析，开展对策研究，提出对策建议。对城市治理进行类型学比较研究，包括：① 不同参与主体的类型学比较，分别研究城市治理中政府、社会、市场三个参与主体的不同作用。② 不同规模城市的类型学比较，分别研究在大城市、中型城市、小城市的治理问题。③ 不同对象的类型学比较，分别研究城市常住人口、流动人口、民族人口、外国人口对城市治理的不同态度和意愿。

（2）对城市治理与其外部环境即城市经济社会发展状况相匹配程度进行研究。在发展中解决发展中的问题，开展我国城市治理与城市经济社会发展匹配程度的量化指标体系研究。

（3）对城市治理与其内部环境即不同参与主体的城市治理需求相匹配程度进行研究。开展我国城市治理与不同参与主体的城市治理需求匹配程度的量化指标体系研究。

2.4.2.2 研究难点

对于城市治理研究来说，如何真正实现"一核多元、融合共治"城市治理体系是研究的难点，笔者认为要紧扣"方向、逻辑、方法"展开研究，其最大的难点包括以下4个方面：

（1）对城市治理模式与城市经济社会发展状况和参与主体的城市治理需求的匹配程度进行研究难度较大。如何匹配并使它们之间形成良性互动的局面，这个问题比较复杂，若要形成量化指标体系更是难上加难。

（2）不同地区之间城市治理模式的比较研究，横向与纵向研究的效果差距较大，这是由不同地区之间的经济社会发展状况的差异决定的。在该领域的研究过程中必然会涉及如何通过横向比较达到纵向研究的效果，毫无疑问这是研究中的难点。

（3）经济社会的快速发展增加了对我国城市治理进行研究的难度。在改革开放40多年、新型城镇化与新时代等多重背景下，城市治理成为国家治理战略目标实现中的重要环节，需要重心下移。这种转型中的探索创新，其难度可想而知。

（4）借鉴国外城市治理的理论模型和实践经验一定要充分考虑中国的实际情况，不能生搬硬套。不同国家和地区形成的城市治理的理论模型和实践经验会有极大的差异，表现出明显的本国、本地特征。我国城市治理要走适合于我国经济社会发展状况、满足参与主体城市治理需求、具有中国特色的城市治理道路。因此在借鉴国外城市治理的理论模型和实践经验时，一定要充分考虑我国的实际情况，有选择地吸收和借鉴。这无疑也会增加研究的难度。

2.4.2.3 创新之处

城市治理研究亟待创新，笔者认为创新之处包括以下三个方面：

（1）研究框架的创新。在传统的城市治理"单维度"分析范式基础上，以国家、社会、市场为宏观视角，以政府、公众、企业为微观载体，构建更具解释力的二重"三维度"分析框架，对城市治理的作用机制和优化路径问题进行更好的理论解释和实证分析。

（2）研究观点的创新。在城市治理研究过程中，从国家、社会、市场"三维度"分析框架来厘定问题、剖析问题、解决问题，使理论基础、现实基础、存在问题、经验借鉴、解决路径的内部分析逻辑高度一致，从而使对城市治理提出的观点更具针对性、操作性和有效性。

（3）研究方法的创新。通过宏观层面的"结构—制度"静态分析与微观层面的"过程—事件"动态分析相结合的方法来开展城市治理研究，使宏观研究与微观研究、静态分析与动态分析很好地融合在一起，能够使城市治理研究更具理论解释力和现实分析力。

第 3 章

智慧社区与城市治理的创新之路

3.1 智慧社区与城市治理的创新理念与实践

笔者从事社区治理多年，期间在北京市奥运村、青岛市市北区、青岛市即墨区、合肥市方兴社区等多个地方开展社区治理的创新实践，并与广大群众干部一起探索出"一核多元、融合共治"，由"最后一米"到"最后一公里"，以及"城市治理核心在人"等创新理念。在这些理念的支撑下，强调以党的建设为引领，以全心全意为人民服务为出发点，以体制创新为抓手，依托大数据、物联网等科技手段，打造智慧社区与城市治理的创新模式，彻底打通影响治理效率的痛点堵点，建设人人有责、人人尽责、人人享有的社会治理共同体，实现服务精准投送、治理精准落地，有效提升人民群众的获得感、幸福感、安全感。

3.1.1 "一核多元、融合共治"理论与实践

3.1.1.1 "1+3"社区治理服务模式的提出及特点

"1+3"即"一核多元、融合共治"。"1"是指党的领导，"3"为概数，即"多"的意思，是指社会多元力量。"1+3"突出强调以党的领导为核心，充分调动街道办事处、社区党组织、居民委员会、小区业主委员会、物业管理公司、辖区社会单位、社区中介服务组织以及社区居民等多方力量，持续参与社区工作，最终形成"党委领导、政府负责、公众参与、凝聚合力、多元共治、跨界联盟"的"一核多元、融合共治"的社区治理创新体系。"1+3"党务居务助理进社区工程把培育多元主体作为推进社区治理的首要目标，创新社区治理结构，加强基层政府、社会组织、社区组织和企业力量在社区治理过程中平等协作，促进行政机制、自治机制、协同机制在社区层面有效衔接；把增强社会活力作为推进社区治理的核心任务，创新社区治理机制，通过建平台、建机制、建品

牌等措施激发社区和社会活力；把统筹社区发展作为推进社区治理的基本要求，加强社区基础设施、服务设施和信息化设施建设，实现组织联建、队伍连带、服务联动和资源联姻，提高社区治理的水平；把扩大群众参与作为推进社区治理的根本方法，奥运村街道的平台、机制和品牌建设也充分体现这一根本方法。

3.1.1.2 "一核多元、融合共治"创新实践——以北京奥运村为例

奥运村街道在奥运会后成为全国乃至世界瞩目的焦点，辖区面积19.6平方公里，划分为12个社区，共有楼宇832栋，自然小区69个，现有人口约13万，其中户籍人口8.9万，法人单位6000多家。当前，奥运村街道正处于城市现代化、区域国际化向纵深推进的关键期，处于全国和谐示范社区、全国社区管理和服务创新实验区创建的战略机遇期，也是各种新问题、新矛盾、新情况在社区不断涌现的转型发展期。

从社区管理和服务创新角度看，奥运村街道社区治理服务面临以下问题和挑战：一是如何实现从应急保障向常态化建设的转变，把奥运管理机制运用到地区城市精细化管理之中；二是如何固化奥运会期间社会动员机制，把社会力量凝聚到地区的建设发展上来；三是如何进一步加强地区的城市环境建设，把与地区发展不相适应的老旧小区改造成管理有序、民主自治、共建共享的美好家园；四是如何发挥奥运遗产作用，提高地区的文化服务功能等。由于社会的快速转型，社会建设底子相对薄弱，作为社会建设的基层基础性组织，亟须强有力的理论和智力支撑，为此，2012年，奥运村街道经过多次专家研讨、实地调研，制定了《北京市朝阳区奥运村街道五年行动计划纲要（2012—2016年）》，决定推进"1+3"党务居务助理进社区工程。

（一）"1+3"模式的服务平台

以"1+3"党务居务助理进社区工程为突破口，在街道党工委的领导下，拓宽"一核多元"渠道，健全和完善"一核多元"社区治理的参与制度，有序发动社会多方力量，重点形成了三大平台：一是创建全市首家社区邻里驿站并在辖区12个社区有序推进，为居民参与社区治理搭建平台；二是打造全国先进社工之家，为社会组织参与社区治理搭建平台；三是创新建立企业家公益联盟，解决企业共建平台需求。

1. 社区邻里驿站

① 建立社区邻里驿站。奥运村街道强化社会力量参与社区治理，发挥居民主人翁作用，积极培育社区、社会组织，按照政府扶持、社会运营、专业开展、项目合作的思路，积极发展"三社"联动。奥运村街道社区邻里驿站的建立是创新社会服务管理模式、建设幸福奥运村的重要平台。奥运村街道首家社区邻里驿站于2013年6月9日在双泉社区正式建立，此后，大羊坊、北沙滩、风林绿洲、绿色家园等4个社区相继建立"邻里驿站"。"邻里驿站"以社区、社会组织、社工队伍"三社"联动为主体，以老年人和青少年为重点服务对象，辐射各类群体。② 探索运营模式。奥运村街道社区邻里驿站探索实施"四化"运营模式。一是多维协同组织化。成立由街道、社区、社会组织、社会单位共同组成的邻里驿站服务组，负责全面统筹、协调、管理、运作邻里驿站的各项工作。二是运营模式社会化。办事处无偿提供场地，社会组织按与社区签订的服务协议承诺，实行社区化运营方式，为居民提供有偿、低偿、无偿服务，实现运营费用自收自支。三是重点服务项目化。重点针对民众需求热切、专业性要求高的服务，采取政府购买服务项目的方式满足居民需求。重点培育和扶持一批社区社会组织，引导和规范社会组织朝着有利于提升社区建设和社区服务水平的方向发展。四是社会工作专业化。以社区邻里驿站为载体，为社会工作师搭建再教育与理论实践平台，实施个案、小组等社区专业工作法，提高社会工作人员的专业素质。"邻里驿站"的创新点有四个方面：一是低成本，用空间来换服务，政府免费提供活动空间；二是易监管，注重对辖区资源的培育；三是多层次，社会单位采用无偿、低偿、有偿三种方式相结合的服务模式，平衡服务单位和服务对象之间的关系；四是广覆盖，重点服务对象以老小为主，不忘带动针对其他年龄层群体的服务。

2. 社工之家

奥运村街道注重社工的作用，注重社会专家的研究，强化社会力量参与社区治理，推动以社区为平台、社会组织为载体、社会工作专业人才队伍为支撑的社区服务管理新机制。2014年8月15日，北沙滩社区懿品阁小区正式成立奥运村青年社工之家这一社区社会组织，面向街道全体社区工作者开放，定期组织各类活动，按照12个社区轮流承办，每月设不同主题开展活动，通过教学、游戏、小组讨论和座谈分享等形式，进一步加强社工间的情感交流、释放工作压力，提升社工的凝聚力建设及团队合作精神。此外，每周五下午两点到五点，所有社工均可到社工之家休闲放松。社工之家充分利用现有空间资源优势，不断丰富内涵，为社工搭建交流、学习、放松的平台和阵地，优化社工职业成长环境，缓解与解决社工的压力与困难。一是引入研究机构专业力量，定期对社工进行专业的培训和提升，培训课程可包括社区建设与管理、社会组织的培育与发展、公益项目策划与评估等，使得社工在专业力量的帮助和引导下充分激发自身力量。二是建立社工微讲堂，定期由街道社工轮流向其他社工传授业务知识和办事流程，或结合案例，或你问我答，形成社工们思维碰撞、智慧聚集、经验共享、互促提升的平台。三是编制"社工汇贤计划"，将奥运村街道社工有计划地逐步培养成为高素质的全国社工领军人物，带动社工人才队伍的建设。梳理典型示范引路效应，形成"以制度管人、以情感留人、以事业育人"的良性发展，提升社区工作者的综合素质和能力，从而提升社区整体的服务质量及居民满意度。四是专注打造"六型"社工队伍。奥运村街道在实际工作中，不断推进社区工作者专业化、职业化进程，多元融合的社区共治模式创新研究努力建设"六型"社工队伍。"六型"即专业型、研究型、服务型、智慧型、动员型和活力型社工队伍，也即善学、善思、善做、解难题、会沟通、有状态的社工队伍。五是实行"采蜜计划"，注重社工之间的经验分享，在社工之家成立前评选出了金、银、小蜜蜂获奖者，在启动仪式上为1位金蜜蜂、1位银蜜蜂和12位小蜜蜂颁发奖状。"采蜜计划"激励全体社工真心为民做好服务，在服务居民过程中注重提升工作技巧和方法，提升服务能力。①

3. 企业家公益联盟

在"1+3"社区治理小组的策划和理论支持下，奥运村街道备案成立了企业家公益联盟。此联盟隶属于北京市朝阳区人民政府奥运村街道志愿者协会，由奥运村街道辖区33家单位共同发起成立。联盟最高权力机构是会员代表大会，

---

① 奥运村街道办事处. 奥运村街道"1+3"党务居务助理进社区工程正式启动 [EB/OL].[2012-05-09]. http://www.bjchy.gov.cn/dynamic/j xdt/8 a24 fe8336818 f4701 372fb48 fdc05 f8.html.

会长办公会是会员代表大会的执行机构,秘书处是联盟的主要办事机构,设在奥运村街道办事处。企业家公益联盟旨在加强行业自律、服务会员发展、服务区域经济社会建设,发挥桥梁纽带作用,打造互动交流、共驻共建平台,促进区域公益事业协同发展,为"三个新北京"、朝阳"新四区"和奥运村"五环"国际社区建设积极贡献力量。①

(二)"1+3"模式的机制

奥运村街道以"1+3"党务居务助理进社区工程为突破口,在街道党工委的领导下,解放思想,创新观念,在街道各社区深入推进基层协商机制,创新社会动员机制,健全民情收集机制,完善需求与供给机制,很好地解决了社会如何协同、基层如何协商、公众如何参与、社会如何增强活力等问题。

1. 居民议事厅,推进基层协商机制

① 议事厅创新形式。2013年,以朝阳区实施"党政群共商共建工程"为契机,奥运村街道启动了"奥运村居民议事厅",经过实践和探索,坚实地走出了一条基层协商、多元共建、居民自治的新路。奥运村街道采用创新形式,通过开展"1+3"党务居务助理进社区辩论赛,打造众智合力下探寻社区问题解决之道的居民议事厅。各社区助理认真梳理解决具体问题的经典案例,研究院助理提炼汇总群众关心的系列讨论主题,以社区辩论、案例分享的方式进一步带动社区居民及社会单位对共性问题的思考、讨论及辩论,通过典型引路、示范带动实现了经验互通、问题共研、方法共议、共商共治。② 议事厅创新特点。居民议事厅活动让居民把社区当成自己的家,积极主动地参与公共生活、公共管理,使社区从生活的共同体变成道德的共同体,最后变成信念的共同体,形成一种新的社会秩序。在居民自治和参与的过程中,增强了基层政府与居民的互动性,社区居民的声音在关注中得到重视,促进了社区自治的发育,破解了社区居民如何实现自治的难题。居民议事厅实现了"四议":一是敢议——有顶层设计。居民议事厅因有了区级层面的顶层设计,在议事厅活动中敢于听取各层面需求。二是会议——有规范流程。经过两年来的实践,居民议事厅已较为

---

① 汪碧刚. 奥运街道"一核多元、融合共治"创新社会治理 [J]. 领导决策信息, 2014 (34): 22-23.

成熟，形成动议、陈述、附议、反对、辩论、表决六步规范的议事流程，规避了久议不决、建议案无操作性等问题，促使立项项目反映多数居民的心声。三是常议——分街、社两层，街道工委、办事处领导、科室负责人结合包社区、安全检查以及日常工作，经常下沉社区，听取社区、居民、社会单位需求意见，参加社区层面举办的居民议事厅。四是广议——有分类，居民议事厅将议事分成征集意见型和难题解决型两类，分别向居民征询立项实事的意见建议和解决社区难点问题的金点子。通过广泛问需，居民的意见会直接纳入领导班子的工作方向，居民的需求成为街道班子的整改方向。[①]

2. 社会动员体系，创新社会动员机制

在"1+3"社区治理小组的理论支持下，奥运村街道构建了分层分类、条块结合的立体社会动员网络，充分发挥辖区单位和社区居民的积极性，以更多地处理地区社会建设重点、难点问题为纽带，鼓励社会各方力量协同参与社区治理，增强社区治理合力，提高社区治理水平。一是街道级动员体系。以街道人民团体为骨干，将街道工会、团委、妇联、残联、文联等人民团体认定为"枢纽型"社会组织，由其开展对辖区内同类别、同性质的社区社会组织进行联系、服务和管理。二是社区级动员体系。明确社区居委会就是社区层面的枢纽型社会组织。围绕社区居委会下设的六个委员会，抓好社会福利、综合治理、人民调解、公共卫生、人口计生、文化共建六大类社会组织的规划和培育，做好社会组织负责人和联络员选聘、骨干培训和团队活动的协调，以及具体落实开展各项活动。三是小区级动员体系。针对街道辖区面积大、居民多、社区类型多样等特点，根据朝阳区"小区家园计划"工作要求，深入开展不同类型社区分类治理，对接需求，把共商共治的社区协作理念、机制和方法贯穿于破解不同类型小区服务管理难题的全过程，提高居民的参与社区治理的积极性，鼓励社会各方力量协同参与社区治理。四是楼门级动员体系。加强自治组织建设，充分发挥居委会在社区自治中的作用，引导楼委会等社区组织实现自我管理，以楼委会为载体，充分发挥楼门长作用，构建楼门级社会动员网络。

---

① 姜妍.奥运村街道社工之家成为年轻社工"充电站"[N].朝阳报，2014-10-23.

3. 走动式工作法，健全民情收集机制

走动式工作法，简言之，就是指社区干部、楼门院长、居民骨干在固定时间，沿固定路线到社区居民中间走动，走动中查看问题、听取意见、问询情况、记录事件，最终按一定程序解决问题的一种工作方法。奥运村街道积极对接和协调各方社会力量，在12个社区深入推进走动式工作法，探索出了创新型、调研型、"三定"型和结亲情型四种走动式工作法：一是创新型走动式工作法，提升社区解决新问题的能力。建立创新型走动式工作法，解决社区治理和服务不断产生的新矛盾和新问题，具体操作程序和要求是：社区党委在实施改革措施之前，要在走动中充分征求群众意见，做好宣传解释工作，要求改革举措涉及的家庭不漏一户、涉及的人员不漏一人，保证全知晓率、高支持率和高满意度。该法有效地宣传群众、组织群众，高效地把党委解决社区建设新问题的新举措变为社区群众的统一行动，有效解决了许多社区建设发展中的新问题。二是调研型走动式工作法，提升社区解决老问题的能力。即在走动中调查研究，具体操作程序和要求是："三调查、四查清"。三调查，即找到当事人调查，找到老党员、老"居干"调查，找到有关专家学者调查。四查清，即查清历史原因、查清现实原因、查清问题症结、查清最佳解决办法。用"三调查、四查清"长效工作机制，解决社区地下管道漏水、污水管道破裂、路面低洼积水、京藏高速噪声扰民等问题。三是"三定"型走动式工作法，提升社区解决突发问题的能力。为了提升解决突发问题的能力，建立了定时间、定人员、定路线"三定"型走动式工作法，就是每周一上午全体社区干部（除值班人员外）从办公地点出发沿顺时针方向，绕社区依次走动，按照"走、看、听、问、记、办"六步来进行。走，是指集中走、分组走和个人走；看，是指认真、多面、仔细查看社区的最新动态和环境、治安问题等；听，是指广泛、耐心地倾听社区居民、社区单位、流动人口反映的问题、意见和建议；问，是指主动询问有关情况和问题；记，是指民情日记，把走访中的所看、所听、所问、所感，收集、梳理、归纳、分类；办，是指办理，将走动中发现的问题及时办理。在"三定"型走动中，第一时间发现解决消防安全隐患、漏电安全隐患、燃气泄漏及煤炉使用安全隐患等突发问题。四是"结亲情"型走动式工作法，提升社区帮助特困家庭解决困难的能力。提升社区党委自治解决服务特困家庭"不到位"问题，建立了结亲情型走动式工作法。即组织动员社区"居干"、党员骨干与特困家庭结亲戚，建立"一帮一"走动式帮扶长效工作机制，即一名党员与一户特困家庭结成亲戚。建立长期帮扶制度，规定帮扶内容，要求帮扶要像走亲戚一样，周问候，月活动。该法核心是一个"情"字，建立新的"亲情"关系，使被帮扶家庭生活得更有"尊严"；关键是一个"长"字，结亲戚不是一天两天、一年两年的事，是长期帮扶；重点是一个"常"字，是经常有走动，经常有活动。①

4. 四级工作台账，完善需求与供给机制

在"1+3"社区治理小组的参与和支持下，奥运村街道开展调研，摸清社区需求状况和社区资源情况，充分调动社会资源参与社会建设的积极性，引导党员以及居民骨干积极、合理、有序参与社区治理和建设。有组织、有活动、有载体、有平台，才能真正实现群众参与，使得居民需求和供给衔接起来。① 需求库。通过问卷、访谈、座谈会等形式，摸清社区需求状况，挖掘社区需求与社区中已有社会组织服务能力匹配情况调查；对已有的社区社会组织及其服务情况进行调查，摸清现有社会组织的社区服务能力；对比街道内社区需求与社会组织提供服务的匹配情况，找出差距。同时对辖区社会组织、企业社会责任、企业志愿者活动情况进行调研。② 资源库。开展辖区内社会组织活动、服务情况资源整合调研工作，通过对辖区内的社会组织、社区社会组织情况以及项目开展情况进行摸底，同时关注企业社会责任及企业员工志愿者参与服务情况，社会资源在辖区内的情况，对街道的社会组织资源进行较为全面的摸底，为下一步社会组织服务基地统筹协调区域社会组织服务资源打好基础。③ 能人（领袖）库。建立完善社区能人库，积极培育和发挥"社区领袖"的积极作用，引导党员以及居民骨干积极、合理、有序参与社区建设，有效提升自我管理与服务能力。开展社区社会组织骨干挖掘与社区社会组织领袖能力建设，提升社区居民参与和互助，引导社区社会组织从"自益型"向"互益型、公益型"发展。④ 项目库。建立完善项目库，通过信息平台对社区需求与服务项目和组织进行

---

① 陈婷. 奥运村街道成立企业公益联盟 [N]. 北京日报, 2014-8-9.

发布，促进社区需求、项目、组织及企业资源对接，由社区能人牵头，充分调动社会资源参与社会建设。提升社会组织的项目运作能力，通过项目管理能力提升计划培训社会组织、社区社会组织的成员提升项目管理的理论知识和技能。

（三）"1＋3"模式的意义

"1＋3"这一社区治理创新模式，体现了习近平总书记系列重要讲话精神，让广大公众参与社区建设的同时，坚持党的领导和政府负责，并将之渗透到社区治理的最基层，扩大了党和政府的力量，形成了多个头脑、多条腿的社区治理模式。不仅加强党委、政府、社区和社会的紧密衔接，激发了劳动、资本、管理和知识的活力，而且调动了最广大的社会组织、社区组织和社区民众的活力，实现了政府治理和居民自治的良性互动，形成了三大平台、四大机制、两大街道级品牌、六大社区级品牌。这一模式对多元融合的社区共治模式创新研究"党委领导、政府负责、社会协同、公众参与、法制保障"社会管理体制的创建做出了有益的探索，体现了系统治理、依法治理、源头治理和综合治理，打造了社区治理创新的活力新局面。

一是争先创优、培育品牌的平台。"1＋3"党务居民助理进社区工程既注重街道的共性发展，又研究各社区的个性化需求；既总结经验性成果，又寻找解决问题的办法；既围绕中心任务公转，又可发挥各助理小组的不同优势实现自转。这种灵活丰富的组织形式与工作方式，形成了"比学赶帮超"的浓厚氛围，可谓"聚是一团火，散是满天星"，创新了工作模式。二是挖掘潜能、培养干部的摇篮。通过"1＋3"这一平台为街道、社区、研究院中的大学生工作者创造了深入基层、全面了解社会建设的良好条件，锻炼了调查研究、统筹协调能力，提高了全局意识、奉献精神，使他们的工作潜能得到充分挖掘，为干部的全面发展提供保障，创新了干部培养方式。三是提升社区服务水平的抓手。社区是社会建设的主阵地，随着居民对社区服务多样化需求的不断增加，社区服务的专业化水平急需专业化理论的支持与引导，而研究员的专业知识、社会名人的广泛信息渠道、机关工作人员的政策指导有力地提升了社区服务水平，创新了理论对实践的指导方式。四是丰富民主参与的手段。"1＋3"社区治理小组通过参与社区实际工作，开展社区资源调查和百人访谈等活动，了解社区工作难点，收集民意诉求，分析、解决具体问题，为问政于民、问需于民、问计于民，提升居民自治工作水平，构建和谐社区提供了强有力的理论和智力支持，创新了民主参与的方式。五是充分发动社会单位的智囊作用。奥运村街道强化社会力量参与社区治理，加强服务联动、资源联姻，统筹发展，加快建设政府向社区组织、社会组织购买服务的力度。通过政府购买服务，聘请北京国际城市发展研究院，每周为奥运村街道办事处编制《读周刊》，紧密结合奥运村街道及社区相关工作建议献策。目前已形成的建议有《完善奥运村辖区的公共交通建议》《关于打造奥运村"一刻钟社区科普服务圈"的建议》《全面改造地下停车场，打造"智慧车管家"》《关于奥运村街道建设"社工之家"的建议》等92条政策建议。并已开展社区资源调查、口述史摸底、"七一"调研报告等调查研究，签订国际文化（奥运村）研究基地战略合作协议，制定奥运博物馆功能建设建议等，为奥运村街道的社区治理出谋划策。

2016年2月，《中共中央国务院关于进一步加强城市规划建设管理工作的若干意见》（以下简称《意见》）正式发布，《意见》明确提出完善城市治理机制，落实市、区、街道、社区的管理服务责任，健全城市基层治理机制。进一步强化街道、社区党组织的领导核心作用，以社区服务型党组织建设带动社区居民自治组织、社区社会组织建设。增强社区服务功能，实现政府治理和社会调节、居民自治良性互动。综上所述，"1＋3""一核多元、融合共治"社区治理服务模式是奥运村街道工委、办事处的首创，也凝结着北京国际城市研究院、中关村长策产业发展战略研究院等一大批热衷于社区事业研究人员的心智。笔者认为，社区治理，关键在于广大居民的积极参与，发扬社区居民的协商民主，各种社会组织的培育，形成最大公约数，画出最大同心圆。

3.1.1.3 探索共建共治共享的城市治理新格局

城市治理是全球性难题，经过改革开放40多年的发展，中国取得令世界瞩目的伟大成就，中国化解城市化快速进程中凸显问题的能力不断增强。尤其是在城市治理现代化持续推进的过程中，为解决这一世界难题贡献了中国智慧、提供了中国方案。

推动传统的城市管理走向现代意义上的城市治理，是国家治理体系和治理能力现代化的重要内容，也是城市的管理者们亟需面对和解决的重大课题。从我国的实际情况出发，城市治理创新应当突出以下三个重点：一是服务，城市治理应当从"管制型"转为"服务型"，从"网格化管理"转为"网格化服务"，并满足市民个性化需求；二是共享，城市治理不但要体现工具化共享和信息化共享，更重要的是要突出价值共享；三是融合，要促进城市居民之间的观念、新旧体制之间的融合和公共治理的融合，这是破解城市碎裂化的唯一出路。城市治理是政府治理、市场治理和社会治理的交叉点，在国家治理体系中有着特殊的重要性，推进城市治理的创新，就是推进国家治理的现代化。

精细化无疑是城市治理的发展方向。以城市治理网格化、信息化为抓手，通过统筹政府、社会、市民三大主体，厘清"为谁治、谁来治、和谁治"三个层面的问题，鼓励企业和市民通过各种方式参与城市建设治理工作，实现城市共同建设、共同治理、共同分享。①

推进城市治理体系和治理能力现代化，顺应新时代人民对美好生活的新期待，综合运用经济、行政、法律、科技、文化等手段，构建权责明确、服务为先、管理优化、执法规范、安全有序的城市治理体制，打造共建共治共享的城市治理新格局，推动建设人人有责、人人尽责、人人享有的社会治理共同体，确保人民安居乐业、社会安定有序，建设更高水平的平安中国。

3.1.2 "最后一公里"理论与实践

3.1.2.1 "最后一公里"的提出及内涵

2015年2月27日，习近平总书记在主持召开中央全面深化改革领导小组第十次会议上强调，要处理好改革"最先一公里"和"最后一公里"的关系，突破"中梗阻"，防止不作为，把改革方案的含金量充分展示出来，让人民群众有更多获得感。在社区基层服务提供中，"最后一公里"的中阻梗就是要切实解决好基层公共服务供给不平衡、不充分问题。这实际上是要求，要在改革中处理好顶

---

① 华锴，张丽丽. 北京朝阳区奥运村居民议事厅月月开厅 [N]. 北京日报，2013-7-13.

层设计与基层治理的关系，保持中央决策实施和人民群众获益之间畅通无阻。

"最后一公里"作为社区基层党建促进社区治理发展的有益探索尝试，其核心内容在于以党组织的建设为具体抓手，把具体的服务延伸到每个群众家里，用具体的行为赢得群众的口碑，把具体的矛盾化解在基层一线。与此同时也注重融合党在基层民主工作当中的领导和指挥作用，让老百姓受益的同时进一步巩固党在基层的执政地位。

当前由物联网、大数据所引爆的智慧治理时代已经到来，并正在引领着基层社会全方位、多层次的改革。在智慧治理理念的持续冲击下，政府"自上而下"治理需求与公民"自下而上"社区发展诉求之间的信息沟通图景日益清晰，基层自治的神经末梢被不断激活，为有效解决好基层社会服务供给尤其是社区服务"最后一公里"的问题提出了新的思路方案。城乡社区是人民群众日常生活的重要依托，是党和政府联系、服务居民群众的"最后一公里"。如何事倍功半地缩短这"最后一公里"对提升社区治理水平尤为重要。因此，要健全完善社区治理体系。

3.1.2.2 "最后一公里"创新实践——以青岛市即墨区为例

乡村振兴与城乡治理，党建引领是关键。近年来，山东省青岛市即墨区大力提升基层党组织组织力，探索创新基层社会治理体系，着力加强农村社区党委建设，打造党建引领乡村振兴样板。

即墨区共有基层党组织4188个、党员68547名。其中，村庄党组织1032个、农村党员37473名。2017年初，即墨区全面建立区、镇、社区、村"四级联动"工作机制，构建社区党委组织体系。即墨区委书记张军说："做实132个农村社区党委后，真正破解了联系服务群众'最后一公里'难题。"

（一）构建"四级联动"工作机制

2017年初，即墨区区委出台《关于建立区、镇、社区、村基层党建"四级联动"工作机制的意见》，核心是在镇、村之间设立社区党委，全区18个镇街共建立社区党委132个，每个社区党委管理7~10个村庄，在镇街党（工）委统一领导下，抓基层党建、抓产业发展、抓社会治理、抓村务管理、抓服务群众，实现责权相互统一。

社区党委的人员配备通过"下沉上提"落实，社区党委书记由镇街党政班子成员兼任，社区党委副书记、主任由镇街优秀中层干部担任，优秀的村党支部书记可担任社区党委副书记，区派乡村振兴工作队"第一书记"担任所在社区党委副书记，其他村党支部书记和骨干非公企业、社会组织党组织负责人担任社区党委委员，镇街选派专职工作人员到社区党委工作。针对社区党委日常运转中存在的问题和短板，2018年以来，该区着力推进社区党委规范化建设，研究出台社区党委建设规范，从组织体系、人员配备等方面推动社区党委落实落地。

在组织体系方面，社区党委对辖区内的村庄党组织、产业党组织、社会组织党组织实行统一领导，负责管理社区内的自治组织、服务组织，实现党的组织和工作全覆盖。在工作力量方面，镇街共下沉921名专职工作人员到社区党委工作。对社区党委书记、主任和年轻干部，区委组织部统一备案管理，全部纳入干部成长纪实，配齐配强社区党委力量。在工作职能方面，明确社区党委强化基层党建、引领产业发展、加强村务管理、提供便民服务和深化社会治理五项主要职能，制定社区党委19个方面的权力清单，各镇街根据自身财力情况为每个社区党委安排60万～300万元的社区发展资金，真正使社区党委实现有职、有权、有责，调动工作积极性；为强化服务职能，将镇街承担的17大类、100多个便民服务具体事项全部下沉到社区党委，真正打通服务群众"最后一公里"。在运行机制方面，建立社区党委每周工作例会、共建议事会议、工作清单管理等6项制度，对日常运转、责任落实、共驻共建等方面作出规范，确保社区党委高效、顺畅运行。

（二）实施"两区共建"发展模式

即墨区按照乡村振兴、产业先行的思路，提出并实施以社区党委为引领，社区与产业园区"两区共建"发展模式。每个社区明确一个或几个主导产业，同步规划一个或几个产业园区，每个产业园区明确一个或几个主导产业，着力培育或引进龙头企业，从根本上破解单个村庄单打独斗、资源不足、规模效益不高、发展方式粗放等问题，通过产业发展带动村集体和群众持续稳定增收。

在"两区共建"中，培养锻炼社区党委和村级班子，提升基层党组织的凝聚力和战斗力。目前，全区"两区共建"取得初步成效，形成以党建为引领、产业为支撑、发展促和谐的新型农村社区发展模式。有的镇街通过发展生物医药、文化生态、乡村旅游等特色产业，带动周边村庄土地流转和中草药种植；有的镇街成立农旅产业联合党支部，建立综合性党员活动之家，打造具有党员管理、农民培训、产业发展、电商服务等功能于一体的党建和公共服务平台，将农业散户聚集起来，共同增收致富。灵山镇的中医药产业园、玫瑰小镇等都形成了较强的示范带动效应。

（三）党建引领与基层治理深度融合

大力推进党建引领与基层治理，并实现深度融合。街乡依托基层党建"四级联动"工作机制，整合相关信息、力量和资源，建立"街道（乡镇）-社区-村居-网格"四级治理体系。在街道层面，建立社会治理指挥中心，按照属事属地原则，办理辖区内各类社会治理事项。在社区层面，建立网格工作中心，统筹实施村居治理机制。在村居层面，建立网格工作站，充分发挥"第一道防线"作用，做实源头治理、前端预防和便民服务，将区域治理隐患发现在早、预防在先、解决在小。在网格层面，由专业网格员认真履行信息收集及社会治理等职责。

网格化构建社区党员队伍，每个网格明确1名网格员、数名网格协理员，将村庄、社区党员等纳入网格化队伍，形成"一人负责，多人协同"服务格局，提高社区党组织管理和活动水平。即墨区将网格化建设与社区、村庄日常工作、重大专项工作相融合，与加强基层党建和居民村民自治相融合，与为民服务和解决实际问题相融合，确保网格化管理在推进工作、维护稳定、化解矛盾、服务民生等方面发挥重要作用。

3.1.3 "最后一米"理论创新

3.1.3.1 "最后一米"的实现应以人为核心

城市治理的基础是社区，治理的核心在"人"，终点是文化。城市治理重点是服务、共享、融合。城市治理作为多元主体共治行为，需要政府、市民、企业、社会组织、社区组织等共同参与。只有形成多元共治的城市治理格局，才能推动基层治理社会化、法治化、智能化、专业化水平不断提高。

社区是基层民主政治建设的平台，也是社会整合的重要载体。社区贴近群众生活，知晓群众诉求，熟悉群众动态，它是国家建设的基础，也是城市治理的基础。要把社区治理放在城市治理的大框架中，构建"纵向到底、横向到边、协商共治"的治理体系。

（一）加强党建引领基层治理

社会治理体系是由众多子系统构成的复杂系统，核心是党的领导。要充分发挥党总揽全局、协调各方的作用，推动党建引领与基层治理深度融合。党建与治理不能是两张皮，创新、融合是关键，加快城市精细化、精准化、网格化、智能化管理，目标是切实推动城市基层社会治理落实到"最后一米"，不断提升城市品质。

党建引领基层治理，要以全心全意为人民服务为出发点，以提升政治功能和组织力为重点，以体制创新为抓手，以信息化为支撑，把加强基层党组织建设、培养锻造高素质干部和创新城市基层治理深度融合、有效衔接，打通影响治理效率的痛点堵点，探索形成全域覆盖、上下联动、精准到位、运行高效的基层治理运行机制，实现服务精准投送、治理精准落地，有效提升群众获得感、幸福感、安全感。

城市治理贵在创新，当前我国城市治理创新有三个重要维度——党建、治理、服务。城市的现代化，不仅体现在硬件上，也体现在软件上，既包括服务设施现代化，也包括精神气质现代化。归根到底，就是用现代理念、意识、方式推进城市治理现代化。

市场经济发展和单位制解体使越来越多的困难群体、特殊群体汇聚到社区，越来越多的城市治理和公共服务事项沉淀到社区，越来越多的居民生产生活需求和社会需求集中到社区。我国城市治理和公共服务的重心在基层，社会稳定的根基也在基层。

可以说，在全面深化改革过程中，社区承载了越来越多的城市治理职能，"城市治理社区化"的趋势日益显现，城市治理的社区化已经成为城市治理合法性和实效性的基石。因此，要坚持党的领导和党的服务纵向到底，让政府服务进家入户，实现政府治理与社会自我调节、居民自治的有效衔接和良性互动。

（二）推动城市治理重心下移

党的十九届四中全会指出，要完善党委领导、政府负责、民主协商、社会协同、公众参与、法治保障、科技支撑的社会治理体系，建设人人有责、人人尽责、人人享有的社会治理共同体。这为推进城市治理创新，推动城市建设发展提供了根本遵循与方向指引。

随着城市治理的重心下移，人民群众的获得感、幸福感、安全感不断提升，城市品质改善提升一定会实现。要实现这一目标，首先要摸清基层治理现状，找准影响基层治理效率的痛点堵点和问题，探索党建引领基层治理工作的有效途径。

一是理顺条块关系，强化街道主体责任，着力推进街道内设机构职能整合和功能优化。二是规范社区工作运行，实行社区工作事项准入制度，上级支持社区的政策项目、资金资源，以社区党组织为主渠道落实到位，探索建立以居民满意度为主的服务评价体系。三是做实网格党建，促进网格治理，按照构建基层社会治理"一张网"的要求，推动党建工作网格与综合整治、应急、城管等网格实现"多网合一"。四是搭建治理一线平台，做好网格党组织建设、共驻共建、资源整合等工作，强化网格党支部统筹领导能力。五是以群众需求倒逼流程再造，建立"群众吹哨、街居响应、部门报到"机制，做到快接收、快办理、快落实。六是加大信息支撑，实现党群融合互动，推动"互联网＋""智慧党建"与城市治理大数据深度融合，把党的建设渗透到智慧城建设的各方面。

在城市治理重心下移过程中，要构建"互联网＋社区"建设和服务平台。首先，需要完善顶层设计，加强基础设施建设，推进社区感知网络的设备改造，合理布局服务配套设备，维护好通信网络设施设备，提高系统集成与共享能力。其次，以物联网、云计算、移动互联网等新一代信息技术为手段，对信息进行全方位高效率采集，构建统一的数据采集标准，让社区数据活化，在各应用中充分共享，最大限度地避免"信息孤岛"，针对居民需求建立广泛参与的社区网站和论坛，提升系统活力。

此外，要围绕社区治理的需求，形成统一标准、统一平台、统一考评、多方参与的一体化社区运营模式；建立多元化的投资机制，尝试市场化运作，拓宽资金来源；有效整合信息发布、信息交流、社会管理、居民自治和社区管理数据库等功能；落实人才培养方案，理顺基层人员晋升机制，为基层留住人才。

在公共服务管理方面，应形成多元投资、利益共享、风险共担的管理机制，充分调动政府之外的其他部门开展公共服务的积极性，同时处理好公益服务与商业盈利的矛盾。公共服务的市场化不是以牺牲公益管理为代价的，而是用商业运作的有偿管理、增值管理为社区居民提供公共服务。政府要发挥对商业运作的严格监管作用，把握好盈利的尺度，把公益管理放在首位，协调商业便民服务、志愿者服务、政务管理等关系，打造产业链健全、配套服务完善的智慧产业集群。

当前，需要通过坚持问题导向，综合运用经济、行政、法律、科技、文化等手段，构建权责明确、服务为先、管理优化、执法规范、安全有序的社区治理体制，探索共建共治共享的社区治理新格局。通过实现有效的社区治理，推动城市治理迈上新台阶，在共同缔造过程中不断满足"人"的需求，形成自我调节、居民自治的社会治理文化。

3.1.3.2 "最后一公里"到"最后一米"的关键路径

当前，深入学习贯彻党的十九届四中全会精神，成为工作中心和工作重点，只有实现社区服务"最后一公里"到"最后一米"的根本转变，才能切实推进社区治理现代化，满足人民日益增长的美好生活需要，打造社区治理创新的活力新局面。

指导社区服务从"最后一公里"到"最后一米"需要做到：一是坚持党建引领。始终把基层党建工作摆在首位，实现组织覆盖无缝隙。坚持不懈抓理论学习，建立完善的集体议事、决策等机制，促进党风廉政建设，不断提高班子成员研判形势、解决问题的能力。社区党组织建设夯基创"牌"，整合多方人力物力资源，建立共商、共建、共享机制，为社会服务，为企业服务，为群众服务。真情服务无缝隙，"一米阳光"暖民心，让"一米阳光"温暖到社区的每一个角落，体现党和政府的温度。

一是坚持协同创新。现代社区治理就是一个逐渐社会化的过程，不仅要突出社区治理的主体性、参与性和合作性，更要强调社会力量参与社区治理的必要性和重要性。在传统政府主导的社区治理模式基础上，更加注重增加社区治理中的社会性元素，即协同创新。关键在于广大居民的积极参与，发扬社区居民的协商民主，各种社会组织的培育，形成最大公约数，画出最大同心圆，逐步形成手牵手的"一米半径"。

二是大数据推动社区治理。依法开放数据资源，释放数据价值。随着大数据时代的到来，信息和数据在智慧社区建设和运营中扮演着越来越重要的角色。没有开放共享的数据支撑就谈不上真正的智慧社区乃至智慧城市。同时，采取创新商业模式，吸引各方资源共建智慧社区，积极引导和鼓励其他社会力量参与智慧社区建设中来，努力形成政府搭台、企业运作、社会参与、群众受益的多方投入机制，实现"一米生活圈"。

三是建立专业社工队伍。为人民群众提供专业社工服务，充分发挥社会工作在加强保障和改善民生、营造共建共治共享社会治理格局中的积极作用，打通民生服务的"最后一米"。社区工作站搭建服务平台，链接社会资源，培育发展志愿者，运用社会工作专业手法和技巧，在社会救助、养老服务、社会事务、儿童福利、慈善事业、社区治理等领域统筹开展服务，有效推动社会工作发展，为解决基层治理人手、能力不足的问题，提供了可操作性的实践依据。

四是坚持文化治理。新时代背景下对美好生活的向往也对居民自身文化素质提出了更高的要求，如何使居民有序、有效地参与社区建设是社区治理"最后一米"要解决的新时代任务。文化治理在社区层面的作用主要体现在塑造价值观念、传承传统文化、规范行为方式、教育引导群众、维护社区稳定等方面。社区文化有利于社区凝聚力的形成，同时智慧社区通过搭建各种各样的应用场景，使科技融入居民的日常生活，对社区空间、邻里关系、服务内容、居民参与等施加新的影响，从而引领新的生活观念与方式，积极发挥社区治理的文化引领作用。

3.2 智慧社区与城市治理的创新模式与实践

3.2.1 党建引领与社区治理深度融合创新探索

苏庄三里社区成立于2009年6月，是典型的村转居社区，面积0.9平方公里，有楼房30栋。社区常住居民3011户，人口总数5942人。辖区内有3所学校、2家医院、1幢写字楼及289家商户。居民有本村老户、采空区搬迁户和外来买房户。社区为开放型社区，3条交通主干道将社区分成6个生活小院，轻轨房山线苏庄站紧邻社区，商业网点密集，人口流动性大。社区党总支下属3个党支部，党员140名。党总支以提高党员的宗旨意识为出发点，以加强党员管理和提升服务能力为着力点，积极开展了"育网式"工作法的党建创新活动，取得了显著成效。

"育网式"工作法着力精细化管理，通过有效的培育方式将社区党建融入网格化管理服务的新模式。具体内容包括抓好网管、带好网员、支好网点、建好网格、修好网规5项基本职能，把党建的管理与服务工作全部纳入网格，实现社区党建新发展的目标（表3.2）。

"育网式"工作法框架图　　　　　　　　　表3.2

序号	名称	内涵	地位作用
1	网管	支委班子	领导协调
2	网员	党员骨干	中坚力量
3	网点	工作基础	事业支撑
4	网格	活动阵地	服务格局
5	网规	管理制度	监督保障

3.2.1.1 实施"育网式"工作法

面对存在问题,党总支实行"育网式"工作法,细化管理与服务,通过"以网管带网员,以网线铺网面,以网点定网格,以网规管网项"的途径与方法,管理由粗变细,由偏到全,由浅入深,实施党组织对社区管理与服务的精细化。

(一)上好三课,培育网管

网管,由社区党总支领导班子组成,是社区基层党组织建设的龙头,是社区各项事业的领导核心,网管在服务网内发挥着重要的领导协调作用。党建工作水平看班子建设水平,社区党总支班子成员作为服务网的管理者,必须打铁自身先硬,决不允许出现思想滑坡、工作掉队现象。党总支采取三种方法提升班子的素质和能力。一是上好思想政治建设课。网管定期参加集体学习,提升理论水平,打牢思想基础,坚定理想信念,树立大局观念,用党的理论指导社区中心工作,确保党的方针政策在社区得到有效落实。二是上好组织建设课。完善决策机制,按照事前不沟通不决策、意见不一致不决策、书记个人不决策、没有民主基础不决策、提交事项不成熟不决策的"五不决策"要求,发扬民主,班子成员共商社区建设大事,做到事前沟通、事中商议、事后总结,实现班子团结共助新局面。三是上好作风建设课。学以致用,用到实处。网管带头参加社区服务和社区治理,深入家庭、深入居民、深入商户中了解实情,解决了停车乱、志愿者力量不足、健身器材破损等突出问题,通过发扬好作风来树立好形象。

(二)抓好布局,配备网员

网员就是党员骨干队伍,是社区的中坚力量,社区加强对网员的使用和培养,打造社区服务的主力军。一是布线设岗定人定责。建立网员专线,横线网员是"3个党支部+6个党小组",纵线网员是"5名支委+65位党员楼门长",网线纵横交错,网内党员身影遍布。作为政策宣传员、治安管理员、环境监督员、法制宣传员、助老服务员、党风监督员"六大员",不仅使普通党员有了责任感,有了用武之地,"档案袋"党员有了头衔,在业余时间开展服务,利用智慧化手段上传参加服务的信息。网员有了自己的岗位,工作起来胸有成竹,服务居民的热情不断提高。二是同坐板凳结对帮扶。网员与困难户、残疾户、高龄户、空巢户78户居民结成对子，入户聊家常，访民情，聚民意。对住房困难的帮助申请公租房；对有大病的帮助申请大病救助；对就业困难的逐级反映情况、提供就业信息等；网员和困难群众建立深厚感情，党组织和困难居民的心连得更紧。三是志愿服务争当先锋。12名觉悟高、党性强的网员积极参加社区志愿服务，并担任组长，带领36名群众加入"12345蓝盾治安志愿者"服务队，每天在社区内开展常态化巡逻。在他们的参与下，公共安全得到有力保障。在志愿服务中，网员的党员意识得到提升，先锋模范作用得到有力发挥。社区党总支把为社区居民做好服务，解决居民的困难始终作为头等大事来抓。党总支安排党员干部联系困难群众，开展"一帮一"结队帮扶活动，做到社区全覆盖不留死角。

（三）做好支撑，夯实网点

培育服务网，网点是工作基础，事业支撑，着实才牢固，打牢支柱联接点，使服务网更扎实、更得民心。一是夯实居民的思想支撑点。开办市民学校和路边大讲堂，宣传党的路线方针政策，普及优秀传统文化，倡导社区内老户和新居民的自我学习，不断提升思想观念，鼓励更多居民参与到社区建设中来。二是夯实道德支撑点。充分调动广大居民的积极性，开展了"牢记党恩、凝聚力量、共抒红色情怀""道德力量"等大型室外演出活动，居民自编、自导、自演、自我受教育，组织居民参加环境整治公益劳动，有力提升了居民的道德修养和文明素质。三是夯实法治支撑点。成立了以党员许顺命名的人民调解室，建立了社区公益法律工作站；为居民化解了婆媳矛盾，提供了财产分割、遗产继承等法律服务。居民做到了有难题找法律，做到依法办事，极大促进了社会和谐。四是夯实文化支撑点。成立北京市第一家社区文联，不仅发挥党总支助手作用，而且通过4名文联顾问定期辅导，提升了书法班、合唱班、朗诵班、交际舞班的授课水平，176名居民成为文联各文体队伍骨干，兴趣爱好得到发挥，文化素养得到快速提升。五是夯实民生支撑点。党总支积极协调，大力解决民生的热点问题。如，逐步改变蝶翠苑小区15年来水质一直不达标的地下水现状，接入了国家水网的自来水；积极申报，率先为5栋居民楼争取到老旧小区改造外墙保温的工程；解决养老"最后一公里"问题，开展塔式绿色养老，每天近百名老人接受从身体健康到心理健康的多样化服务；自筹资金，在社区成立治安联防队，安置失业村民43人次，使就业率达到100%，为居民解了难事、做了好事、办了实事。

（四）建好阵地，覆盖网格

网格，就是阵地，既是居民生活的平台，也是社区服务的平台。党组织把在全社区划分15个网格，做到衔接无死角、网格全覆盖、管理全方位。同时，面对老旧小区缺少活动场所等硬件设施，无法满足党员群众活动的客观条件，社区党总支增容加项，建设服务阵地，使网格化服务更贴近党员群众的心。一是改造社区舞场，建设文化活动场所。投资了57万元用于平整露天场地，搭建了可移动式室外活动舞台，制作文化墙、宣传灯箱、休闲长椅、室外舞场来满足居民室外健身、舞蹈休闲娱乐的场地需求。二是开放阳光体育场，共享体育健身场地。与学校开展校区共建，整合公共资源，实现共享学校大操场，为居民体育健身和社区体育活动提供场地，满足居民晨练和休息日健身需求。三是重修党员活动场所，打造党员活动阵地。整合空间，改造党员活动室，设立宣誓台、谈心区、阅览区、学习区、展示区等，为党员活动提供良好场所，打造温馨的党员之家。

民主决策、科学决策是避免工作失误的重要保证。为了充分发扬民主，苏庄三里党总支制定了五不决策制度。"五不决策"为：事前不沟通不决策；意见不一致不决策；书记个人不决策；没有民主基础不决策；提交事项不成熟不决策。

近年来，由于私家车辆与日俱增，小区内停车位有限，部分业主将车辆停在了社区建鑫路和翠柳大街两侧辅路上，致使道路破损严重，居民出行不便，意见很大。为此，苏庄三里社区"两委"班子充分发扬民主，及时召开班子会议，通过认真研究讨论以及反复推敲利弊关系，决定采取自筹资金与环境专项经费相结合的办法，逐步改善道路破损现状。随后分别召开了党员、居民代表大会进行民主决策，代表们一致通过。现在共创大厦附近两个停车场安装了电子杆，规范了停车位，并安排5名联防队员进行管理维护，彻底解决了居民关注的大问题。

（五）按章办事，修好网规

网规就是制度，没有规矩不成方圆。党组织结合管理和服务出现的新情况、新问题，不断制订和完善制度，如：《党员干部约谈制度》《党员联系户制度》《志愿者服务规范制度》《干部述职测评制度》等，服务群众按标准，党员干部守规矩，党建管理用制度，使网规突出针对性和指导性，务实管用，为"育网式"工作法的运行提供坚强管理保障，有力地提高了党组织的管理力。

3.2.1.2 党员——网格化的忠实"服务员"

社区党总支自实施"育网式"工作法以来，注重加强对党员的培养和教育，使他们充分认识实施"育网式"工作的重大意义，积极的发挥党员先锋模范作用，使"育网式"工作法落到实处。

（一）"思政教育"常态化，不忘初心为居民

网员坚持学习《党章》《党规》和系列讲话，通过《专家大课堂》，学习了《加强理想教育、建好合格的社区党员队伍》《三严三实专题党课》《视听说动一体化——专题党课》《社区党员议事及角色定位》等高水平的党课。通过《电教大课堂》，组织网员学习了《一案之规》《社区大讲堂天天向上》《为你而歌——小区里的大管家》《红色家书》之《烽火邮路》《周恩来的四个昼夜》等电教影片；通过走出去学习，参观了中国人民抗日战争纪念馆、房山区平西抗日战争纪念馆、顺义区焦庄户地道战旧址、门头沟区平西情报联络站、延庆平北抗日战争纪念馆等，网员接受了爱国主义和革命传统教育，进一步坚定了理想信念和宗旨观念。让网员们紧紧抓住全心全意为人民服务这个主线不放松，忠诚、实干、担当、奉献成为网员的座右铭。

社区干部是党在社区各项方针政策的主要贯彻者和直接实施者，是社区建设的主力军，又是"育网式"工作法的推行者和网格化服务社区的核心力量。社区干部角色发挥的好坏直接影响到社区建设。"育网式"工作的强弱直接影响到对居民的服务质量。我们充分利用现代远程教育要在社区干部的教育培训上发挥主导作用，培养一支政治合格、素质强、作风硬的干部队伍。一是加强思想教育。集中时间专门组织学习增进班子团结、反腐倡廉内容，突出启示性和导向性。2015年组织观看电教《北京市正风肃纪教育》、房山区组织部拍摄的

《一案之规》等,引导社区干部树立起服务意识、奉献意识,积极投身到为群众干事中去。二是加强政策教育。干工作需要政策引路,一个不懂政策的干部,工作时无异于盲人摸象,社区发展必然难有起色。把现代远程教育赋予"传令员"和"教导员"的角色,以影音形式代替文件形式,以理论和实践相结合的形式代替单纯的理论灌输形式。如:观看历史文献纪录片《筑梦中国——中华民族复兴之路》等,将党和国家的方针政策及时、直观、形象地传达到社区干部大脑中,切实提高社区干部的政策掌握水平和运用水平,增强大局观念和服务意识。三是加强能力教育。社区问题纷繁复杂、千头万绪,社区干部如果不具备较强的组织协调能力和做群众工作能力,就难以胜任。党总支从社区工作需要出发,通过党员干部现代远程教育为社区干部传经送宝,增强社区治理能力。组织社区干部观看了《社区讲堂》,在学习典型事迹的同时,学到了诸多先进的理念和具体工作方法。社区干部通过远程教育学习了《智慧建设》,学会了发掘亮点,学会了参考借鉴,学会了举一反三。多种教育手段,也促进了"育网式"工作的推广和深化。

远程教育使得"育网式"工作法进一步创新,利用智慧化手段更加游刃有余。一是通过"育网式"工作法联系居民。向合格党员看齐,中青年党员与关爱群体结对子,走入居民家中,聊家常,访民情,聚民意,做好服务工作,得到了帮扶对象及家人的好评。二是成立了"向阳花党员志愿者"服务队,下设10个小分队,分布在社区6个生活小院和2条主干道内,为社区环境的改善尽最大努力。党总支还组织了文化志愿者服务分队,慰问西潞街道福利中心老人等活动,为孤寡老人送欢乐。三是培养、选树典型,发挥先进党员的先锋作用。2016年6月举办了以"前进在党旗下——筑梦复兴路"为主题的庆祝建党95周年文艺演出,党总支表彰了20名优秀共产党员,为参加书法和摄影比赛的党员颁发了获奖证书,充分发挥典型的辐射带动作用,号召在全社区党员干部和广大居民中掀起"学模范赶先进"的热潮。

(二)设岗定人定责,服务到位暖心

"育网式"工作法将党建网划分三层网面,每个网面代表一个党支部,5名支委网管进行管理,15块网格内143名网员成为骨干。政策宣传员、治安管理员、环境监督员、法制宣传员、助老服务员、党风监督员"六大员"身份明确了网员的身份。岗位职责不仅使普通党员有了责任感，有了用武之地，"档案袋"党员有了头衔，网员们利用党员活动日为社区居民服务，利用党建群、微信群的智慧化手段上传服务信息，畅谈服务感想，让全体网员共同分享。网员们工作起来胸有成竹，服务居民的热情不断提高。

（三）结对帮扶入户，网员服务情深

网员与困难户、残疾户、高龄户、空巢户78户居民结成对子。每年两次入户，春节的时候为每个联系户送去中国结、送祝福。有的网员自掏腰包为高龄老人送去营养品；有的帮助困难老人洗澡打扫卫生；有的为残疾户解决供暖管道不通畅、解决轮椅等实际问题、困难。

3.2.1.3 初步效果

苏庄三里社区实施"育网式"工作法，党组织的核心领导作用得到明显增强；社区党员的先锋模范作用明显增强；社区的向心力、凝聚力明显增强，"育网式"工作法取得突出成果：

苏庄三里社区被国务院防范和处理邪教办公室评为"创建无邪教示范社区"；先后被评为"首都文明社区""北京市先进社区居民委员会""北京市思想政治工作优秀单位""北京市民主法治示范村""北京市敬老爱老服务示范单位""首都社区志愿者服务组织之星""北京综合减灾示范社区""北京市充分就业示范社区"等；连续5年荣获"房山区先进基层党组织、房山区党风廉政单位"等光荣称号。

3.2.2 文化治理与社区治理探索

北潞园社区始建于1999年，位于区府所在地良乡的西北角，占地面积94公顷，由北潞春、芳、华、冠、馨5个家园和1个公园区组成，现有住宅楼135栋，居民8900余户，人口约3万人。北潞园社区于1999年成立党支部，2011年升级为党委，党委成员7人，是一支以离、退休老党员为主的基层组织，下设6个党支部，现有党员409名，在职报到党员1568名，2018年成立北潞园片区联合党委（图3.2-1）。

北潞园社区坚持自己的文化特色，依托文化传承，促进党建引领与基层治理深度融合，以文化引领社区治理和社区发展，并将社区文化品牌创建理念植入社区党建工作中去，以"街乡吹哨 部门报到"为平台，打造以社区区域化党建为引领的现代化社区综合治理试点。

3.2.2.1 五圆工作体系

目前，北潞园社区在北潞春党委、北潞园党委两个党委的基础上建立，设有北潞春党支部、北潞芳党支部、北潞华党支部、北潞冠党支部、北潞馨党支部、老干部党支部6个支部。北潞园片区联合党委是由北潞春党委、北潞园党委、房山公安分局西路派出所党支部、北京昊远隆基开发总公司委员会、北潞园学校支部委员会、中共北京今日东方劳务派遣有限公司委员会、同济门诊党支部、中共北京市房山区职业教育中心党支部、北京爱贝艺术幼儿园、96602部队等12个单位构成。由街道组织部长解美玲兼任北潞园片区联合党委书记，选派街道优秀后备干部任北潞园片区联合党委副书记和北潞春党委书记，北潞园党委书记为副书记，其他单位为委员的片区联合党委（图3.2-1）。

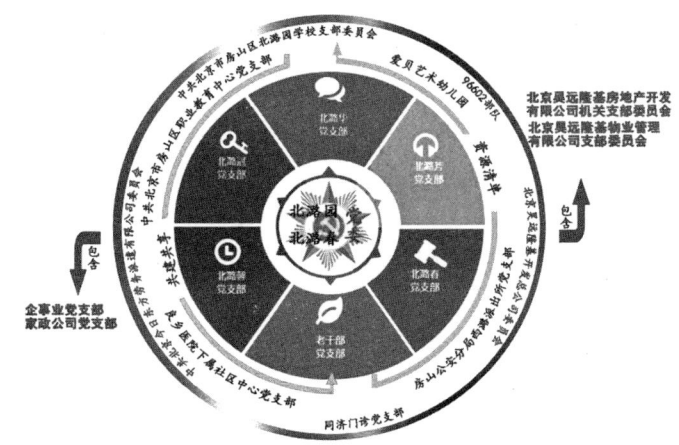

图 3.2-1　北京市房山区西潞街道北潞园片区联合党委

明确片区联合党委职责、工作机制和运行模式。片区联合党委"社区党建研究中心、社区党建品牌培育中心、社区党建交流中心、社区党建指导中心、社区党建服务中心、社区党员培训中心"的六大中心职责。建立了"需求征集,博采众长。议事协调,加强统筹。双向服务,互促共赢。资源共享,综合利用。评价监督,提高服务"的党建工作机制。采取"城市联建,相融共建;社会联治,资源共建;服务联手,公益共建;人才联育,培养共建;党建联动,平台共建"的"五联"运行模式。创新社区治理工作体系。"五圆"工作体系对应着北潞春、北潞芳、北潞华、北潞冠、北潞馨"五个家园",实现了体系运行有序、有效。第一圆:片区党委为圆心(中枢大脑)。第二圆:北潞园、北潞春2个党委为统领。第三圆:社区居委会、社区服务站、党群活动中心为3个实施主体。第四圆:建立党建专班(区域化党建工作组、社区老干部服务(社会福利)工作组)、法治专班(社区治安与综合治理工作组)、德治专班(社区文化道德建设工作组)、自治专班(社区建设与物业服务工作组、公共卫生生态建设工作组)4个专班为实施队伍。第五圆:党员代表(党小组长)、物业公司职员、下属委员会成员、子中心网格员、楼门长5类人员具体落实(图3.2-2)。

图3.2-2　北京市房山区西潞街道五圆工作体系

为实现党建引领下的"街乡吹哨　部门报到"工作有效开展,北潞园片区建成整合社会资源和区域资源、合理配置区域内各单位网格化服务管理工作的"子中心"。一是创新"双向"考核完善运行机制。开展街道对社区和"子中心"对相关科室的双向考核,创新落实"街巷吹哨,部门报到"工作,实现"社区吹哨,街道科室报到",确实发挥子中心的作用。建立人员考核制度。一方面对于片区联合党委组织人员的业务水平、服务意识、创新程度等内容进行考核,另一方面对于片区内其他成员单位的参与情况、提供服务情况等方面进行考核;二是规范子中心运行模式。北潞园片区联合党委结合"子中心"建设,成立社区综合治理领导小组,小组成员包含机关单位、部队机构、事业单位、企业单位、非公企业、便民服务单位。社区综合治理小组一般定期每月召开2次联席会,如遇特殊情况,提前调整会议时间。"子中心"按照家园分为5个专职工作组,每组设专职网格长一名,楼门长担任网格员。"子中心"由街道城市管理指挥分中心的统一指挥,对分中心集中指派发到本区域内的案件,及时进行分类、处置,并将案件处置情况按照规定向分中心反馈,按"线上、线下"工作流程明确区域内各单位网格化服务管理工作事项及工作职责,做好问题处理、结果反馈等工作(图3.2-3)。

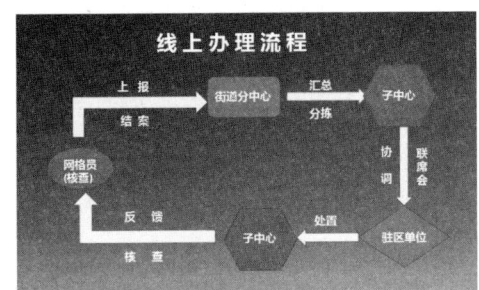 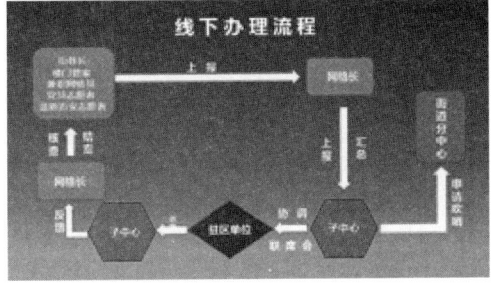

图 3.2-3 "子中心"工作流程

3.2.2.2 以文化引领社区治理和社区发展

以群众需求为导向,创新服务和活动载体,依托社区活动室、文化广场等设施,以重大节日、纪念日为契机,开展内容多样的党建文化活动。结合社区实际情况,组建社区京剧班、少儿乐器、舞蹈班等,使社区的文化气息越来越浓厚,关爱"一老一小",让老人舒心,让孩子开心,让家人放心,提升居民生活幸福感,增强党建文化凝聚力。依据居民的需求社区组建了空竹表演队,并为社区居民举办了4场"社区周末大舞台"演出。依托社区文体队伍这个文化活动的平台,开展了"书画展""知识讲座""欢乐重阳""文体赛事"系列活动,实现了每周都有小型文体活动、每月都有大中型文体活动的发展目标。两节期间,社区组织游艺会、联欢会、座谈会、乒乓球、象棋比赛等丰富多彩的多项活动、每年的正月初四、初五、初六组织社区戏曲队举办戏曲大拜年活动,最远的观众驱车1个小时左右来观看,受到了大家的一致好评。平时积极配合同事围绕社区的活动队开展全年的书法、舞蹈、合唱、太极、门球等活动,多次参加街道、区一级的各种比赛,并获得比较好的成绩。社区展览是彰显和沉淀社区文化,培养社区文化自信的一种重要的文化形式。北潞园社区的"纪念长征胜利80周年"书画展是北潞园社区的第三次书画展。这次书画展展出的作品与长征胜利80周年的数字对应,设计展出80幅书画作品。展出的作品大部分是书法班、书画班学员的习作,这就从侧面展现了北潞园社区居民的文化素养之高。也有房山区书法名家的大作,房山区书协主席侯振海、副主席陆敬辉、孙秋泽、蔡泽峰,毛体书法研究会副主席高进军等名家,也为这次书画展挥毫泼墨,学员与老师同台竞技,居民与名家相映成辉,是这次书画展的一大特色。

加强文化教育。为切实加强社区文化建设,社区工作人员在入户宣传中,对"社区老年大学"加以宣传,让更多的居民加入进来学习文化、增加知识、沟通邻里感情,充分利用老旧小区的社区老人资源,如时间、人脉、阅历等,重视老年人社区参与主力军的地位,培育老人参与社区治理的意识和能力。此外,通过文化教育宣传,吸纳更多的党员群众加入社区联防队伍和志愿服务队,同时通过社区宣传栏、图书角、微信圈等为居民提供普法资源,建立打防一体化治安网络,促进和谐社区建设,加强社区居民学法、普法、用法、守法,提升居民生活安全感。此外,促成昊远隆基物业公司党支部和北潞园学校党支部联手,共建"学生劳动实践基地",使未成年人在活动中,受到爱党、爱国、爱社会主义思想的熏陶,传播正能量。联合昊远隆基开发总公司党支部、昊远隆基物业公司党支部和启航社会治理研究中心,开展"共建绿色家园"在职党员绿植补种活动,打造北潞园生态家园,提升居民生活的获得感。此外,北潞园社区把提高居民的道德素质，提升精神文明建设作为构建和谐社区的关键。每年都开展评选"五好家庭""文明居民楼""十大居民道德模范""孝心"等活动。经常组织辖区各单位负责人、党员和居民代表视察脏、乱、差地段，公开评议不文明行为，对症下药，进行整改，努力提升居民的道德水准。

社区文化阵地得到加强。近几年社区文化建设空前重视，加大了文化建设力度。还利用黑板报、宣传橱窗等传统载体，组织力量，采取灵活的方式方法，深入引导居民文明，积极主动引导居民破除迷信，移风易俗，改变陋习，树立文明新风，先后组织书法一条街、文化一条街、科普一条街、文体工作一条街等，有效地扩大先进文化的感染力，促进居民转变观念。"科普文化街"的设置，让居民懂得雾霾天气如何应对、节约水资源的重要性、室内火灾怎么办等这些枯燥乏味的问题，被43幅形象鲜明的卡通图案诠释得非常细致，这种既贴近生活又实用的绘画方式，让日常的安全小贴士变得"活泼可爱"。此外，"益民书屋"工程建设步伐加快。"益民书屋"工程在上级领导的统一部署下，在原有的社区图书室的基础上逐步完善，所有书籍统一编号、登记、上架，方便居民借阅。

党建引领社区治理现代化的关键是发挥党组织和党员的先锋模范作用。在社区，社区书记的带头人的角色至关重要，决定着党建引领与社区治理融合的广度和深度。近几年，社区中老年文艺演出队伍如雨后春笋，发展十分迅速，纷纷利用现有设施广泛开展文艺演出活动，活跃居民的业余文化生活。对各活动点文化队伍的基本情况进行造册登记，建立台账，并安排专业骨干现场辅导、组织演出、提供信息。目前，有各类文体队伍有14支。文体队伍水平不断提高。北潞园社区书记用心组织14只文体队伍，这可以体现出社区党组织在社区文化建设上的重视和投入。河北梆子艺术团原是在广场露天演唱的戏曲爱好者，是社区领导把这些人安排在冬天有暖气、夏天有空调的室内，不只是改变了他们自娱自乐的条件，也是为了拍出戏后能够给广大居民提供艺术欣赏。河北梆子艺术团就这样组建起来了。组建各支队伍费心，管理起来还要投入资金，对14只文体队伍的不同数额投入，总计算起来有四五十万元之多。河北梆子艺术团已然成为北潞园社区的文化标志，对于促进社区和谐、增进社区凝聚力具有重要意义。此外，"长征胜利八十周年书画街"的形成，源于社区党建工作的推进，自"社会主义信心价值观"和"两学一做"工作开展以来，孙书记一直细心研究如何推进这些工作。深思熟虑之后，借社区党委宣传委员侯振海同志的书画领域特长的契机，联合房山区书画名家，制作64组展板的"书画"特色长街，将党建工作以崭新的方式呈现到党员、居民面前，加强党建工作的有力宣传。

培育典型与宣传教育同步。多渠道发现、收集典型信息，建立社区党组织典型信息数据库，统一管理，分类储备，重点打造，集中宣传，营造良好的品牌建设氛围。具体做法：① 加强德治、自治、法治建设，以先进典型人物推荐评选表彰为载体，通过评选表彰一批公民道德建设先进、五好家庭和优秀志愿者典型，打造党员先锋，扩大影响力和号召力，充分发挥道德楷模在群众中的示范引领作用，推动社区形成共建共享和谐文明的良好局面。② 锤炼品牌核心价值，以广播、电视、电台、报纸和微信等媒体为载体，加强党建品牌的宣传力度，营造良好的舆论氛围，进一步扩大和增强北潞园党建品牌的传播力和公信力。

3.2.2.3　初步成效

针对北潞园（春）社区存在的现实问题，经过社区联合党委的工作部署及十几年来的不断摸索，社区的管理工作已经初见成效。社区坚持党建引领社区治理，抓实网格管理，实行党建工作、服务群众和社区治理等事务全部进网格，实现"一张网管到底"。完善服务举措，严格落实方便群众办事。以和谐社区为主线，以党建为统领，以党员先锋模范为表率，拓宽服务领域，积极满足社区居民对社会事务办理、社会救助、医疗养老、文体活动等多层次的需求。向上级主管部门申请持续加大对社区的投入力度，建设高标准街道社区党群服务中心，丰富党建氛围，完善功能设置，提供便捷服务，从而增强社区党员群众的归属感和幸福感。

2017年共制作文体展板173块，3年累计共制作数量达521块。4条文化街的建成，既丰富了居民的文化生活，又弘扬中华民族传统美德，让社区党建文化工作得到了进一步的提升。

通过党员"四支队伍"的建设，使得社区环境有了明显改观，特别是"老党员家园卫士先锋队"在队长彭世广同志的带领下，协助并督促昊远隆吉物业公司清除社区卫生死角、清理楼道小广告，带动了周围很多的普通群众，提高了居民的自治意识，同时从某些方面还缓解了物业与居民的一些矛盾，并提高了物业公司的工作效率。

通过在职党员回家报道这种方式，发动党员在居住社区亮身份、树形象、起作用。提高了党组织在各领域的覆盖面，各行各业的党员干部利用闲暇时间，积极投身于社区建设中来，参与志愿服务。志愿服务项目由环境治理扩展到法律救助、敬老医疗等近20类。党组织的政治引领功能不断强化，实现了社区党建、单位党建、行业党建互联互动、共驻共建、资源共享。截至4月底，参与社区活动的在职党员已达到近5000人次，大大提高了社区治理的居民参与度。居民代表刘阿姨说："我们的无人管理小区再也不是'没娘的孩子'，感受到了大家庭的凝聚力。"

社区治理的好转，另一个明显的成效是居民和物业公司明显感觉到有了主心骨，矛盾纠纷比以前少了，矛盾的解决时间缩短了，关心社区的人比以前多了，社区氛围更加和谐，群众满意度也在不断提升。

3.2.3 智慧社区建设与治理深度融合创新探索

方兴社区是安徽省省级行政中心所在地，是合肥市第二个街道级社区，社区内人口众多、成员结构复杂，增加了治理难度，社区调整治理范围、改变治理结构，由原来的街道—社区两层的治理结构转变为社区一层治理结构，实现扁平化治理。方兴社区建设智慧面临的三项基本问题：一是缺少节能环保的前瞻意识，二是缺少提供精准服务的能力，三是缺乏应对突发事件的能力。

智慧社区建设模式创新——产业化运作＋平台支撑

智慧社区的发展速度和战略地位非常重要，应当通过鼓励创业的方式刺激当地的社区教育、居民就业和居民娱乐来促进社区和谐。可适当利用信息基础设施来改进安全、卫生、医疗等公共资源，但不应过分强调信息技术和基础设施，应当通过动员社区居民对未来的憧憬和共同愿景来营造商业环境。智慧社区的社区服务生态系统，构建了基于物联网和大数据的智能社区系统模型和体系结构，对上游供货商、物流、服务提供商和社区居民进行管理，构成了智慧社区的服务生态系统。国内智慧服务的产业化运作在智慧服务领域已初现端倪，智慧养老服务产业化进展迅速。智慧社区建设的阶段从社区规划到应急管理均可实现产业化运作，以社区治理一体化平台作为产业化运作的支撑，推动社区治理的体系建设和现代化建设。

3.2.3.1 智慧社区的运作路径——产业化运作

政、产、学、研、用、资是一个协同网络，主体之间彼此相互协同，构成复杂系统。在全链条式产业化运作中，搭建协同创新平台有利于信息共享，政府要加快建立平台共享机制。社区治理一体化平台的建设以融合居民诉求为主，围绕提供智慧服务的各部门间协同办公，产业化运作模式能够完善合作管理机制。

"政、产、学、研、用、资"结合起来实现产业化运作（图3.2-4）。政府为智慧社区提供政策下达、制度保障、市场监管和资源分配打通壁垒，实现产

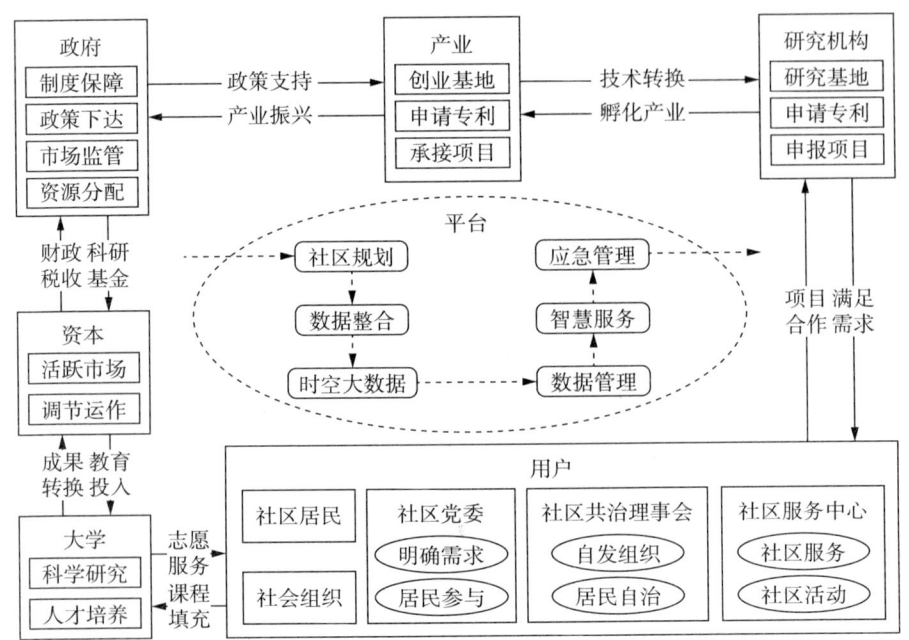

图3.2-4　智慧社区产业化运作的实施图

业振兴。资本通过股票、基金、债券等金融方式来活跃市场，调节智慧社区建设的财务运作。产业负责建立创业基地，通过申请专利、承接项目来经营运作。大学提供人才培养，注重科学研究。研究机构与大学、产业三者之间关系密切，传统观念中，大学负责人才培养，研究机构负责申请专利与申报项目，产业负责工业化生产。当前环境下三者之间职能有重复与交集之处，大学、研究机构、产业均可通过申请专利、申报项目来获得资金回报。区别之处在于高校偏重于学术型项目，企业以实践项目为主，研究机构是两者之间的过渡阶段，为产业输送人才，为大学提供就业渠道。研究机构孵化产业，产业与研究机构实现技术转换。用户包括社区居民、社区党委、社区共治理事会、社区服务中心、社会组织等。大学为社区居民提供志愿服务，社区社会组织则可为大学填充素质课程授。产业化运作的中心始终是用户，建设智慧社区的最终目标是满足居民需求，创建宜居社区。

3.2.3.2 智慧社区的共享平台——社区治理一体化平台

以产业化运作＋平台支撑的模式，将"政、产、学、研、用、资"结合起来，以供应链的形式实现上、下游的合作治理、共同治理，全方位打通阻碍智慧社区建设中的壁垒，避免信息不畅导致的重复办公和资源浪费，提高服务效率。社区治理一体化平台的实施图如图3.2-5所示，发挥任务派遣、沟通桥梁、辅助决策的支撑作用。

社区治理一体化平台是整合了社区规划、数据融合、时空大数据、数据管理、智慧服务、应急管理六项功能的迭代式更新平台，社区规划是智慧社区建立的初始阶段，按照社区规划功能建设智慧社区的基础设施，结合探头、车载视频、手持视频、传感器、通信设备、卫星定位等监测设备全方位搜集各类设施的基本信息，便于第一时间修补、巡查、处理事务，对接基础设施区域内居民诉求，保障社区居民自治的权益。对社区内居民诉求进行数据融合，建立时空大数据，对数据进行生命周期管理，最终按照智慧城市体系标准提供智慧社区服务。社区治理一体化平台中提供应对突发事件的应急管理，最终根据居民对智慧服务、应急管理的反馈，重新进行社区规划并改进后续服务，为智慧社区建设迭代与更新提供改进与拓展空间。平台上会提供"政、产、学、研、用、资"全链条产业化运作接口，为协同办公提供数据支撑。

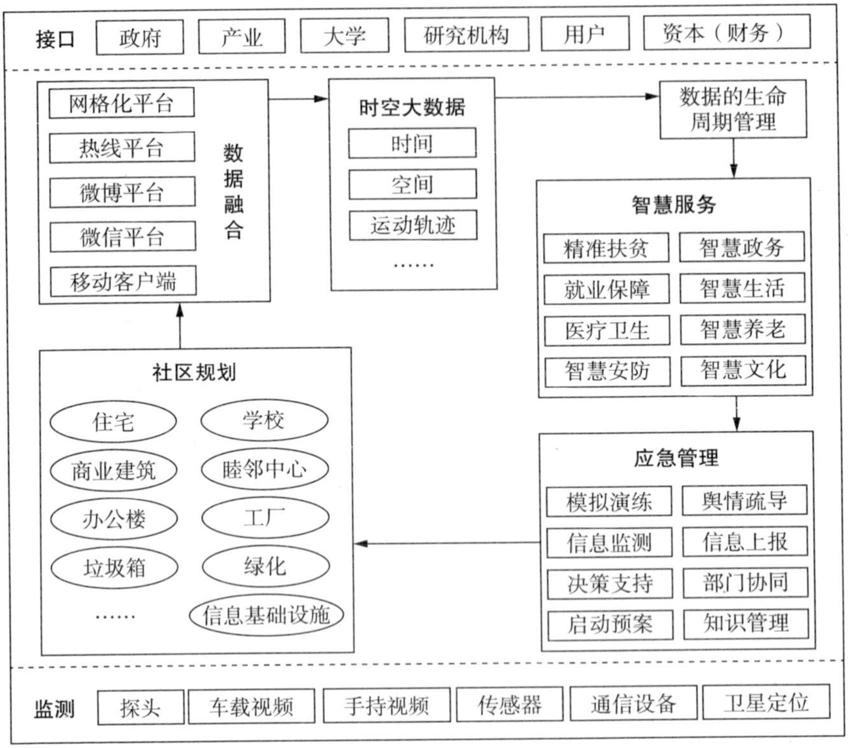

图 3.2-5　社区治理一体化平台的实施图

社区规划功能利用遥感影像、实景三维模型和人工设计相结合的方式实现3D展示社区建成图像，运用建筑信息模型（BIM）软件技术结合地理信息系统（GIS），模拟社区规划设计。社区内的建筑包括住宅、商业建筑、办公楼、工厂、睦邻中心、学校等建筑，社区内的设施包括通信设施、WiFi覆盖的信息基础设施、水电管道设施、绿化基础设施、垃圾箱等设施，社区规划功能根据模拟建筑外观的光照效果、通风效果、建筑周围人流量情况，为建筑和设施提供具备前瞻性的空间布局方案。

数据融合功能实现多源居民诉求信息的收集和整理。该功能从网格化平台、热线平台、微博平台、微信平台、移动客户端收集居民诉求信息，全方位融合居民真实诉求，提供精准的智慧服务。网格化平台为网格员主动搜集的信息，其中网格员由专职、专业和兼职人员组成，专职网格员为承担具体网格化治理任务的专职工作人员；专业网格员指街道在编在岗人员；兼职网格员由职员制、老党员、退休干部、楼院组长等成员组成。热线平台、微博平台、微信平台、移动客户端是居民反馈信息的重要媒介，将多源信息融合起来才能还原居民真实需求，避免信息的遗漏和失真偏离居民需求，影响居民参与程度。

时空大数据功能以高细粒度的时间、空间、属性等维度建立数据库。以地图形式将社区内基础设施作为数据标记，通过时间、空间、运动轨迹等属性建立时空大数据，结合人口库、法人库等数据库扩展数据维度，最终实现的效果是跟随时间序列变化，以可视化形式展示社区内运动轨迹、智慧服务、居民诉求等动态演化过程。时空大数据的共享和信息联动，能够解决自成体系、内容冲突、缺乏衔接等问题，是消除部门壁垒、强化政府职能的重要手段。

数据管理功能是指对数据进行生命周期管理，从数据的创建、收集、整理、分析、利用以及清理删除整个过程进行周期性管理，按照标准的数据存储格式与操作规范进行数据定期管理维护。科学的数据管理，可节省数据存储时间、减少操作难度、避免数据冗余节约存储空间、降低因操作不当产生的无效数据、提升数据分析利用的效率。实现对历史数据的快速检索与追溯、对实时数据的更新与迭代，对未来数据的预测与判断。

智慧服务功能中主要提供八种服务，分别为精准扶贫、就业保障、医疗卫生、智慧安防、智慧政务、智慧生活、智慧养老、智慧文化。精准扶贫服务的目标是对社区内特殊群体进行精准的帮扶救助；就业保障服务的目标是对失业、未就业居民提供就业咨询、就业培训、职业推荐、职业规划，解决再就业问题；医疗卫生服务为居民提供相关医疗保障，建立健康档案；智慧安防服务为居民进出提供智慧门禁与安全防范服务，对突发事件的预警和信息通报；智慧政务服务通过智能化终端简化政务流程，改进基层公共服务方式；智慧生活服务提供各类衣、食、住、行生活服务信息，改善居民社区生活；智慧养老服务通过居家养老、社区养老、机构养老相结合的方式，提供生活照料、康复服务、心理慰藉、社会交往等服务；智慧文化服务为社区居民提供文化教育服务，定期举办教学、培训、文化活动，丰富社区居民精神生活。

应急管理功能提供模拟演练、信息监测、决策支持、启动预案、舆情疏导、信息上报、部门协同、知识管理等选项辅助妥善应对突发事件。社区需要定期进行模拟演练，提升部门协同解决突发事件的能力。通过监测设备对重点区域进行高密度、广范围的监测，到达安全警戒线后自动预警。决策支持选项会预计突发事件的伤亡范围与舆情热度，为有关部门提供决策支持。启动预案选项根据以往的惯例和经验提供解决方案。舆情疏导选项会通过多源发布信息，疏导突发事件造成的恐慌情绪。信息上报选项用于信息上报，部门协同选项用于多部门协作共同应对突发事件。知识管理选项用于总结突发事件中的经验和教训，形成建立韧性社区的知识库。

3.2.3.3 智慧社区产业化的"方兴实践"

合肥市方兴社区现有工作人员79人，辖区面积118平方千米，拥有人口7.8万，规划人口22.5万。方兴社区在建设阶段通过项目合同的方式，搭建"政、产、学、研、用、资"全链条平台，打造了社区治理一体化平台，将辖区521个天网工程探头、538个居民区探头、130部移动手持视频、3台车载视频、4类视频系统等融入平台，辖区内各类设施资源以及与居民生活息息相关的场所均收录至网络地图中，实时显示管理人员定位、居民诉求融合、智慧服务、应急管理等信息，实现了一张地图网尽社区事务，实现信息化与网格化有机融合，便于日常工作的指挥调度，推进智慧社区建设新进程。

以方兴社区的菜市场为例进行说明，菜市场主要服务两个大型回迁小区及周边部分商住小区约6万余人，产业化运作打通"政、产、学、研、用、资"全链条，政府资助项目，产业参与项目实施，大学输送人才，研究院研发专利，社区党委、居民、社会组织等多元主体参与治理，资本激活市场，共同打造社区治理一体化平台。以居民需求为导向，以科学治理为依据，探索智慧社区共治模式。

方兴社区的社区治理一体化平台中集成了社区规划、数据融合、时空大数据、数据管理、智慧服务、应急管理功能。社区规划阶段对菜市场的内部布局如窗户位置、内部装潢、摊位摆放等进行综合考量，优先考虑消防器材摆放位置与安全通道的设计，呈现出采光良好、美观合宜的室内设计。在使用社区治理一体化平台中的社区规划功能以前，由于不能明确埋在地下的管道、电缆位置，在对建筑和设施的维修和重建工程中容易破坏管道、电缆，不仅造成了人力、物力资源的浪费，产生一定安全隐患，而且造成了生态环境的污染。使用社区规划功能以后，解决了各管线之间、管线与建筑物、道路和绿化之间的冲突与碰撞问题。按照3D模拟图建设，明确了建筑和设施的定位，一来减少后期维修和重建时对各种管道设施的破坏；二来在建筑和设施上添加监测设备，监测空气质量、耗能情况、光照强度、物品位置变动情况、物品损坏情况，并将监测结果反馈至社区规划功能界面中，实现线上线下结合联动；三来提前模拟设计，有利于全方位考虑社区的综合性能，如对绿色建筑的要求、抗洪涝灾害的要求、适合老年人居住的要求，可实现建成节能环保、空间布局合理、抗风险性强的社区，达成质量、效率、效果的突破，避免造成资源浪费，为居民提供优质居住环境。

　　数据融合阶段将多源数据进行整合，实时分析居民诉求，不断推进社区治理能力现代化。时空大数据阶段会集成时间基准、空间基准、人口库、法人库等多维度数据，实时显示社区生活的客流量信息和运动轨迹。数据管理阶段对数据建立目录、索引，制定数据存储、管理、删除的规范操作，按照数据的生命周期进行管理。智慧服务阶段对每家商户建立"一户一档"追溯机制，实现商品上下供货商的统一安全管控。食品检测室提前检测商品质量，当商品过称时候，商户显示屏会显示商户经营许可信息、菜价信息、质量检测信息等相关信息，菜市场支持线上购买和线下送货上门服务。使用社区治理一体化平台中的智慧服务功能以前，社区事务由网格员巡查上报、居民拨打热线平台为主，居民了解社区事务的信息来源单一、社区治理参与度较低。使用智慧服务功能以后，增加了微博平台、微信平台、移动客户端的有效使用，通过多平台发布社区便民生活信息，如菜品、菜价等信息，针对个性化需求如订菜、送菜上门等需求提供精准服务。从多源渠道搜集居民诉求信息，并及时予以处理，不断提升和改善服务质量，居民意见得到了采纳，参与度显著提升。

　　应急管理阶段会显示突发事件量级和突发事件分类，以红色警报、橙色警报、黄色警报、蓝色警报表示由强到弱的突发事件量级，突发事件分类为自然灾害、事故灾害、公共卫生事件、社区安全事件四类，社区应急管理功能界面中有模拟演练、信息监测、决策支持、启动预案、信息上报、部门协同、知识管理等选项。模拟演练选项会定期提醒社区开展突发事件的演习，提供突发事件的模拟场景，宣传应对突发事件的救援和求生知识。信息监测选项会通过探头、传感器、物联网设备等各种监测设备跟踪风险项目。决策支持选项会以可视化形式呈现风险程度，如根据人群密度、场所的实际空间、场所的布局等数据推算特定区域内人群聚集风险程度，预测突发事件的伤亡范围和预计造成的舆情热度，如图3.2-6所示。

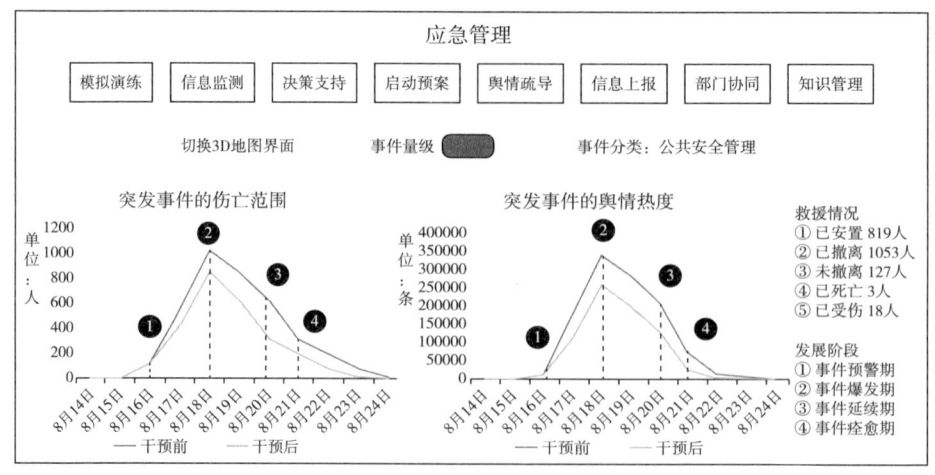

图 3.2-6　方兴社区应急管理功能界面

　　启动预案选项能够从知识库中调出类似的突发事件先例，寻找最佳应对方式，并显示易燃易爆物品位置、消防栓位置、安全出口位置，为安全疏散提供推荐路线图。预案的作用是提前理顺突发事件的体制机制、提供切实有效的应对突发事件的解决方案。舆情疏导的作用是通过微博、微信、移动客户端等多源方式发布救援信息、疏导情绪、事件进展，避免因信息不畅导致恐慌情绪蔓延，造成事件形态变异上升。信息上报选项会将突发事件给反馈给上级部门。部门协同选项能够结合各部门实际工作，共同应对突发事件。知识管理选项将记录和总结应对突发事件过程中的经验和教训，存储至知识库并生成新的预案，为应急管理增添新的案例详解和应对方式。使用社区治理一体化平台中的应急管理功能以前，菜市场吵闹破旧，人群混乱，极易发生各种冲突，造成消防问题和公共安全问题，使用应急管理功能以后，对空气中粉尘浓度、人群聚集密度进行实时监测与预警，实现了被动应急到主动预防，有效降低安全风险。

3.2.3.4　智慧社区建设推进治理现代化的"方兴模式"

为贯彻落实全面深化信息化的目标，提升智慧社区建设的节能环保，提高智慧社区服务的精准程度、提升智慧社区的应急管理能力，方兴社区采用产业化运作＋平台支撑的模式，推进智慧社区建设模式创新。总结方兴社区的经验，发现智慧社区产业化运作趋势渐显，推广过程中的重点是需要以合同项目的方式完善社区建设机制。社区治理一体化平台建设中的重点是对多源居民诉求信息的融合和建立时空大数据。如缺少对多源居民诉求信息的融合，会导致居民诉求的失真。缺少建立时空大数据的功能模块，则不能形成社区事务动态演化机制和预警机制。

（一）完善合同项目制度，破除产业化运作壁垒

目前社会组织入驻社区大多采用公益合作的形式。为调动社区建设利益相关者的参与积极性，实现社区的共建共治共享，实现产业化运作，应当在平等、协商、合作的基础上，推进合同项目的方式，完善社区建设机制，以破除制度障碍。合同项目围绕居民需求出发，将居民紧急需求转化成项目形式公开招标，拓展社区服务的外延。按照服务类别和紧急程度立项，经过公开招标、资格能力认证后可参与招标、专家组成委员会进行评审、确定承接方并进行公示、招标完成后进行监督评估等流程，确保项目的权责分明和实施效果。制度创新、机制创新、技术创新和服务创新，能够推动社区治理现代化和服务智慧化的发展。

（二）实现居民诉求信息的融合，提升居民自治程度

目前大部分社区收集居民诉求信息主要两种方式，网格员在辖区范围内主动采集上传的数据和居民拨打的热线平台数据，通常未涉及对微博平台、微信平台、移动客户端等新媒体数据的融合。新媒体在当前环境下的运用如火如荼，居民通过多源渠道发表意见的方式成为常态。缺少对微博平台、微信平台、移动客户端数据的融合会导致居民诉求信息的遗漏和失真，降低了居民参与自治

程度的比重。智慧社区既需要开通多源服务终端，全方位服务居民，同时也需要实现多源数据融合。

（三）建立时空大数据，实现社区治理由被动应急到主动预防

时空大数据以时间、空间、属性建立数据库，属性包括运动轨迹、交通数据、气象数据、遥感数据等维度，结合人口库、法人库，最终呈现的效果是按照时间序列的推移，将社区生活呈现在一张地图上展示动态演化过程，能有效降低交通拥堵、自然灾害等问题造成的危害。建立时空大数据具有重要战略意义，以统一的时间基准和空间基准协调数据共享，实现人、事、地、物、情等精准定位，能够在历史长河中追溯往昔，记录当下事物发生的运动轨迹，亦可为未来的应急管理提供安全预警，实现社区治理由被动应急到主动预防。时空大数据的共同建设与开放获取，能够整体解决居民需求，推进社区治理现代化。

第 4 章

智慧社区与城市治理的关键因素

4.1 人是城市治理的核心

4.1.1 "人民城市人民管"

城市治理研究要解决的问题很多。首先要更好地总结我国各地城市治理的不同模式。只有在对城市治理模式进行充分分析的基础上，才能更有效地解决不同模式中面临的各种难题。青岛市市北区和全国为数众多的老城区一样，如何实现城区产业结构、环境面貌、民生品质的全面升级，是市北区面临的最紧迫课题，近年来，市北区正在探索通过实施城市治理新模式，落实精准服务和精细治理，提升城市的温度和内涵。市北区正在为我国城市治理现代化提供生动的基层样本，希望通过对其城市治理模式的审视，寻找一些解决城市治理中老城区难题的路径。

市北区作为青岛的主城中心区，曾孕育了青岛港、青岛啤酒、海尔等知名企业，是青岛现代城市文明的重要发祥地。2016年，市北区的公共财政收入达到了102.3亿元，位列山东省县市区第五位，跻身全省县域发展"第一方阵"。但与此同时，作为一座老城区、老工业区，市北区人口密度高、困难群体多，城市基础设施和公共服务设施承载力"赤字"较大，空间资源的硬约束日益趋紧。

"我们人口密度最高的区域超过了6万人，各类困难群体人数在青岛市内三区中占比最高、人数最多，分别占到市内三区的53%～57%"，时任市北区委书记郑德雁介绍说。我们的城市治理水平与人民群众的要求和期待还有不小的差距。特别是在城市治理能力上，还存在着体制不健全、职责不清晰、信息不统筹、手段不健全等突出问题。2016年，市北区创新提出了"城市生长力"城市治理品牌，秉承"开放、融合、共享"的理念，通过实施"经济实力、产业活力、城区魅力、社会合力、治理能力"提升工程，深入推进"区域管理网格化、全区统筹信息化、公共服务精准化、社会治理精细化",推动城市生长力全面提升,让生活在市北的每一个人,都能感受到城市的温度和热度,真正实现"人民城市人民管"。

"城市的核心是生活在城市里的'人',城市的热度、温度来源于城市的全面发展和百姓情怀,这好比鸟之双翼、车之双轮,共同激发城市前行的信心和力量。我们的城区要实现更高质量、更可持续的发展,既要有高端的产业和繁荣的经济,也需要富有温度的城市治理。只有我们时刻把'人'放在心上、以人为本源,多站在'人'的立场、群众的角度想问题,才能赢得群众的信赖与支持,才会达到'善治'的治理目标,继而实现'城市,让生活更美好'的愿景。"时任市北区委书记郑德雁如此解释城市的温度和热度。

为了全面提升城市生长力,时任市北区委书记郑德雁介绍说,市北区把城市发展方式的转变落脚在"五大中心"的打造上。依托独有的邮轮港优势,市北区加快推进青岛国际邮轮港规划建设,高标准打造国际港城、人文都心,培育以体验、金融和创新三大板块为主体的现代服务业体系,把邮轮港建设成为国内领先、国际一流的现代化邮轮母港,打造湾区现代服务中心。通过开展招才引智工程,着力吸引一批高端人才队伍,打造智库集群,发展智库经济,推动产业结构升级,不断提升人均、地均产出能力,建设先进智慧产业中心。强化创新创业政策引导,优化创新创业发展环境,加快创新平台建设、主体培育、人才引进、体制优化,立足域内特色科研、产业资源优势,建成具有全国影响力、国际先进水平的'六大创新载体',重点发展轨道交通、生物科技、云计算、大数据、大健康、地理信息等战略新兴产业,打造创新要素集聚中心,通过提升城市生长力促进老城区产业转型升级。

时任市北区委书记郑德雁指出,下一步市北区要优化城市空间布局,全面完成棚户区改造和老企业搬迁任务,完善功能性、网络化的基础设施体系,提升城市生态品质,实施智慧引领战略,提高城市治理现代化水平,建设城市绿色发展中心。坚持以人民为中心的发展思想,完善教育、医疗、文化、养老、住房、健康等现代服务体系,着力提升居民生活舒适感、便捷度,打造主城人文生活中心。

4.1.2　精细化是城市治理的发展方向

为了使服务和治理更精细，市北区以城市治理网格化、信息化为抓手，通过统筹政府、社会、市民三大主体，厘清"为谁治、谁来治、和谁治"三个层面的问题，鼓励企业和市民通过各种方式参与城市建设治理工作，实现城市共同建设、共同治理、共同分享。

为进一步提升社会治理精细化水平，市北区建立城市治理指挥中心，实现与城市管理、安全生产、应急管理、综合执法、公安110指挥中心、政务热线等多部门联合办公，建立综合值班平台，实行联合值班、联合办理。实施综合行政执法改革，以相对集中行政执法权、整合规范执法机构、推进执法重心下移、优化执法力量配置为主要内容，以街道为重点，整合城管、文化、价格、服务业、房管等部门执法力量，全面推进适应经济社会发展要求的跨部门、跨领域综合行政执法，增强了基层政府治理能力和社会管理水平。建立区、街道（部门）和社区三级管理平台，明确每级平台的职责分工，社区负责前端防控，街道重在综合管理，区级平台做好服务监管，协调解决重大疑难问题，同时配套出台《网格化管理办法》《系统平台操作处置规范》等指导性文件，对涉及14大领域、390项具体工作规定了责任单位、处置标准和完成时限，以标准化要求推动城市治理提速提质提效。

此外，市北区根据区域管理的实际情况、难易程度，细化管理单元，科学划定网格，明确责任归属，加强人员配备，推进"区域管理网格化"，努力实现"责任不出格、管理无缝隙"，有效解决了推诿扯皮等治理难题。

目前，市北区依托浪潮研发中心、青岛地理勘察测绘院等科研院所和企业，借助移动GIS、三维地理信息、大数据等信息化技术手段，全面摸清经济社会各类资源"家底"，整合全区人口、企业、建筑物、危险源、城市部件、监控摄像头等各类信息，构建全区统筹的城市治理信息化管理系统，通过一个平台实现数据的集中管理、互通共享，为政府科学决策提供准确、全面、系统的数据支持，实现城市治理智能化、协同化、精确化。市北区建立信息采集与问题处置联动机制，通过巡治员巡查"主动发现"和市民、社会团体组织反映问题"被动发现"双途径采集信息、发现问题，对上报平台的信息案件，明确办理流程和处置时限；设置系统跟踪办理进度，对正常办结、即将到期和超出办理时限的案件分别用绿、黄、红三色提示，进行提醒、催办、督办和问效，将办理效率和质量纳入量化考核，用考核督促问题的整改落实。

"区域管理网格化、全区统筹信息化、公共服务精准化、社会治理精细化"是市北区推进城市治理的工作模式。这其中，网格化和信息化是路径和手段。市北区通过改革的办法、创新的手段、科技的助力，积极推进城市治理体制创新，实现了人员、部门、系统、技术、平台、数据的深度协同，有效提升了城市治理效能。

市北区在城市治理现代化方面的探索已经初具成效，但仍然存在体制不健全、职责不清晰、信息不统筹、手段不健全等问题。包括市北区在内的很多城市老城区在提高治理能力时，应努力诠释城市的温度和厚度，让每一位市民都有获得感。首先，温度是居民心理接受爱和情感的过程，严格来讲温度就是以人为本。其次，城市有厚度则是以文化涵养城市，尊重城市的历史及文化发展规律，以文化的力量推动城市转型发展。

4.2 制度是社区治理最重要的影响因素

4.2.1 智慧社区的机制与保障体系

4.2.1.1 制度是社区治理最为重要的影响因素

伴随着社区自治的兴起，在社区的微观层面上，国家与社会彼此相遇、交织渗透而又微妙互动。社区研究从一开始在实践上就存在着是培育民主自治还是加强行政管理的张力，由此也形成了两种基本的研究路径。

一类研究从国家本位出发，认为政府通过自上而下的变革和规划推动国家和社会关系的变迁，社区建设是国家推行社会管理体制变革和强化行政权力对社会整合的结果。学者认为中国城市基层治理存在着高度的国家主导与控制，其关注于社区组织类似于国家-社会关系中的代理人角色。尽管20世纪90年代中期兴起的"社区建设"一直强调要实现社区管理和居委会的自治但实践证明，由于行政主导力量过大，加上制度性约束，"社区建设"的结果大多是国家权力在社区的渗透和居委会工作的进一步行政化。有的学者提到社会转型和社区建设运动背景下的中国城市社区，"是为了解决单位制解体后城市社会整合与社会控制问题的、自上而下建构起来的国家治理单元"。[①]

另一类研究则关注转型社区中国家与社会关系的新动向，即合作交织而非对立分离的。此类研究最为典型的是以业委会和业主维权运动为主要研究对象，对业主维权运动中的主要影响因素、动力机制和关系网络、社会冲突、行动力和制度限制等方面进行了考察。[②]研究认为，国家与社会关系处于重构之中，社区空间成为由国家和社会二元力量共同决定的具有市民社会性质的新公共空间，"一种既不是原来的行政架构，也不是完全的地方自治社会的混合属性的公共领域"。

制度因素是社区治理最为重要的影响因素。从制度经济学的视角来说，一种制度及其演变过程，可以用"制度变迁"的视角来进行审视。制度变迁可以分为"强制性制度变迁"和"诱致性制度变迁"两种类型。"强制性制度变迁"是一种由国家主导、以自上而下的方式进行的制度变迁，而"诱致性制度变迁"则是一种由社会自身主导、以自下而上的方式进行的制度变迁。如果赋予国家和社会以人格与理性，那么，"强制性制度变迁"就是国家人格与理性作用的结果，而"诱致性制度变迁"则是社会人格与理性作用的结果。按照奥地利著名学者弗洛伊德的精神分析理论，他将人的"我"分为本我、自我和超我三种类型，其中，本我是体现自然性的"我"，超我是体现社会性的"我"，而自我是

---

① 杨敏.作为国家治理单元的社区——对城市社区建设运动过程中居民社区参与和社区认知的个案研究[J].社会学研究，2007（4）：139.
② 石发勇.城市社区民主建设与制度性约束——上海市居委会改革个案研究[J].社会，2005（2）：73.

本我与超我相互作用共同形成的一个真实的"我"。与弗洛伊德的精神分析理论相对应,"强制性制度变迁"更多的是表现为超我,是体现国家性的"我";"诱致性制度变迁"更多的是表现为本我,是体现社会性的"我"。"制度变迁"如何进行取决于"国家性"与"社会性"力量的对比,当"国家性"占据上风时,主要表现出"强制性制度变迁"的特征,当"社会性"占据上风时,主要表现出"诱致性制度变迁"的特征。当然,就像一个人并不会完全按照"本我"的要求来行动,也不会完全按照"超我"的要求来行动,而是根据由"本我"和"超我"共同作用形成的"自我"的要求来行动。现实中的"制度变迁"也会同时具有"强制性制度变迁"和"诱致性制度变迁"的特征,只是说,在不同的阶段会有不同的侧重点。

在社区治理法律制度顶层设计过程中要处理好解构与建构的关系。社区治理法律制度顶层设计过程包含了两个方面的内容:一方面,要将原先阻碍社区治理发挥作用的法律制度障碍解构掉,如果不将这一法律制度障碍扫除,社区治理就是"空谈"。在解构法律制度的过程中需要注意的是:要遵循"循序渐进"原则。因为,解构法律制度容易,建构法律制度难。不要急于解构制度,一下子把制度都解构掉,而是要遵循"循序渐进"原则,不要让制度体系出现"真空"地带。另一方面,要建构起新的促进社区治理更好发挥作用的法律制度体系。在建构法律制度的过程中有两个方面是需要注意的:一是要遵循"精确制导"原则。法律制度并不在多,而在于精。很多时候我们会发现:我们并不缺乏法律制度,而是法律制度并没有发挥出其应有的作用,法律制度成了一种"摆设",并不能很好地解决问题。法律制度的设计是一项要求非常高的工作,要让法律制度设计更加精准化,这就犹如对导弹的要求一样,要求精确制导,否则法律制度的效用就会大打折扣。因此,必须要突出法律制度设计的精准性,明确法律制度体系中的每一个制度是为了解决什么问题,取消那些没有效用或者低效的法律制度。二是要遵循"制度协同"原则。每一项法律制度都有效并不意味着这些制度形成的制度体系整体是有效的,这里面还存在一个制度组合的问题。这就犹如对于一个团队来说,非常强调团队合作,因为团队合作非常好就能形成"一加一大于二"的效应,如果团队合作出现问题,一加一就会小于二，甚至等于零，更有甚者就效用会是一个负数。对于法律制度的顶层设计来说也是一样，不同的组合状态会有不同的结果，法律制度内部的优化组合对于制度体系能否形成合力是非常重要的。因此，在法律制度的顶层设计过程中，要非常注重法律制度之间的协同性。

4.2.1.2 保障体系是智慧社区建设亟须突破的瓶颈

智慧社区是应用信息技术规划、设计、建造和运营社区基础设施，促进公共服务和便民利民服务智能化的一种社区管理和服务的创新模式，是新型智慧城市建设的重要抓手，更是提高居民生活质量、促进社区和谐、实现新型城镇化发展目标的重要举措。建设智慧不仅需要实施机制，还需要相关的保障体系，具体如下：

（1）政策保障。根据国家政策、法律和法规，加强智慧社区规章制度的建立，保证智慧社区稳定、安全的建设和运营。

（2）组织保障。多个部门受社区委员会的统一管理，建立组织体系。转变政府职能，为智慧社区建设提供有力的组织保障。智慧社区要求政府调整组织结构，突出服务职能，以人为本，以服务居民为主旨，真正实现从发展型政府向服务型政府转变。

（3）人才保障。智慧社区的发展建设，需要技术型和管理型相结合的复合型人才。一方面，应该规范优秀人才的引进制度。另一方面，要加强已有社区工作者技术素养和管理能力的培训和教育。具体路径可以概括为以下几点：① 社区工作人员队伍专业化。鼓励高校毕业生、退役军人等优秀人才到城乡社区工作，培养造就政治坚定、业务精通、作风优良、公正廉洁的民政行政管理人才队伍；② 加快志愿服务立法步伐。建立健全招募注册、教育培训、记录管理、评价激励专项制度。健全面向全社会的志愿服务动员系统，弘扬志愿精神，培育一支参与广、功能强、作用好的志愿者队伍，大力支持发展志愿服务组织，广泛建立志愿服务站点，推动志愿服务信息化建设，为志愿者参与志愿服务提供线上线下的广阔平台。

（4）技术保障。智慧社区建设需要整合多种居民数据资源，确保居民信息登记的真实性、准确性，构建高效便捷的社区公共服务综合信息平台系统，充分实现信息共享，深入挖掘居民信息数据的价值，使社区居民享受优质的社区生活。同时，加强智慧社区的硬件建设，即政府部门采取切实措施，协调企业，社区组织多方资源，优化社区工作的电子信息设备，及时更新计算机硬件设施及软件系统，提高社区服务手段的智能化程度。智慧社区建设的关键技术保障包括：加快高速宽带网络建设。要加快光纤到户网络改造和骨干网优化升级，扩大4G网络覆盖，开展5G研发试验和商用。推进下一代互联网演进升级，加快实施下一代互联网商用部署。消除宽带网络接入"最后一公里"瓶颈；提升云计算自主创新能力，积极推进物联网发展。要提升云计算设备和网络设备的核心竞争力。推动宽带网络、移动互联网、物联网、云计算、大数据、三网融合等新一代信息技术融合发展，促进信息消费；完善相关标准体系。制定国家或行业大数据平台技术标准，构建物联网、云计算、大数据等技术标准体系。

（5）资金保障。在智慧社区的建设中资金保障，一方面要加强政府部门的财政投入，另一方面要招商引资，加强企业和社会力量的资金支持。政府部门作为社区建设的主体，应该不断加大投入，确保基础设施的建设。另外，要切实保障智慧社区建设所涉及软硬件支出。通过提供政策优惠和保障，倡导资金雄厚的大企业投入智慧设社区的建设中来。改变单一的投资方式不仅可以减轻政府资金紧张的压力，更可以为智慧社区的建设提供更好的管理模式与内生动力。纵览这些年智慧社区建设相关政策法规，总结出智慧社区建设的资金保障主要围绕以下几点：加大政府投入力度。优化政府投资结构，安排专项资金用于智慧社区相关配套设施建设。允许有条件的地区通过发行地方政府债券等多种方式拓宽城市建设融资渠道。扩大政府购买服务规模，加大财税支持，优化资源配置。鼓励社会力量参与，健全政府监管机制，发挥通信运营商、信息服务商和软硬件供应商在技术、人才、资金和信息基础设施等方面的优势，降低智慧社区建设和维护成本。创新完善筹融资模式。完善相关建设的法律法规和健全地方政府债务管理制度基础上，允许发行债券，设立专项基金，保险资金。

（6）创新体制保障。智慧社区的发展离不开创新，由于体制具有根本性和长远性，制定创新体制可以保障创新可以持续不断的产生。建立市场为导向的技术创新项目立项和经费分配机制；建立成果转化机制；建立创新激励机制；建立创新评价机制；建立多单位联合的协同创新机制；建立公共技术支持机制，开展基础性、战略性、前沿性和公益性技术的研究。

4.2.2 社区居民对社区治理制度影响因素评价的差异

当前，我国社区治理同时具有自上而下和自下而上的两重特性，这就犹如中国古代的乡绅一样。乡绅一方面扮演了国家代言人的角色，发挥着"上情下达"的功能；另一方面，乡绅又扮演了社会代言人的角色，发挥着"下情上达"的功能，因此，在中国的古代社会，乡绅是国家治理和社会治理的共同载体。社区治理自上而下和自下而上的两重特性表现在：从治理形式上来说，社区治理是国家治理在社会基层的一个重要载体，社区要根据国家意志来行动。从组织形式来说，社区治理又是一种自下而上的组织形态，社区需要充分考虑民众的需求，社区要根据社会意志来行动。为了调查民众的需求，2016年6月在北京奥运村街道调查进行问卷调查，整个调查共发放600份问卷，回收问卷586份（回收率为97.7%），其中有效问卷568份（问卷有效回收率为94.7%）。

对于调查样本的分布情况，问卷调查结果显示：从性别分布来看，30.6%的调查对象为男性，69.4%的调查对象为女性，女性调查对象的占比较高；从年龄分布来看，40岁及以下的调查对象占13.2%，41～60岁的调查对象占36.4%，61岁及以上的调查对象占50.4%，调查对象中61岁及以上的居民较多；从婚姻状况分布来看，有5.1%的调查对象未婚，90.3%的调查对象已婚，还有4.6%的调查对象婚姻状况未知，大部分调查对象已婚；从户口分布来看，75.9%的调查对象有北京户口，24.1%的调查对象是外地户口，北京户口的调查对象占多数；从受教育程度分布来看，27.8%的调查对象受教育程度为初中及以下，31.9%的调查对象受教育程度为高中或大专，还有40.3%的调查对象受教育程度为大专及以上，受教育程度是大专及以上的比重相对较大。调查样本的基本情况详见表4.2-1。

调查样本基本情况　　　　　　　表 4.2-1

		样本数（人）	比例（%）
性别	男	174	30.6
	女	394	69.4
年龄	40岁及以下	75	13.2
	41~60岁	207	36.4
	61岁及以上	286	50.4
婚姻状况	未婚	29	5.1
	已婚	513	90.3
	其他	26	4.6
户口	北京户口	431	75.9
	外地户口	137	24.1
受教育程度	初中及以下	158	27.8
	高中或中专	181	31.9
	大专及以上	229	40.3

4.2.2.1 社区治理的政策支持力度

为更好地了解调查对象对社区治理的政策支持认可程度，调查问卷中设置了相关问题，让调查对象对社区治理的政策支持做出选择。问卷调查结果显示：50.5%的调查对象表示"一般"，46.8%的调查对象表示"足够"，2.7%的调查对象表示"不够"。由此可以判断出：从总体上来说，调查对象对社区治理的政策支持评价不是很高。通过将调查对象的性别、年龄、户口、政治面貌、居住形式、居住时间、受教育程度、职业、月均收入等特征与调查对象对社区治理的政策支持评价进行交互分析，结果发现：调查对象的年龄、居住形式、受教育程度、职业、月均收入与该问题的交互分析存在显著性差异。具体见表4.2-2。

调查对象对社区治理政策支持评价的显著性差异　　表 4.2-2

		社区治理的政策支持		
		足够（%）	一般（%）	不够（%）
年龄	40岁及以下（75人）	62.7	34.7	2.7
	41～60岁（207人）	44.9	51.7	3.4
	61岁及以上（286人）	44.1	53.8	2.1
	卡方检验　$X^2=9.809$，$df=4$，$sig=0.044$			
居住形式	自有房产（354人）	42.4	53.4	4.2
	租赁（71人）	50.7	49.3	0.0
	单位公房（143人）	55.9	44.1	0.0
	卡方检验　$X^2=15.114$，$df=4$，$sig=0.004$			
受教育程度	初中及以下（158人）	38.6	58.9	2.5
	高中或中专（181人）	39.8	58.0	2.2
	大专及以上（229人）	58.1	38.9	3.1
	卡方检验　$X^2=21.016$，$df=4$，$sig=0.000$			
职业	机关事业单位（112人）	59.8	39.3	0.9
	企业单位（139人）	33.8	62.6	3.6
	其他单位（317人）	47.9	49.2	2.8
	卡方检验　$X^2=17.888$，$df=4$，$sig=0.001$			
月均收入	3000元及以下（244人）	40.2	57.8	2.0
	3001～5000元（242人）	46.3	51.2	2.5
	5001元及以上（82人）	68.3	26.8	4.9
	卡方检验　$X^2=23.981$，$df=4$，$sig=0.000$			

（1）从年龄的角度来看，不同年龄的调查对象对该问题的认知存在显著差异（$X^2=9.809$，$df=4$，$sig=0.044$），在0.05水平上显著。分析结果显示：40

岁及以下的调查对象表示"足够"的比例明显高于61岁及以上的调查对象，表示"一般"的比例明显低于61岁及以上的调查对象。由此我们可以推出结论认为：年轻居民对社区治理的政策支持评价高于年长的居民。

（2）从居住形式的角度来看，不同居住形式的调查对象对该问题的认知存在显著差异（$X^2=15.114$，$df=4$，$sig=0.004$），在0.01水平上显著。分析结果显示：单位公房的调查对象表示"足够"的比例明显高于租房的调查对象，表示"一般"的比例明显低于租房的调查对象。由此我们可以推出结论认为：单位公房的居民对社区治理的政策支持评价高于非单位公房的居民。

（3）从受教育程度的角度来看，不同受教育程度的调查对象对该问题的认知存在显著差异（$X^2=21.016$，$df=4$，$sig=0.000$），在0.01水平上显著。分析结果显示：大专及以上的调查对象表示"足够"的比例明显高于初中及以下的调查对象，表示"一般"的比例明显低于初中及以下的调查对象。由此我们可以推出结论认为：受教育程度高的居民对社区治理的政策支持评价高于受教育程度低的居民。

（4）从职业的角度来看，不同职业的调查对象对该问题的认知存在显著差异（$X^2=17.888$，$df=4$，$sig=0.001$），在0.01水平上显著。分析结果显示：机关事业单位的调查对象表示"足够"的比例明显高于企业单位的调查对象，表示"一般"的比例明显低于企业单位的调查对象。由此我们可以推出结论认为：机关事业单位的居民对社区治理的政策支持评价高于企业单位的居民。

（5）从月均收入的角度来看，不同月均收入的调查对象对该问题的认知存在显著差异（$X^2=23.981$，$df=4$，$sig=0.000$），在0.01水平上显著。分析结果显示：月均收入5001元及以上的调查对象表示"足够"的比例明显高于3000元及以下的调查对象，表示"一般"的比例明显低于3000元及以下的调查对象。由此我们可以推出结论认为：月均收入高的居民对社区治理的政策支持评价高于月均收入低的居民。

4.2.2.2　社区治理的政府支持力度

为更好地了解调查对象对社区治理的政府支持认可程度，调查问卷中设置了相关问题，让调查对象对社区治理的政府支持做出选择。问卷调查结果显示：49.1%的调查对象表示"一般"，47.7%的调查对象表示"足够"，3.2%的调查对象表示"不够"。由此可以判断出：从总体上来说，调查对象对社区治理的政府支持评价不是很高。通过将调查对象的性别、年龄、户口、政治面貌、居住形式、居住时间、受教育程度、职业、月均收入等特征与调查对象对社区治理的政府支持评价进行交互分析，结果发现：调查对象的政治面貌、居住形式、受教育程度、职业、月均收入与该问题的交互分析存在显著性差异。具体见表4.2-3。

调查对象对社区治理政府支持评价的显著性差异　　表 4.2-3

		社区治理的政府支持		
		足够（%）	一般（%）	不够（%）
政治面貌	中共党员（251人）	51.8	43.0	5.2
	非中共党员（317人）	44.5	53.9	1.6
	卡方检验　　$X^2=10.703$，$df=2$，$sig=0.005$			
居住形式	自有房产（354人）	43.8	51.7	4.5
	租赁（71人）	50.7	47.9	1.4
	单位公房（143人）	55.9	43.4	0.7
	卡方检验　　$X^2=10.260$，$df=4$，$sig=0.036$			
受教育程度	初中及以下（158人）	39.9	57.6	2.5
	高中或中专（181人）	43.1	54.7	2.2
	大专及以上（229人）	56.8	38.9	4.4
	卡方检验　　$X^2=16.905$，$df=4$，$sig=0.002$			
职业	机关事业单位（112人）	58.0	40.2	1.8
	企业单位（139人）	35.3	60.4	4.3
	其他单位（317人）	49.5	47.3	3.2
	卡方检验　　$X^2=14.151$，$df=4$，$sig=0.007$			

续表

		社区治理的政府支持		
		足够（%）	一般（%）	不够（%）
月均收入	3000元及以下（244人）	41.0	55.3	3.7
	3001～5000元（242人）	46.7	51.7	1.7
	5001元及以上（82人）	70.7	23.2	6.1
	卡方检验 $X^2=29.129$，$df=4$，$sig=0.000$			

（1）从政治面貌的角度来看，不同政治面貌的调查对象对该问题的认知存在显著差异（$X^2=10.703$，$df=2$，$sig=0.005$），在0.01水平上显著。分析结果显示：中共党员的调查对象表示"足够"的比例明显高于非中共党员的调查对象，表示"一般"的比例明显低于非中共党员的调查对象。由此我们可以推出结论认为：中共党员对社区治理的政府支持评价高于非中共党员。

（2）从居住形式的角度来看，不同居住形式的调查对象对该问题的认知存在显著差异（$X^2=10.260$，$df=4$，$sig=0.036$），在0.05水平上显著。分析结果显示：单位公房的调查对象表示"足够"的比例明显高于租房的调查对象，表示"一般"的比例明显低于租房的调查对象。由此我们可以推出结论认为：单位公房的居民对社区治理的政府支持评价高于非单位公房的居民。

（3）从受教育程度的角度来看，不同受教育程度的调查对象对该问题的认知存在显著差异（$X^2=16.905$，$df=4$，$sig=0.002$），在0.01水平上显著。分析结果显示：大专及以上的调查对象表示"足够"的比例明显高于初中及以下的调查对象，表示"一般"的比例明显低于初中及以下的调查对象。由此我们可以推出结论认为：受教育程度高的居民对社区治理的政府支持评价高于受教育程度低的居民。

（4）从职业的角度来看，不同职业的调查对象对该问题的认知存在显著差异（$X^2=14.151$，$df=4$，$sig=0.007$），在0.01水平上显著。分析结果显示：机关事业单位的调查对象表示"足够"的比例明显高于企业单位的调查对象，表示"一般"的比例明显低于企业单位的调查对象。由此我们可以推出结论认为：机关事业单位的居民对社区治理的政府支持评价高于企业单位的居民。

（5）从月均收入的角度来看，不同月均收入的调查对象对该问题的认知存在显著差异（$X^2=29.129$，$df=4$，$sig=0.000$），在0.01水平上显著。分析结果显示：月均收入5001元及以上的调查对象表示"足够"的比例明显高于3000元及以下的调查对象，表示"一般"的比例明显低于3000元及以下的调查对象。由此我们可以推出结论认为：月均收入高的居民对社区治理的政府支持评价高于月均收入低的居民。

4.2.2.3 社区治理的激励机制

为更好地了解社区对居民参与社区治理的激励机制，调查问卷中设置了相关问题，让调查对象对社区对居民参与社区治理的激励机制做出选择。问卷调查结果显示：44.4%的调查对象表示"一般"，27.8%的调查对象表示"比较多"，19.2%的调查对象表示"非常多"，有7.0%的调查对象表示"比较少"，1.6%的调查对象表示"非常少"。由此可以判断出：从总体上来说，调查对象表示社区对居民参与社区治理的激励机制一般。通过将调查对象的性别、年龄、户口、政治面貌、居住形式、居住时间、受教育程度、职业、月均收入等特征与调查对象对社区对居民参与社区治理的激励机制的评价进行交互分析，结果发现：调查对象的年龄、政治面貌、居住形式、居住时间、受教育程度、职业、月均收入与该问题的交互分析存在显著性差异。具体见表4.2-4。

调查对象对社区对居民参与社区治理的激励机制评价的显著性差异　　　表4.2-4

		社区对居民参与社区治理的激励机制				
		非常多(%)	比较多(%)	一般(%)	比较少(%)	非常少(%)
年龄	40岁及以下（75人）	37.3	32.0	25.3	4.0	1.3
	41~60岁（207人）	18.4	26.1	45.4	7.7	2.4
	61岁及以上（286人）	15.0	28.0	48.6	7.3	1.0
	卡方检验$X^2=26.152$，$df=8$，$sig=0.001$					

续表

		社区对居民参与社区治理的激励机制				
		非常多（%）	比较多（%）	一般（%）	比较少（%）	非常少（%）
政治面貌	中共党员（251人）	22.7	31.9	36.3	7.2	2.0
	非中共党员（317人）	16.4	24.6	50.8	6.9	1.3
	卡方检验$X^2=12.713$，d$f=4$，$sig=0.013$					
居住形式	自有房产（354人）	15.8	24.6	50.0	8.2	1.4
	租赁（71人）	15.5	25.4	49.3	5.6	4.2
	单位公房（143人）	29.4	37.1	28.0	4.9	0.7
	卡方检验$X^2=33.495$，d$f=8$，$sig=0.000$					
居住时间	5年以下（127人）	18.1	29.1	41.7	7.9	3.1
	5~10年（127人）	29.1	27.6	39.4	3.1	0.8
	10年以上（314人）	15.6	27.4	47.5	8.3	1.3
	卡方检验$X^2=16.619$，d$f=8$，$sig=0.034$					
受教育程度	初中及以下（158人）	10.1	23.4	57.6	7.6	1.3
	高中或中专（181人）	15.5	23.2	52.5	7.2	1.7
	大专及以上（229人）	28.4	34.5	28.8	6.6	1.7
	卡方检验$X^2=46.008$，d$f=8$，$sig=0.000$					
职业	机关事业单位（112人）	30.4	30.4	33.9	5.4	0.0
	企业单位（139人）	9.4	28.1	54.0	8.6	0.0
	其他单位（317人）	19.6	26.8	43.8	6.9	2.8
	卡方检验$X^2=28.421$，d$f=8$，$sig=0.000$					
月均收入	3000元及以下（244人）	10.7	27.9	54.1	6.1	1.2
	3001~5000元（242人）	21.5	26.0	42.6	7.4	2.5
	5001元及以上（82人）	37.8	32.9	20.7	8.5	0.0
	卡方检验$X^2=44.798$，d$f=8$，$sig=0.000$					

（1）从年龄的角度来看，不同年龄的调查对象对该问题的认知存在显著差异（$X^2=26.152$，$df=8$，$sig=0.001$），在0.01水平上显著。分析结果显示：40岁及以下的调查对象表示"非常多"的比例明显高于61岁及以上的调查对象，表示"一般"的比例明显低于61岁及以上的调查对象。由此我们可以推出结论认为：年轻居民对社区对居民参与社区治理的激励机制的评价高于年长的居民。

（2）从政治面貌的角度来看，不同政治面貌的调查对象对该问题的认知存在显著差异（$X^2=12.713$，$df=4$，$sig=0.013$），在0.05水平上显著。分析结果显示：中共党员的调查对象表示"非常多"的比例明显高于非中共党员的调查对象，表示"一般"的比例明显低于非中共党员的调查对象。由此我们可以推出结论认为：中共党员对社区对居民参与社区治理的激励机制的评价高于非中共党员。

（3）从居住形式的角度来看，不同居住形式的调查对象对该问题的认知存在显著差异（$X^2=33.495$，$df=8$，$sig=0.000$），在0.01水平上显著。分析结果显示：单位公房的调查对象表示"非常多"的比例明显高于租房的调查对象，表示"一般"的比例明显低于自有房产的调查对象。由此我们可以推出结论认为：单位公房的居民对社区对居民参与社区治理的激励机制的评价高于非单位公房的居民。

（4）从居住时间的角度来看，不同居住时间的调查对象对该问题的认知存在显著差异（$X^2=16.619$，$df=8$，$sig=0.034$），在0.05水平上显著。分析结果显示：居住时间在5年以下的调查对象表示"非常多"的比例明显高于10年以上的调查对象，表示"一般"的比例明显低于10年以上的调查对象。由此我们可以推出结论认为：居住时间短的居民对社区对居民参与社区治理的激励机制的评价高于居住时间长的居民。

（5）从受教育程度的角度来看，不同受教育程度的调查对象对该问题的认知存在显著差异（$X^2=46.008$，$df=8$，$sig=0.000$），在0.01水平上显著。分析结果显示：大专及以上的调查对象表示"非常多"的比例明显高于初中及以下的调查对象，表示"一般"的比例明显低于初中及以下的调查对象。由此我们可以推出结论认为：受教育程度高的居民对社区对居民参与社区治理的激励机制的评价高于受教育程度低的居民。

（6）从职业的角度来看，不同职业的调查对象对该问题的认知存在显著差异（$X^2=28.421$，$df=8$，$sig=0.000$），在0.01水平上显著。分析结果显示：机关事业单位的调查对象表示"非常多"的比例明显高于企业单位的调查对象，表示"一般"的比例明显低于企业单位的调查对象。由此我们可以推出结论认为：机关事业单位的居民对社区对居民参与社区治理的激励机制的评价高于企业单位的居民。

（7）从月均收入的角度来看，不同月均收入的调查对象对该问题的认知存在显著差异（$X^2=44.798$，$df=8$，$sig=0.000$），在0.01水平上显著。分析结果显示：月均收入5001元及以上的调查对象表示"非常多"的比例明显高于3000元及以下的调查对象，表示"一般"的比例明显低于3000元及以下的调查对象。由此我们可以推出结论认为：月均收入高的居民对社区对居民参与社区治理的激励机制的评价高于月均收入低的居民。

为了更好地提升社区治理水平，必须要强化法律制度保障，也就是做好法律制度的顶层设计工作。如果说以前我们在探索社区治理时更多的是"摸着石头过河"，那么现在随着经济社会发展形势的日益复杂，靠"摸石头"已经过不了河了，因为我们已经由"浅水区"进入了"深水区"，此时，我们必须要"造桥"过河，也就是加强社区治理法律制度的顶层设计。对于社区治理来说，也就是要加强法律制度保障。法律制度保障的重要性是不言而喻的，如果把社区治理工作比喻成"一滴水"，我们如果把这滴水随意地放到地上，其结果必然是这滴水很快就会干涸，更不要说是让这滴水流动起来了。那么怎么样才能让这滴水能够流动起来呢？答案就是把这滴水放到"江河"里去，让这滴水在"江河"里顺流而下。对于社区治理来说，法律制度保障就是"江河"，只有构建完善的法律制度保障体系，社区治理才有可能充分发挥其作用。

4.3 党建引领是社区治理的重要基础

4.3.1 党建是引领城市基层治理的主要阵地

山东省青岛市市北区充分发挥党总揽全局、协调各方的作用，推动党建引领与基层治理深度融合，积极探索基层党组织政治引领、组织引领、机制引领、能力引领的途径和载体。市北区委书记张新竹说："党建与治理不能是两张皮，创新、融合是关键，我们的目标是切实推动城市基层社会治理落实到'最后一米'。"

市北区制定出台《关于加强网格党建引领网格治理的实施意见》，将基层党建工作网格化和城市治理网格化同步推进，坚持"支部建在网格上"，以单元网格为基准，建立网格党组织，以楼院为单位建立党小组，每栋楼设置3～5个党员中心户，构建起"街道党工委—社区党委—网格党支部—楼院党小组—党员中心户"的联动组织体系。2019年8月，市北区委组织部还会同区委政法委、区民政局、区城市治理推进委员会、区退役军人事务局，抽调12名业务骨干组成4个小组，到不同类型、不同情况的社区和网格开展为期两周的"解剖麻雀"式蹲点调研；采取市场化形式，委托第三方到14个街道70余个社区发放调查问卷1500余份。调研发现基层治理还存在党组织引领发挥作用不到位、问题收集处置机制存在梗阻、群众满意度低等问题和堵点。

"党建是引领社会治理的主阵地，是基层治理的核心和龙头，其地位和作用不可替代，必须从基层治理的视角看待党建工作。"市北区委常委、组织部长张雷对此深有体会，他认为"两个用好"很重要。一是发挥好党的独特组织优势，用好我们遍布基层各个领域的基层党组织；二是发挥党组织的整合社会功能，用好各类社会资源。

理顺关系，强化街道主体责任。按照精简、统一、高效原则，着力推进街道内设机构职能整合和功能优化。对直接面向基层和群众、由基层管理更方便有效的事项，尽可能下放给街道社区，推动资源依法规范、精准有效下沉。研究具体有效的操作规范，赋予街道党工委对区直部门（单位）派驻机构日常管理和负责人的人事考核权和征得同意权，对区域内事关群众利益重大决策和重大项目建议权。打破职能部门数据分割，有序推动基础信息向街道开放，逐步实现职能部门业务数据在街道层面的有效整合和分类共享。

规范社区工作运行。实行社区工作事项准入制度，不得将社区作为行政执法、拆迁拆违、环境整治、城市管理、安全生产等事项的责任主体。上级支持社区的政策项目、资金资源，以社区党组织为主渠道落实到位。探索建立以居民满意度为主的服务评价制度，推行全科社工、全程代办等制度。坚持严管与厚爱相结合，强化岗位目标责任考核，建立能上能下、能进能出机制，激发内在动力。

做实网格党建促进网格治理。按照构建基层社会治理"一张网"的要求，推动党建工作网格与综治、应急、城管等网格实现"多网合一"；合理确定网格规模，保证网格利于管理、方便操作，各网格任务量大体相当、相对平衡。选优配强网格党支部书记，落实网格治理专项经费，为网格党组织开展工作提供必要经费支持，给网格党支部书记发放日常工作补贴，街道综合网格工作量和考核情况给予适当奖励。依托社区党群服务中心、社区腾退用房、小区物业管理用房，驻区单位闲置房源等，在每个网格或相邻多个网格因地制宜规划建设网格党群服务站，统一规范建设标准，统一外观标识，突出党建元素。以网格党支部为依托，对各方网格力量进行再整合、再组织，将各类人员分类别分层级编入网格，实行"网格化管理、组团式服务"。

搭建网络治理一线锻炼平台。把网格治理一线作为锻造"三化一型"干部的平台，按照"街道确定一批、区委选派一批、干部自荐一批"的思路，有计划选派有发展潜力的机关事业单位干部到社区担任网格党建指导员，配合支持网格党支部书记做好网格党组织建设、共驻共建、资源整合等工作，强化网格党支部统筹领导能力。探索建立新录用公务员、选调生到网格挂职锻炼制度，让年轻干部在基层一线经受历练、增长才干。考核评价结果与网格党建指导员的提拔使用、评先选优挂钩。

以群众需求倒逼流程再造。建立"群众吹哨、街居响应、部门报到"机制，实时梳理分析网格内动态信息，对群众反映的需求，由网格党支部书记牵头及时回应处置居民需求。网格内解决不了的问题，"吹哨"给街道，街道综合治理中心牵头协调内设机构和社区处理；对历史遗留问题、重大项目推进等涉及多个部门、街道层级无法解决的问题，街道"吹哨"，城市治理指挥平台统筹调度有关部门处置，重大事项"一事一议"，由区领导顶格协调调度。

加大信息支撑实现党群融合互动。推动"互联网＋党建""智慧党建"与城市治理大数据运用深度融合，把党的建设渗透到"智慧城区"建设的各方面。开发信息化平台，与城市综合治理指挥中心数据共享、叠加融合，打造党组织主导下的全区域覆盖、全天候即时响应、全流程数据分析的智能化治理系统，让群众随时随地"看得见、找得到、叫得应"。

4.3.2　推进党建引领与社区治理深度融合

笔者近几年参与的北京市通州区潞城镇、山东省青岛市市北区、安徽省合肥市包河区、内蒙古赤峰市红山区社区治理创新实践的切身感受是，推动党建引领与基层治理深度融合，探索基层党组织政治引领、组织引领、机制引领、能力引领的途径和载体，要在"引领"上下足功夫。

推动党的领导力纵向延伸。明确街道党工委书记是党建引领社区治理第一责任人。坚持以上带下、以下促上，形成区—街—居—网格有机衔接、有序推进、有效运转的四级联动组织体系、责任体系、制度体系完善"社区党委—网格党支部—楼院党小组—党员中心户"的组织设置，积极延伸组织链条到基层治理的"神经末梢"。坚持"支部建在网格上"，以单元网格为基准，科学设置网格党组织，以楼院（单元）为单位设立楼院党小组，每个楼院党小组依托党员骨干、党员集中家庭确立2～3个党员中心户，每个党员中心户联系10户左右居民家庭，建立上下贯通、强劲有力的组织体系"动力主轴"，形成纵向到底、横向到边的党的组织和工作覆盖。

扩大党组织渗透力。坚持人在哪里、党员在哪里,党建引领基层治理的触角就延伸到哪里。落实"支部建在楼上",综合考虑各商务楼宇党建基础、地标效应、税收贡献、体量大小、产业布局等因素,由街道党工委统一领导,依托物业公司、骨干企业、产权单位等建立商务楼宇党组织。打造联动协同、立体辐射、共建共享的党群服务中心,立足不同企业和人群需求,坚持精准化、高标准开展服务,吸引社会力量参与,精心设计策划活动,以党建凝聚人才、服务发展。着眼破解物业管理服务难题,抓实物业行业党建工作,全面摸清辖区物业企业党员队伍情况,符合组建条件的,及时成立党组织。成立物业行业党委,直接管理一批有较大影响力和示范带动能力的物业企业党组织。注重发挥党组织的政治引领作用,推荐社区党组织、居委会成员通过合法程序担任业委会主任、委员,引导社区党员、在职党员进入业委会或担任业主代表。

以治理难点问题倒逼流程再造。突出问题导向,针对基层治理中的深层次矛盾,遵循系统治理的原则,倒逼体制机制改革,推动问题处理流程再造,着力解决基层治理的难题和群众反映强烈的难事。坚持线上与线下相结合、主动与被动相结合,实时梳理分析网格内动态信息,对群众反映的需求,网格党建指导员第一时间与网格资源进行匹配,分类投送居委会、共建单位、物业企业、志愿团队等各类组织,由网格党支部书记牵头开展精准服务,及时回应处置居民需求。网格内解决不了的,建立"群众吹哨、街居响应、部门报到"机制。将群众反映的问题吹哨给街道,街道综合治理中心牵头协调内设机构和社区处理;对历史遗留问题、重大项目推进等涉及多个部门、街道层级无法解决的问题,街道向区直部门吹哨,部门响应。对拟"吹哨"的重要事项,街道要认真研究,列出问题清单和需求清单,切实把哨子吹准吹实。区直部门对街道的"吹哨"事项,构建扁平化快速响应机制,打破常规议事流程,由部门主要负责同志直接负责;对需要召开协调会或现场办公的,主要负责同志或者分管负责同志要现场协同街道解决问题,不能现场解决的限期办理反馈,做到快接收、快办理、快落实。

加强分类指导。按照"试点先行、稳妥实施"原则,选取不同类型街道,稳步推进创新党建引领基层治理工作试点。在认真总结试点工作经验基础上,坚持因地制宜,分类指导,而后在区级层面全面推开。把遵循顶层设计与尊重基层、群众首创精神有机结合,不搞一刀切,鼓励街道先行先试,大胆探索符合各自实际、行之有效的治理模式和工作载体,坚决防止形式主义,确保取得实效。实施先进典型培树工程,及时总结宣传基层涌现出来的好经验、好做法,分层次分领域培育、选树、宣传一批叫得响、立得住、成效明显的党建引领基层治理示范点,大张旗鼓地表彰一批担当作为好书记、优秀网格党支部书记、优秀党建指导员、优秀共产党员,形成以点带面、整体推进的工作格局。

加大信息支撑实现党群融合互动。推动"互联网＋党建""智慧党建"与城市治理大数据运用深度融合,把党的建设渗透到"智慧城区"建设的各方面。开发集"综合服务、数据分析、综合考核、党群议事、问题处置"五大功能为一体的"党群e家"信息化平台,与城市管理部门数据共享、叠加融合,打造党组织主导下的全区域覆盖、全天候即时响应、全流程数据分析的智能化治理系统,让群众随时随地"看得见、找得到、叫得应"。

着眼解决基层治理"政府干、群众看,政府很努力、群众不认同"的问题,坚持"民事民提、民事民议、民事民定",拓宽居民参事议事渠道,打造党群议事平台。对于居民群众反映集中的共性问题或重要事项,党员线上亮身份发声引导,党组织线下入户调研摸情况,形成"提出议题、把关筛选、线上讨论、形成项目、推动实施、效果评估"的议事协商完整闭环,实现居民群众议事协商的全程参与和党组织的全程把控。

实际上,党建引领基层治理就要以全心全意为人民服务为出发点,以提升政治功能和组织力为重点,以体制创新为抓手,以信息化为支撑,把加强基层党组织建设、培养锻造能担当的干部和创新基层社会治理深度融合、有效衔接,打通影响治理效率的痛点堵点,探索形成全域覆盖、上下联动、精准到位、运行高效的基层治理运行机制,实现服务精准投送、治理精准落地,有效提升人民群众的获得感、幸福感、安全感。

4.3.3 以党建为引领探索基层社会治理新模式

作为北京城市副中心市级行政办公区重要承载地，北京市通州区潞城镇在新型农村社区建设和美丽乡村建设的背景下创新城镇化发展模式，通过党建引领，不断巩固行政协同、生态绿洲的功能定位，打造京津冀协同发展先行示范区、生态优先和绿色发展示范区、生态智慧城镇新型城镇化示范区，并于2018年起实施"文明银行"市民文明素养提升工程，以增强群众获得感、幸福感、安全感为目标，坚持问题导向、民意导向，探索创新新时代基层社会治理新模式，加快推进新型农村治理现代化水平。

4.3.3.1 主要做法

潞城镇导入银行大数据管理理念，以"让文明成为一种习惯"为理念，创新探索出"党建引领、村社联动、群众主体、常态推进"的"文明银行"积分管理机制，打造融思想引领、道德教化、文明引导、文化传承、社会治理等多功能于一体的综合性平台，向农村社会治理聚焦发力，形成倍增效应。

随着2年多的运行推进，文明银行探索出"1236运行模式"，即建立了1套工作体系，形成了潞城镇新时代文明实践和全镇工作枢纽2大服务平台，实现了村民参与、积分回馈、融媒动员的3套运行机制，打造了党建引领、美丽乡村、移风易俗、文明活动、志愿服务、文明议事6个服务项目载体，通过"践文明事、存文明分、兑文明奖"，擦亮"最美引领"品牌，深耕文明乡风，全力打造潞城广大群众的"精神富矿"。

4.3.3.2 实践创新

（一）建立工作体系，提升组织力

建立镇级总行、村级分行两级架构，设计开发出"文明银行"线上管理系统，镇级总行可通过线上系统实时查询各村活动开展、村民积分等情况；各村分行可在线上系统进行活动申请；文明储户持文明储蓄卡，在各分行的POS机终端上即可实现积分与消分。截至5月，2020年已在全镇33个平房村设立分行，发放文明储蓄卡15828张，累计积分53万余分。

（二）打造服务平台，推进微治理

以"文明银行"大数据管理平台为支撑，整合区域人、地、物、情、事、组织等资源，搭载区域化党建、市民素质提升、移风易俗、美丽乡村建设、志愿服务、文化治理、特殊群体帮扶、街巷长等多项工作，推动社会治理体系现代化。其中，助推美丽乡村建设人居环境提升工作，在全镇范围内开展村民"门前三包"工作，日日有检查，周周有公示，月月有积分，形成环境卫生长效机制。

（三）完善运行机制，培育生态圈

健全村民参与机制。推进"一核多元、融合共治"治理模式，发挥农村基层党组织在农村社会治理中的政治功能和在移风易俗、建设乡风文明过程中的主导作用，发挥群众主角作用，深入了解群众所需所盼所想，引导百姓主动将生活中一点一滴的文明行为积攒下来传出去；对接爱心服务商，推动社会力量共参与履行社会责任。目前，已对接40余家爱心服务商。

健全积分回馈机制。针对党员、村民、未成年人等不同群体制定不同积分制度，引导协商共治，并不断开拓按需定制的回馈服务，例如，针对青少年提供四点半课堂、小记者团、周末兴趣班等素质教育类回馈项目；针对老年人，提供老年驿站营养配餐、免费理发、义诊等贴心服务；"文明银行"还与苏宁集团进行合作开展物品兑换活动，极大激发村民参与热情，形成"文明累积分，积分享服务，服务促文明"的闭环理念。

健全融媒动员机制。"文明银行"项目与潞城镇融媒体中心充分融合，利用《潞城人家》报、"e潞同行"微信公众号、村村通广播等渠道对文明实践活动开展宣传、对优秀文明榜样人物进行展示。"e潞同行"微信公众号通过链接"文明银行"线上系统，还可实现微党课学习、活动信息查看、活动报名、线上活动参与、文明积分查询等功能。

（四）丰富服务载体，促进多元参与

党建模范引领。出台《党员积分细则》号召党员积极发挥先锋模范带头作用，主动进行亮身份和积极参加党内活动、党员学习和村内志愿服务。党员积分作为党员年底考核、评优依据，以此激励和规范党员行为。

美丽乡村参与。潞城镇在农村人居环境整治及美丽乡村建设中依托"文明银行"落实街巷长制和开展"门前三包"工作。在村庄清洁行动的同时，还在各村启动了"最美庭院"评选活动，评选树立典型，鼓励广大村民积极参与到村里的环境建设工作当中。同时，通过组织开展线下宣讲、以培训代宣传、微信宣传、线上挑战、全镇擂台赛等多样行动，带动全民在参与中学习和践行垃圾分类。

成风化俗引导。通过设立"红白理事会"将白事硬约束、红事软引导，树立文明新风。2019年以来开展了3场集体婚礼，让百姓潜移默化地感受文明新风，传承弘扬良好家风。"文明银行"也广泛开展移风易俗活动。

文明活动带动。在各村以邻里关爱、文化新春、学雷锋树新风、文明祭扫、公益集市、众筹公益等为主题每月开展教育实践活动，引导村民文明向善，增强凝聚力。同时，发起文明少年团线上打卡活动，以"自主参与 共享文明 线上打卡 线下积分"的形式，增强自身的小主人翁意识。

志愿服务深化。将村民普遍需求、村内重点工作和社会志愿服务需求结合，转化为志愿服务岗位，引导村民全面参与、长期参与。如，前瞳、东刘等村的新时代文明实践志愿服务队设立了与村民生活息息相关的便民维修、义务理发、邻里互助、健康咨询、心理辅导等服务内容；大营村设立四点半课堂，组织新时代文明实践志愿服务队对村内青少年开展课后托管等服务。

文明议事自治。协助各村开展《村规民约》修订征集工作，通过线下组织修订志愿团队进行走访、文明议事会及线上"文明议事厅"等形式广集民意，进一步加强村民自我管理、自我教育、自我服务。

4.3.3.3　工作成效

（一）润物无声，涵养地区新风尚

依托"储蓄文明-兑换服务"这一公益闭环，通过文明积分回馈机制的建立，鼓励更多村民走出家门，门前三包"包"出好习惯，小院比美村民爱上"攀比"，暖心活动带出睦邻村居氛围，打卡积分撬动少年"好习惯"，志愿服务变成村里"新时尚"，实现公益接力，形成邻里互帮互助的新型邻里关系，营造社会文明氛围。同时，各类活动将勤俭节约、绿色环保、乐观向上、积极友善等理念融入其中，将社会主义核心价值观融入生活之中，在优化个体"小细胞"的同时，涵养新风尚、温润大气候。

（二）搭建平台，实现资源匹配新模式

"文明银行"还通过大数据分析，建成了潞城镇服务供需匹配信息平台，各村分行和辖区内企业单位均可通过"文明银行"平台发布活动和服务需求。如：潞城镇敬老院老人平时缺少文娱活动，精神生活空虚。在2019年建军节之际，"文明银行"组织谢楼村新时代文明实践志愿服务队走进潞城敬老院，开展公益慰老演出活动；东刘庄等养老驿站通过"文明银行"招募村民志愿者为本村村民开展送餐服，以"文明银行"智慧平台为支撑，促进公共服务和便民利民服务智能化。

（三）集中民智，健全基层治理新格局

以开展文明实践活动所凝聚的群众为基础，拓展村民议事渠道，线上线下搭建议事平台，制订议事规范化制度和流程，拓展议事堂、协调会等议事形式，对公共村务事件，村居民能参与表达意见和诉求，在自治中解决问题。

4.4 大数据是城市社区治理现代化的重要依托

4.4.1 城市治理大数据

城市治理是一项十分繁杂的工作，涉及社会中方方面面的问题。特别是随着近些年信息技术、网络技术的迅速发展，城市治理也变得更加信息化、网络化以及数字化，这必然会产生大量关于城市治理内容的数字化信息。而大数据的定义通常就是指海量、高增长率和多样化的信息资产，且无法在短时间内用常规数据软件和方法进行数据分析和处理，需要借助于其他分析模式使得大数据分析结果更具有洞察力和决策力。因此城市治理产生的数据也可叫做城市大数据。对城市治理大数据的处理以及分析十分必要，这些数据通常能够准确快速地反映城市治理中的各项客观现实情况，有助于管理部门全面掌握城市各方面动态信息，提升城市监控管理的时效性和科学性。运用大数据平台整合城市治理相关部门的行政权力，实现跨部门之间数据的共享，可以让政府机关权力更加透明高效。

城市治理中的大数据，主要包括基础数据、共享专题数据和业务专属数据三方面。其中，基础数据是指来源于与城市治理相关部门的数据，包括人口、法人单位、自然资源和地理空间、宏观经济、电子证照等方面；共享专题数据是指人口、房屋、地理、网格数据等公共数据；业务专属数据是指涉及公安、工商、卫生、人力等众多领域的业务数据。业务数据根据业务需要进行有限交换和共享，用于支撑部门专属业务应用。有些数据不适合公开、共享，但可以以资源目录的形式进行发布，供检索查询和申请使用，如水利厅的防汛抗旱信息、交通厅的公路桥梁养护信息、环保厅的企业污染源信息等。

城市治理大数据研究，是将社会科学与自然科学进行融合的过程。大数据分析与挖掘技术为城市治理提供强大的决策支持，相比于大数据融合和处理技术，大数据分析与挖掘过程更为复杂，是国际学术界和产业界面临的极具挑战性的技术难题。在城市治理研究领域，使用大数据技术和平台，可提高政府管理部门科学化和定量化工作的水平。在城市治理涉及的各个部门中进行跨部门、跨区域大数据采集，打通部门或者区域之间的信息壁垒和孤岛，形成完整可用的大数据产业链，可以实现大数据信息资源的共享与融合，使得城市的管理更加高效和准确。

城市治理演进模型是指在大数据分析的基础上，根据现有数据的规律，运用数理逻辑方法和数学语言建构的科学或模型来解决城市治理过程中实际问题的一种研究方法。建立大数据数学演进模型是城市治理过程中实际问题与数学工具之间联系的一座必不可少的桥梁。包括对已采集数据的筛选、数据分析和模型建立3个方面。

4.4.1.1 数据筛选机制

在城市治理的过程中，数据积累量快而多，在建立城市治理大数据演进模型前，需要根据需要筛选出最有价值的数据。数据筛选的目的是为了提高所存储数据的可用性，更利于后期数据分析。数据删选的内容主要包括数据抽取、数据清理、数据加载三个部分（图4.4-1）。

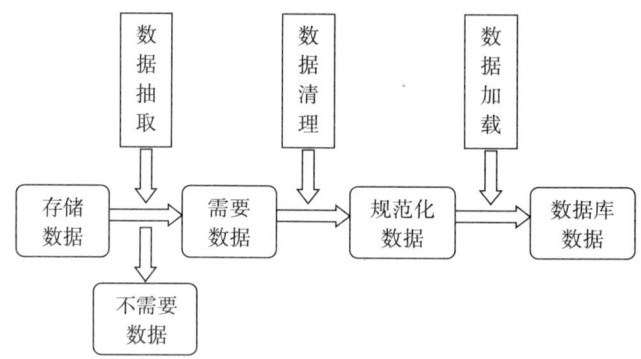

图 4.4-1　城市治理大数据筛选机制

数据抽取，主要是要把不同数据源中的数据按照数据仓库中的数据格式转入数据仓库中，即统一数据格式。如果数据源与数据仓库使用相同的数据库，此时可以使用关系型数据库自带的数据库连接功能，这样就可将数据仓库服务器与原系统连接起来，直接进行SQL查询（Structured Query Language，又称结构化查询语言）。如果数据源与数据库格式并不一致，则需要建立逻辑关系进行整合。数据清理是数据处理的第一步，是指将数据进行规范化的过程，包含缺失数据处理、重复数据处理、异常数据处理及不一致数据整理四部分。其中，处理数据缺失通常利用删除信息、人工补全和公式推算补全三种方法进行；重复数据、异常数据处理和不一致数据则根据具体要求进行删除。数据加载是将采集的城市治理大数据加载到数据库的过程，为数据的具体分析做好准备。

4.4.1.2 数据分析机制

数据分析就是指利用合适的统计方法对所获得的数据进行分析整理，从中获取所需要的信息的过程。数据分析可以将大量的数据有序化，可操作化，有助于人们判断数据的信息并采取相应的应对措施。数据分析可以分为描述性、探索性以及验证性分析几个方面。其中，描述性只是单纯对数据进行表述，探索性则尝试从数据中发现问题，验证性分析则为了证实假设的成立或者不成立。典型的数据分析包含以下三个步骤：数据探索、模型探索以及推断分析（图4.4-2）。

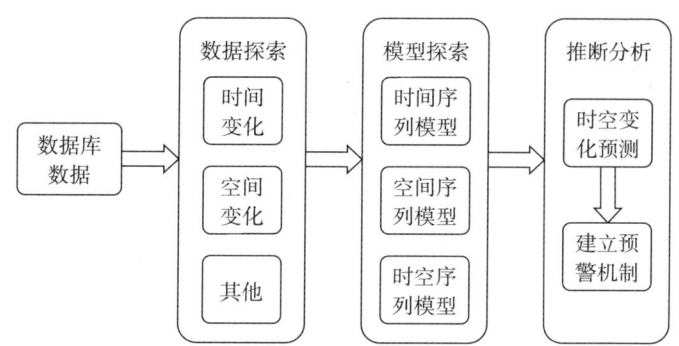

图 4.4-2　城市治理大数据分析机制

数据探索是指通过计算某些特征量等方法来探索数据的规律性，包括制作图表、拟合方程等。通过数据探索可以揭示数据库中隐含的一些规律性，包括时间（年-月-日）、空间（不同地理范围）及其他性质分类的变化。

模型探索是在数据探索基础上，提出一类或几类可能的模型。包括时间序列模型、空间序列模型以及时空相结合的模型。在模型探索阶段，可以对城市治理某一个具体指标的数据进行模型探索，对比实际数据与模型拟合数据的差异性，并对模型拟合的精度进行验证。

推断分析是指在数据探索和模型探索基础上，对模型探索模拟的结果进行预测。通常使用数理统计方法对探索所用模型计算结果的可靠程度和精确程度做出判断，对所用数据的时间序列变化如日变化进行未来数据的预测，分析其发展趋势，实现科学预警。

4.4.1.3　大数据模型建立

目前，大数据研究在信访治理、无线电管理、在交通管理等方面都有相对成熟的应用。现有领域的大数据模型研究，基于时间序列建立模型较多，有参数模型预测法和线性模型预测法。其中，基于时间序列的综合自回归移动平均模型（AutoregressiveIntegrated Moving Average，简称ARIMA）可借鉴和改进应用到城市治理大数据研究中。其构建步骤包括识别阶段（序列中心化）、参数估计和诊断检验、预测三个方面（见图4.4-3）。

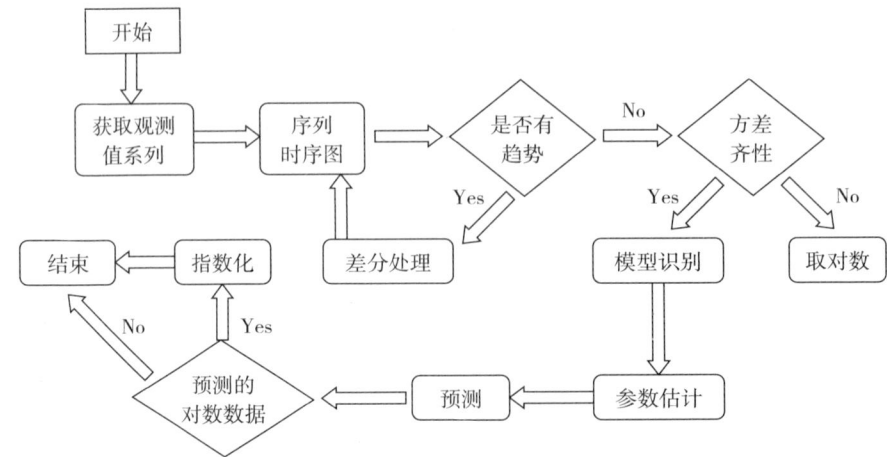

图 4.4-3　综合自回归移动平均ARIMA模型构建步骤

识别阶段（序列中心化）、参数估计和诊断检验、预测阶段分别对应Box-Jenkins法的Identify、Estimate和Forecast三个阶段。识别阶段（序列中心化）是指利用Identify语句识别ARIMA模型，这一过程是对时间非平稳序列数据进行差分处理，通过计算偏相关、逆自相关系数来识别一个或多个可拟合的ARIMA模型。参数估计和诊断检验是指利用Estimate语句对候选ARIMA模型参数进行估计，通过显著性检验来比较不同模型之间的优劣。预测阶段是指利用Forecast语句结合Identify语句和Estimate语句对选定的ARIMA模型进行时间序列数据的预测，并产生置信区间。

在今后的研究中，也可将参数模型预测法与神经网络相关模型结合，对城市治理大数据进行动态实时的模拟。目前，对城市治理大数据空间序列以及时空结合的数据建立演进模型相对较少，可借鉴引用地学、环境生态学等自然学科中应用的空间大尺度数学模型，如小波变换（Wavelet Transform）、半变异函数等，通过时空关联规则挖掘，对城市治理中时空实时数据进行模拟模拟和预测。

4.4.2 多形态智慧社区信息共享及管理服务平台

传统的社区信息化系统往往专注于提供单一的社区应用，从而在信息化系统呈现出单一的功能。多形态的概念就是超出单一形态的信息化社区应用功能，而从智慧社区的直接参与者角度出发，剖析其实际的功能与性能需求。以智慧城市建设对社区信息交互需求为基础，分析社区建设所面临的问题，综合基本架构、集成能力、可扩展性、数据交互标准和信息安全规范等因素，提出能适应功能需求不断变化的智慧社区信息共享与管理服务的系统架构，进而为我国智慧城市建设提供新的思路。

安徽省安泰科技股份有限公司在多形态智慧社区信息共享及管理服务关键技术研究与示范方面进行了大胆的创新，并在铜陵市及合肥市高新区2个智慧社区试点开展智慧能源、智慧社区服务等示范项目，主要建设内容包括：实现云计算环境下的数据采集、通信以及资源充分共享关键技术；建立多形态智慧社区异构信息共享的交换标准、规范及评价体系；研发多形态社区信息服务示范平台和应用开发平台；采用上述技术实现不同地域的智慧社区的政务、城管、安全和医疗示范应用系统并采用数据挖掘技术实现多态性延伸服务。试点成功后将向全省乃至全国推广，具有十分重要的示范意义。

4.4.2.1　主要研究内容

面向智慧社区数据的采集与共享需求，构建了社区基本数据库、社区运行数据库、社区大数据存储与分析平台，采用渐进、使用边积累的策略逐步扩充数据方式实现数据的采集，并以对外服务模式提供，开放数据采集接口、数据共享服务接口、增值数据服务接口、数据挖掘接口，实现基于服务的社区数据的共享。

4.4.2.2　取得的成果

目前多形态智慧社区信息共享及管理服务平台已在多个社区、园区中得以应用。在已有的研究基础上研究和实现在智慧城市整体基础构架下的具有跨区域、统一服务模式的智慧社区建设中的信息共享及管理服务的关键技术和服务机制，采用自动信息采集、统一信息平台、数据挖掘等技术手段达到在社区层级的全面的信息感知、高度的数据融合以及统一的数据平台服务的目标，以消除传统建设模式中的信息冗余、应用孤岛等不良因素、实现一种全新的架构下的多种应用系统的互联开发和应用模式，并在此基础上实现示范性智慧社区的应用，实现针对两种不同地域，不同城市类型的智慧社区的基础平台和示范应用系统的建设：

（一）铜陵市城市级智慧能源管理控制平台

以建设铜陵市城市级能源智慧管理控制平台（暨铜陵市用电需求侧管理平台）为抓手，建立覆盖铜陵市全市的工业企业、公共机构、公共建筑以及居民能源管理和节能行为的城市级和多个行业级能源管理体系。建设和运营的内容分为能源管理中心建设、分布式数据采集系统建设、能源管理和服务体系建设三大内容。建设和运营的功能涵盖工业企业能源管理、电力需求侧管理、公共机构和公共建筑能源管理、居民能源消费管理、节能量与碳交易管理等。

（二）合肥市高新区智慧能源管理平台

合肥市高新区智慧能源管理平台（图4.4-4）是"智慧高新"创建任务中的一项重点应用，可以实现包括能源监管、数据分析、能源预警以及环境监测等多项综合性业务。该平台实现全区内工业企业和公共建筑能源消耗进行实时动态监测，从先前局部、粗放、估算和人工的管理模式向全面、精细、科学与电子的模式转换，提升其能源管理水平，为高新区"节能降耗"的持续改进，提供信息支撑与科学决策。在管理能源和能源消耗的同时，在系统中搭建了覆盖全区的"环境监控"平台，通过监控平台工作人员在监控室内可实现对全区内的空气、水、重点污染源、污染企业等重要环保信息24小时自动监督报警。

合肥高新区"智慧能源管理平台"建设包括能耗监测系统和绿色建筑能效评价系统，是高新区能源体系的基础支撑。该体系可以实现高新区面向建筑和工业节能的全面能源消耗监测。系统利用云计算将成千上万个分散的水、电、气、热、油等用能及能耗节点，进行排序、优化、控制和合理调度，并将建筑群内部的能耗、控制、建筑属性、气象与环境等信息采集、分析、统计和处理，回传至物联网智能控制系统，实现能源的整体化管理和智能化控制功能（图4.4-4）。

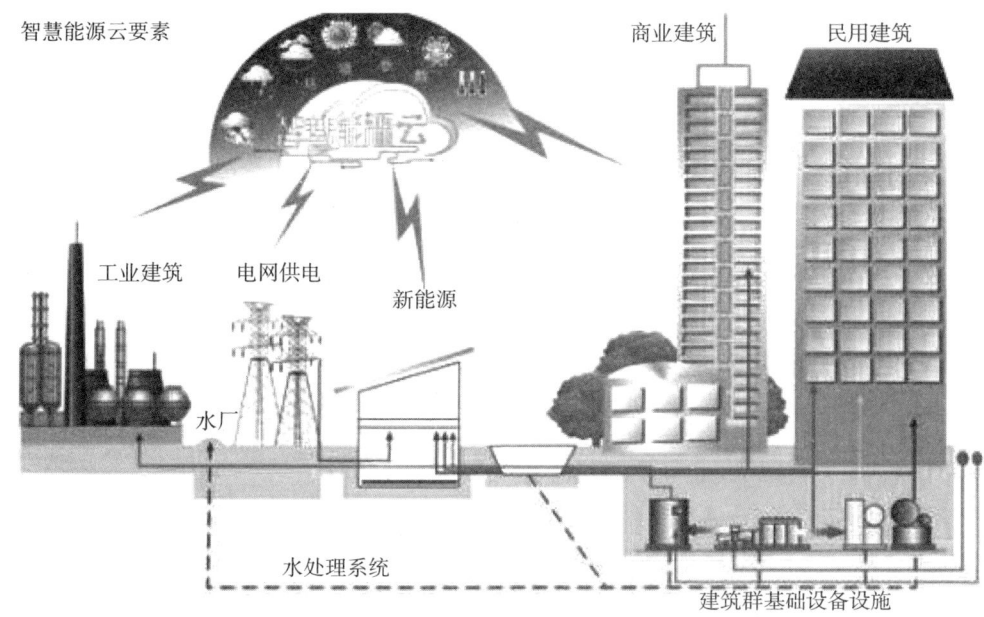

图 4.4-4　合肥高新区"智慧能源"管理平台

通过对高新区相关工业企业和公共建筑的水、电、气、热等能源消耗状况进行实时动态监测，对采集的能耗数据进行实时分析、监管，提升高新区对能源管理水平和能耗指标化考核打下基础。

合肥高新区"智慧能源管理平台"有机整合感知节点，以多网融合的方式形成统一的环境、能源监测监控传感网络；以应用支撑和数据中心为核心进行建设，最终形成业务应用支撑能力和数据综合管理能力；建立监测预警系统、污染源监控系统、环保信息监管系统、环境应急指挥系统和教育展示互动系统五大智慧应用系统，以能源管理综合分析。

4.4.3　增强信息化应用能力

通过智慧社区及信息化建设，可以丰富和改进街道（乡镇）、城乡社区党组织对社区各类组织和各项工作的领导手段，克服空间广度和时间的不确定性，确保党的路线方针政策在城乡社区全面贯彻落实，具体表现为移动端的智慧党建等APP在起到信息双向沟通的同时，在数据库等智慧社区底层系统支持下，支持基层党建和服务下沉，支持社区治理，支持基层公共服务等工作。

以区、县为主的网格化建设，与智慧社区政府管理与服务功能相结合，在依法厘清政府权责和基层群众性自治组织权责边界后，可以通过智慧社区APP端，将政府管理及服务功能下沉入社区，如民政、工商、社保等与社区群众息息相关的信息申报，甚至审批功能，社区居民足不出户，就可以完成，极大提高政府服务能力，更让居民体会到服务型政府的改革成果，提升居民对政府的满意度、认可度。同时，政府相关部门通过智慧社区后台管理系统，可以向基层群众性自治组织及商业机构购买服务，如补贴式社区商业和社区服务，即增加了政府服务的广度与深度，更能将有限的人力集中用于社区治理，不断提高依法指导城乡社区治理的能力和水平。

在今后的城市治理具体工作中，要建立专项数据分析模型，以实现城市治理大数据分析的实时化、模型化、精准化。将大数据模型与实践相结合，通过建立城市治理各领域的预警机制（90%的置信区间），对城市高发问题进行专项治理、关注重点问题集中区域、提高应对问题高发时段的工作效率，进而提高城市治理的效率。适时发布公众关注的政策解读、便民惠民服务信息及阶段性热点问题预警，形成针对热点区域、指标专题调研报告以及未来数据演变的预警，实现城市治理工作由被动应急转为主动防范。这也是未来城市治理大数据分析及应用中亟待解决的问题。

4.4.4 提升基层治理效率

基层治理的难点在社区，工作方向在于提升治理效率。当下，基层社区平安建设效能不高、治理难点多发凸显。要有效破解这一难题，打造智慧平安社区是最佳路径与最优选择。近年来，青岛即墨区在墨河嘉苑小区和润发家园小区试点建成"智慧平安社区"，大力实施"四个一流"工程建设，探索推行"四化"工作模式，走出了一条基层社区治理的好路子，为推进基层社会治理提速升级提供了有力借鉴。

（1）实施一流平台工程建设，社会治理立体化。指挥平台一流打造。坚持高标规划、高标建设，在墨河嘉苑小区试点安装人脸抓拍识别、智能门禁等"九大智慧安防系统"，打造控点、巡线、管面"三位一体"的智慧平安社区综合信息平台，统一负责调度指挥社区治理和治安防控工作。2020年将在全区18处镇街全面展开智慧平安社区建设工作。视频监控全面覆盖。墨河嘉苑小区共安装57个视频监控，其中46个单元门监控摄像头、5个人脸识别摄像头、2个人脸开门摄像头、4个车牌识别摄像头，实现了小区监控无缝隙全覆盖。在小区主要出入口安装人脸开门、车牌识别摄像头，自动识别并隔绝陌生人员和车辆；在小区主干道安装人脸识别摄像头，实时抓拍进入小区的人脸信息并进行比对，一旦重点人员进入小区，平台会第一时间向工作人员发出预警。电子巡更无缝巡防。墨河嘉苑小区运用物联网定位技术，共为保安、网格员配备电子巡更设备18个，实时掌握人员位置信息，如遇突发事件可立即调配最近安保力量上前处置；电子巡更设备设置定时"打卡"功能，对安保人员每天的巡查路线、地点进行"打卡"，根据"打卡"位置、路线合理调配巡防人员，确保巡防无死角。智能传感升级管理。墨河嘉苑小区内共安装烟感探测设备310个、井盖安全监测装置22个、消防通道地磁感应装置10个、出入口门磁感应装置11个、消防栓传感器12个，一旦出现问题，智能传感设备第一时间将警告信息上传至信息平台，便于管理人员查看维修。

（2）实施一流信息工程建设，信息采集即时化。信息引领效率，数据夯实基础。在墨河嘉苑小区建成智慧安防综合信息系统，全面、快速、准确录入基础信息数据，确保能够及时发现处置各类隐患。基础数据拉网采集。依托智慧平安小区综合信息平台和移动手持采集终端，拉网式采集标准地址、实有人口、实有房屋、实有单位"一标三实"基础数据以及住户用电量、用水量等基础生活信息，累计采集入库信息10大类1.72万条，数据覆盖面达100%。动态数据实时采集。通过人车抓拍系统、视频监控系统，实时动态采集人脸、车牌等数据信息，共采集入库人脸数据6897条、车牌信息3143条，建立了矛盾纠纷化解、重点人员稳控、治安隐患整治等基础数据库，为社区基础管控和治理工作提供"源头活水"。专业数据重点采集。着眼敏感时期、重要节点及社区治理、安保维稳等工作需求，在设定安全保密权限的基础上，将重点人员数据信息全部录入数据库，共标注重点人群信息23条，为重点人员稳控提供专业数据保障。

（3）实施一流品牌网格建设，服务管理精细化。适应群众对美好生活的新期待新要求，积极探索建立社区网格化治理新模式，有序推进各项社区治理工作。严密网格组织网络。结合社区特点，把两个试点社区的65栋楼座、155家商铺、3340户居民，划分为16个基础网格，按照"5+X"标准，全面落实网格工作力量，把社会治理触角延伸到社会最末梢，真正实现共建共治、共联共治。推进精准动态治理。全面推行"网格化＋"工作模式，督促网格员全面履行信息采集、治安巡查、矛盾化解等八大职能，对社区进行精准动态跟踪治理，做到"小事不出网格、大事不出社区"。2019年以来，两个试点社区网格员共采集上报信息9358条，化解各类矛盾纠纷121条。提供多元个性服务。社区网格员通过日常走访，倾听居民诉求、采集各类数据；引导居民通过微信公众号上传意见建议到信息平台，信息平台通过大数据关联、智能分析比对，精确掌握群众反映的诉求与问题，第一时间推送给网格员上门服务，为群众提供多元化、个性化、订单式服务。目前两个试点社区共收到意见建议169条，推送民生问题事项487件，办结民生问题487项，办结率达到100%。

（4）实施一流工作机制建设，工作推进高效化。良好的机制是工作推进的有力保障。工作中，探索建立了三大工作机制，保障了智慧平安社区建设工作稳妥高效推进。建立分析研判机制。每天早晨7点，智慧平安社区综合信息平台通过对社区人、事、车等基础数据汇聚分析、研判，自动生成一张社区分析研判报告，并发送到网格员、社区民警手持移动终端，将24小时内辖区新增人员信息、重点人员轨迹、异常行为数据分析等情况准确推送给工作人员，工作人员通过分析研判报告，有针对性地开展工作，使社区治安管理更具有靶向性。建立数据互通机制。发挥智慧平安社区信息平台治安防控功能，对有违法犯罪前科人员的活动轨迹高度关注、实时监控，将智慧平安社区视频监控全部接入公安"天网"，全程上传系统前端采集的视频证据。公安部门及时综合研判有关涉案人员"数据脚印"，第一时间组织现场抓捕和"后端查证"，提高案件侦破率，增强居民安全感。自建成智慧平安社区以来，两个试点社区重点人员无一漏管失控，小区实现了"零发案"。建立考核奖惩机制。对网格员实行区、镇街"双向补贴"，每月定期发放工作津贴。把网格员各项工作开展情况作为工作绩效考评依据，考核结果与日常奖惩相挂钩。对发现重大隐患、提供重大线索、排除重大风险、做出重大贡献的，实行"特事特奖"，先后对10名网格员共计奖励2.6万元，有力调动激发了网格员的工作积极性。

4.5 社会组织是现代城市治理的有效载体

4.5.1 社会组织的培育与建设

社会组织的发育状况不仅是衡量一个国家和社会自由发达程度的标志，也是社会发展和公民权利的客观需要。根据发达国家的发展经验，只有大量的组织参与到公共服务和社会管理实务中，才能有效弥补公共服务及社会管理的"市场失灵"和政府"缺位"，形成政府与民间"共同治理"的结构，从而推动传统政府向现代公共服务型政府转变。因此，社会组织的发展状况是政治文明程度的重要指标。一个国家的社会组织发展越好，说明这个国家的政治文明程度越高，反之则说明这个国家的政治文明程度较低。

安东尼·吉登斯认为，随着全球一体化的加速，资本主义国家的社会问题日趋严重，只有社区建设才能解决公民素质的问题，而国家则是社区建设的协作者与监督者，"根据情况的不同，政府有时需要比较深入地干预公民社会的事务，有时候又必须从公民社会中退出来。此时，社会组织在社区治理中的重要地位就被凸显出来了。"对于现代社区治理来说，社区是一个有效载体，而社区这一载体要想充分发挥其作用，又离不开组织因素。我们知道，原子化的个人是松散的，很难实现有效管理，不能形成团体的力量。而组织不仅可以实现社区居民的有效管理，还可以将社区居民的力量拧成一股绳。同时，社会组织与社会参与往往是紧密联系在一起的，都是政治现代化的表现形式，提高组织化程度往往是为了加强社会参与。美国社会学家阿历克斯·英克尔斯认为，"政治现代化是经济现代化和社会现代化的前提条件，公民能够积极投入政治活动中去被看做是现代化的一个重要特征"。由此可见，政治参与和社会参与对于现代社会治理来说是非常重要的，而组织化是推进社区居民政治参与和社会参与的有效手段。

社会组织的发展不仅要受到国家自上而下的作用，也会受到社会自下而上的作用。因此，社会组织的发展情况取决于国家与社会之间力量的权衡。国家与社会的关系有两个极端化的理论框架：一个是"国家中心主义"——在国家与社会关系上以国家为中心，国家具有超强地位和能力，当国家利益与社会利益发生冲突时，以国家利益为重。在"国家中心主义"理论框架下形成的管理体制是以国家为中心的；另外一个是"社会中心主义"——在国家与社会关系上以社会为中心，社会具有超强地位和能力。在"社会中心主义"理论框架下形成的管理体制是以社会为中心的，其结果必然也是社会组织的发展完全服务于社会。虽然当前社会力量不断发展壮大，但是，从整体来说，当前的国家与社会关系更多地还是表现出明显的"国家中心主义"特征，因此，社会组织的发展更多地还是服务于国家的。这就使得社会组织的自下而上性特征大大弱化，没有很好做到切实服务于社区居民，进而不利于社区治理工作的顺利开展。

对于社区治理来说，社会组织是一个非常有效的重要载体。社会组织可以涵盖社区社会组织、物业管理机构、专业合作经济组织等组织类型。社区治理的效果如何，与社会组织能否形成合力、有效发挥作用直接相关。在现代社会个人日益趋向原子化，这对于社区治理来说是非常不利的。如果社区居民处于原子化状态，政府要想对其实现治理是非常困难的，这就犹如一个一个的"土豆"，如果散落在地上，你要一个一个地捡起来是很费时费力的。社会组织就犹如一个一个"麻袋"，通过社会组织将社区居民装入"麻袋"当中来实现有效的社区治理，这还是比较切实可行的。可以说，能否形成一个完善的社会组织体系对于社区治理来说至关重要。社会组织在社区治理中拥有政府职能部门所不具备的优势，是做好社区治理工作不可或缺的重要力量。目前，社会各界对社区治理的支持力度在逐步加大，涌现出了许多积极参与社区治理的各种社会组织。但是，从社区治理对社会组织的需求来说，社会组织的发展还是不够的，还需要进一步强化社会组织在社区治理中的作用。因此，一方面，在社区治理工作中，需要引入更多的社会组织；另一方面，需要不断强化社会组织的力量，使社会组织在社区治理中更好地发挥作用。

加强社区各类群体性组织的建设工作是非常有必要的。当前，随着经济社会的快速发展，社区居民的需求越来越多元化，因此，在社会组织的发展过程中，就面临一个如何处理好社区居民的多样性需求和一致性需求的关系。而社区居民多元化的需求往往与其群体特征有着紧密联系。这个群体可以有多种分类方式，例如，根据年龄可以将社区居民分成青年、中年、老年，根据性别可以将社区居民分成男性社区居民、女性社区居民，根据兴趣爱好可以将社区居民分成阅读爱好者、广场舞爱好者、文艺爱好者、体育爱好者等。那么根据这些不同的分类方式就以成立各种不同的社区群体性组织。应该说，社区在这方面已经做了不少的工作，组建了很多这种类型的群体性组织，但是，这类社会组织的精细度和精准度还是不够的。因此，一方面，还应进一步精细化群体性组织的分类标准，更好地结合社区居民的实际需求；另一方面，还应进一步精准化群体性组织的定位，做到"精确制导"，更好地服务于不同需求的社区居民。

4.5.2　充分发挥社会组织的作用

为了有效发挥社会组织在社区治理中的作用，必须要建立多种有效的社会组织扶持机制。根据事物发展的内外因规律，我们可以从内因和外因两个方面来建立社会组织的扶持机制。从内因来说，要实现社会组织的发展，必须要加强社会组织的自身建设，提升社会组织的能力和行动力，可以说，这是一种"造血式"的扶持。从外因来说，要实现社会组织的发展，必须要建立一系列的外在扶持机制，可以说，这是一种"输血式"的扶持。对于政府来说，"造血式"

的扶持难度更大，当前政府所做的更多的是"输血式"扶持。在这方面，国外很多国家"造血式"的扶持做法也是非常值得我们借鉴的，例如，以购买公共服务的方式扶持社会组织成为近年来发达国家的普遍做法，也逐渐成为政府资助社会组织的主要方式。购买公共服务既包括政府将现有的部分职能转移给社会，又包括从社会购买政府目前还没有提供的服务。公共服务通常采取"公开招标、合同运作、项目管理、评估兑现"的方式外包给社会组织。应该说，"造血式"的扶持更加有利于社会组织的长远发展，而当前我们对社会组织的能力与行动力的扶持还是比较欠缺的。要建立全方位的社会组织扶持机制，"造血式"的扶持方式是不可或缺的。在建立多种有效的社会组织扶持机制的基础上，还要让这些社会组织形成一个完整的体系。这一组织体系不仅要实现服务的全覆盖，满足"横向到边、纵向到底"的要求，还要实现在服务上的分工合作，以达到资源的优化配置。

第 5 章

新时代智慧社区与城市治理的路径选择

每个社会都需要创造适合于自己的治理方式，社会的演变要求更新每个时代的治理模式。这一更新的必要性在21世纪尤为迫切，因为我们这个时代的治理模式没有跟上社会发展的步伐。① 我国地域广阔，自然、经济与人文条件差异较大，城乡社区发展多种多样，社区治理创新也多有不同，也都同样面临着社会转型的冲击。我国智慧社区建设要想切实取得成效，必须在深入认识当前面临困境的基础上理清思路，采取切实措施，走出困境。

5.1 加强顶层设计，制定技术标准

加强顶层设计，促进智慧社区组织规划与标准化建设协同推进智慧社区建设的顶层设计在中央层面主要是要明确建设理念，统一指导思想，制定技术标准。推动顶层设计，理顺政府、社区和社会组织的权责关系，明确社区治理创新中各类自治组织地位，引导其他社区治理主体的参与，形成新型的社会治理格局，实现社区治理的共建、共治、共享。在操作层面，要由各市政府在"智慧城市"建设的大框架下进行智慧社区建设的统一规划、部署和协调。

第一，在智慧社区规划建设过程中，各城市政府应该制定分工明确、权责清晰的智慧社区工作方案，建立健全的智慧社区建设协调机制。一是各城市政府应该明确智慧社区建设的目标和任务，规划落实各部门负责的业务范畴和承担的责任义务。在智慧社区建设前期规划中，需要最先打破当前城市建设中行政分割、管理分治的局面，加强各部门、各区之间沟通和协调，积极构建行政部门之间纵向和横向互通有无、协调优化的合作机制。二是在构建社区综合信息服务平台职能和结构过程中，要充分考虑信息服务平台和功能的可重构性及可复用性等柔性可扩展性特征，最大限度对政府行政管理资源和社区服

---

① [法]皮埃尔·卡蓝默.陈力川译.治理的忧思[J].三辰影库音像出版社，2011.

务资源进行"智慧化"的整合和分享,联通"信息孤岛",避免低效率的重复建设。

第二,推进智慧社区标准化建设,是智慧社区可持续发展的重要途径。为此,一方面应结合不同社区智慧化的建设情况,分析智慧社区在建设过程中面临的资源共享、信息交换、流程再造等方面的主要问题,研究和制定符合实际要求的标准,以规范和统一智慧社区建设的内容。政府、企业和行业协会应该加强合作与交流,推进智慧社区小区管理、基础设施与建筑环境、社区治理与公共服务、便民服务等方面的应用规范和标准体系建设,实现跨系统技术集成与信息资源共享,尽量减少"信息孤岛",促进智慧社区建设标准化、规范化发展。另一方面,要以服务民生、转变服务职能为中心,关注智慧社区基础设施、智能水平、智慧服务等内容,建立国家标准的智慧社区绩效评价指标体系,为政府和企业参与智慧社区建设提供参考。

5.2 健全党建指标体系,促进居民有效参与

经过40年的改革和发展,我国经济社会发展进入了新时代,这个新时代意味着一些不同于过去的根本变化。新时代面临着新任务,对基层党建也有新要求。适应基层治理新特点和新规律,探索党建引领社区治理现代化新路径,推动党建和基层治理深度融合,是大势所趋。

以社区为基本单元,全面推动城市基层党建充分发挥城市基层党建工作的政治优势,包括强大的宣传优势。通过多渠道、多方式宣传引导、教育培训、典型示范等方式提高思想认识,教育引导党员干部旗帜鲜明讲政治,落实好街道、社区党组织负责人的培训学习工作。通过宣传解读城市基层党建的内涵、意义、要求,营造社会体制创新的浓厚氛围,引导各主体履行相应职责。选取典型案例进行推介,促进城市基层党建工作的良性发展。社区党组织是基层党

组织的重要组成部分，其党建指标体系的构建务必要与中央的党建目标和国家的建设目标相一致。建立健全党建引领社区治理现代化指标体系，应把握以下几点：认真学习党和国家现阶段路线、方针和政策，并将党组织工作的总方针政策作为当前制定党建引领社区治理现代化指标体系的准绳；在执政党和政府角色的正确定位基础上建立衡量党建引领社区治理现代化的指标体系。社区党组织建设要以整合社区各类人力、物力、财力资源为基本途径，提升社区党组织的领导力，需要将党的建设与群众参与度、服务满意度结合起来；要立足社区的实际情况，党建引领社区治理现代化指标要从社区实际情况出发，同时要充分体现社区大党建的建设思路。

社区治理最终要实现以居民自治为主，社区、社会与政府部门多元共治的基本结构，因此就需要创新社区、社会与政府的结构，再造社区、社会与政府的功能。只有社区不断发育成长起来，进而促进政府的不断成长。当下社区治理的主要问题首先在于居民的参与机制不畅、参与热情不足，智慧社区的建设能使居民的需求得到更快更好的回应，改变居民在社区中的被动地位，居民可以逐渐成为社区建设和治理的主体，使自治与共治相互辉映。

利用信息交互平台，及时与居民实现有效沟通，向居民传播城市基层党建工作内容的同时，切实了解居民需求，围绕居民利益相关问题，解决好改善民生问题，满足居民实际需求，并号召居民参与城市基层治理，提高居民参与城市基层治理的自觉性。满足居民对美好生活的需要是城市基层党建工作的奋斗目标，在推动工作时紧密结合居民需求，坚持以人民为中心，着力解决人民群众关心的公共安全、权益保障、公平正义等问题，不断增强人民群众的获得感、幸福感、安全感，提供更优质、便捷、精准的服务，不断提高居民满意度。

5.3 加强基础设施建设，构建智慧社区综合信息服务平台

在《城乡社区服务体系建设规划（2016—2020）》重点任务中，指出加强城乡社区服务信息化建设：构建城乡社区公共服务综合信息平台，结合"互联网＋政务服务"，完善数据接口和共享方式，扎实推进城市社区公共服务综合信息平台建设；推进智慧社区建设，推动"互联网＋"与城乡社区服务的深度融合，逐步构建设施智能、服务便捷、管理精细、环境宜居的智慧社区。

第一，要通过综合运用云计算、物联网、移动计算等新一代信息技术，对社区基础设施进行优化升级，构建智能化的综合性服务平台，为社区居民提供更便捷、更实用的社区服务。充分调动社区人、财、物、信息等资源，实现资源整合与再开发，"以满足人们的家庭生活和公共生活需要为目标，提高社区服务效率、遵循公平原则、增强居民的参与意识是社区服务体系建设的发展趋势与方向"，即"由政府、市场和社会共同建构集商业服务、公共服务、居民参与一体的复合式服务体系"。[①]

第二，搭建议事协商平台，拓展辖区内各种联谊会、职业协会、同乡会等新型社会组织的利益表达功能，建立街道、社区与居民的协商与利益表达机制，将政府、社区自治组织、社区社会组织、社区居民、驻区单位、各类人群等多重利益进行充分表达、综合比较与开放式讨论。

第三，搭建街道层面的社区治理创新资源共享平台。功能定位为凝聚辖区资源、社区治理的融资、人财物等资源优化配置。建立资源平台的组织架构、运行机制与保障措施，建设平台的人才库、资金库（如建立社区基金）、资源库和项目库。将社区需求、公共议题、利益表达进行整合，通过平台进行项目整合，交由市场或社会力量承接。

---

① 陈伟东，舒晓虎. 城市社区服务的复合模式——苏州工业园区邻里中心模式的经验研究［J］. 河南大学学报（社会科学版），2014（1）: 55.

5.4 健全机制与保障体系，激活社区治理多元主体

在社区治理创新中，要强化基层党组织的领导和引导作用。在街道、社区等不同层面，开展和加强区域化党建工作，立足社区居民需求，打破原有的党政机关、驻区单位、社区社会组织、居民之间界限，推进社区"大党建"建立基层党建议事协调委员会、联合党支部、推动物业管理、社区社会组织等党建联建工作，以社区党建为基层治理网络，探索社区多元共治、多方融合，实现区域资源的整合与配置，促进各类社区组织扎根社区、服务基层，充分动员各方力量参与社区治理创新，共同促进社区发展。

充分发挥党员模范的先锋作用。① 重视社区书记作为"带头人"的领导作用。② 加强党员队伍的建设，重视选拔一批工作经验丰富、有空闲时间、信念坚定、威望较高的社区党员，发挥他们的积极作用。③ 加强党建学习，不断提高社区党员的思想认识水平。

推动社区运行的制度化、规范化与程序化。确立社区居民认可的社区规范，并遵守程序的正当性，明确议题设定、人员参与、议事规则、时间、机制、结果认定和执行等。第一，建构社区治理主体之间的合作机制，社区运行需要社区治理主体的合作，但这些治理主体的利益需求不一致，因此需要一种互动合作的机制设计，并包含了对话、信任、协商、共享等机制。第二，建立社区运行的发展、保障与监督机制，社区运行不仅需要资源支持，还需要外在力量的约束机制。

社区治理应警惕过度市场化和资本化，政府应当在社区治理中发挥应有作用。社区治理的过度资本化，其核心表现就是在商品房社区建设与治理过程中，街道、居委会等基层组织的作用正在下降，社区相关的治理任务均由与市场化推进相关的物业企业来承担。物业公司作为营利性的企业组织，自然有其自身的经济利益追求。恰当地处理好政府监管、企业自律、社会协同、公众参与之

间的关系，在他们之间建立起有机联系，通过统合各种利益需求来达成共识、推进共治。

培育社区治理参与主体，推进多元共治。多元主体合作治理格局，意味着政府、基层自治组织、社会组织、驻区单位、社区居民等不同主体之间新型合作机制，共同参与、相互信任、功能互补、资源依赖与共享。

培育社区社会组织，建立科学有效的社区社会组织管理体制和培育机制，重点培育居民自治、社会事务、公益慈善、生活服务、文体活动等社区社会组织结构体系。"政府应建立完善社区社会组织的法律框架，明确社区社会组织的地位，可以将社区社会组织定位为自我建设、自我管理、自我服务、自我发展的自治组织，作为社区建设的重要内容、社区社会服务的基本平台。同时，政府需要进一步完善社会组织管理体制机制，赋予社区社会组织更多的服务智能，减少政府直接提供社区相关服务的职能，将这种职能通过购买服务等形式交给相应的社区社会组织，在协同过程中以居民需求为导向，推动多元主体参与，建立扁平化、弹性化的互动网络。"①

完善"三社联动"机制。激励社区、社区社会组织、社会工作者，组织评优、增加社会工作者保障等，建立专业督导队伍，实行政府购买服务，为"三社联动"提供全程介入的督导。第一，"三社联动"机制构建。"三社联动"是基于居民的服务需求与利益表达，以社区为平台，以社会组织为载体，以社工为骨干，通过政府购买服务，通过社会组织引入外部资源和社会力量，通过社工提供专业化服务，从而在社区中供给服务、化解矛盾、解决争端。"三社联动"收到基层政府的广泛重视，并日益成为中国特色的新型社会治理模式、社会服务供给机制和社会动员手段。第二，政府购买服务与社区社会组织培育。近年来，政府购买服务日益深入，并成为社区社会组织培育的重要支撑。创造社会组织发展的宏观制度环境，加快社会组织立法，进一步做好社会组织直接登记改革，降低社会组织准入门槛，简化登记程序，允许社会组织适度竞争。

---

① 郁建兴，金蕾. 社区社会组织在社会管理中的协同作用——以杭州市为例 [J]. 经济社会体制比较，2012（4）：167.

5.5 加大财政支持力度,提升运营能力

以政府购买服务为手段,加大财政支持力度。政府要出台培育和保障社区社会组织健康发展的各项政策,加强政府购买服务力度与资源支持。政府部门要制定推动社区社会组织发展的指导意见和行动方案,降低或取消社区社会组织的登记门槛,简化登记手续,推动备案制度,建设社区社会组织孵化基地。

在运营方面,强调政府、相关产业与居民的互联与协作。在架构方面,将综合居民个体数据的数据中心作为基础;通过基于居民需求的社区规划调控设施时空布局,打造社区生活圈,实现社区规划的智慧化;通过不同部门之间的互联互通,对服务进行整合,提供智能化一站式的服务,实现管理的信息化;基于对于个体数据的分析以及移动终端,提供面向居民的移动互联应用,以实现服务的个性化;利用社交网络服务打造社交交际圈,结合共享经济理念实现虚拟社区的线上线下融合,进而促进社区交往,重构社区精神。

5.6 培养社区工作人才,建立专业社工队伍

在智慧社区建设的过程中需要将"以人为本"放在首要位置,因为人的素质和创新能力的提高并非一朝一夕所能实现。智慧社区的建设和有效运营,离不开社区居民对智慧社区的普遍认知和认可,以及相应行为习惯的改变,更离不开专业技术和管理人才的培养。第一,对于一些较为专业类的社区社会组织,尝试制定社区社会组织从业人员就业、薪酬、社保、培训、职业发展等政策,

探索建立社区社会组织人才市场和人才库，大力开发社区非营利领域的从业人员岗位，激励专业人才到社区发展，推动社区社会组织从业人员的职业化和专业化。第二，培育社区社会组织"领袖"，提升其引领社区社会组织健康发展的政治与专业素养。第三，积极培养和招募志愿者，理顺志愿者与社区社会组织之间关系，确保志愿者以社区社会组织为活动平台。

为人民群众提供专业社工服务，充分发挥社会工作在加强保障和改善民生、营造共建共治共享社会治理格局中的积极作用，打通民生服务的"最后一米"。社区工作站搭建服务平台，链接社会资源，培育发展志愿者，运用社会工作专业手法和技巧，在社会救助、养老服务、社会事务、儿童福利、慈善事业、社区治理等领域统筹开展服务，有效推动社会工作发展，为解决基层治理人手、能力不足的问题，提供了可操作性的实践依据。

5.7 建立应急管理体系，提高应对突发危机能力

社区是社会治理的基本单元，也是人口和流量的重要入口。新冠肺炎暴发以来，国家卫生健康委员会就加强新型肺炎疫情社区防控工作发出通知，要求充分发挥社区动员能力，实施网格化、地毯式管理，群防群控、稳防稳控，有效落实综合性防控措施，做到"早发现、早报告、早隔离、早诊断、早治疗"，防止疫情输入、蔓延、输出，控制疾病传播。因此，社区是疫情联防联控、群防群控的关键防线，要推动疫情防控资源和力量下沉到社区，守严守牢社区防线。在社区管理过程中，通过建立社区预警和应急管理机制，从治理层面科学应对突发危机的做法，很有必要。

（一）重视社区预警应急管理机制

社区是社会的构成细胞，是居民的主要生活场所。社区作为社会治理金字塔的底座，是应急管理的主战场，它是突发事件发生的第一场所，是应对突发

事件的第一场所，社区应急管理水平的高低直接决定了社区对突发事件应急的成效。作为应急的最前线，社区面对应急繁重负担和资源紧缺的问题，所以社区应急准备是应急管理中的重中之重，社区应急准备主要包括风险识别和脆弱性分析、制定有针对性和实操性的应急预案、建立社区应急管理体制和机制、应急教育和宣传、合理规划避难场所和组建基层应急队伍等。

从社区应急管理机制的具体环节来看，社区应急机制包括社区应急预警、社区应急处置和社区应急恢复。社区应急预警主要是指社区对突发事件的预测、感知和警报，重点在于定期进行隐患排查和建设畅通的信息通报渠道。社区应急处置是指迅速成立应急指挥中心，有效组织居民开展自救和互救，有效协调各部门的救援活动，保障信息沟通渠道的畅通。社区应急恢复是指社区在灾后重新恢复到正常秩序，主要是指安抚居民心理、制定和实施恢复重建计划。

（二）形成"一核多元、融合共治"的应急管理网络

治理理论视角下的社区应急管理强调治理主体的多元化，充分运用各主体在危机治理中的资源优势，构建一个开放、协作、功能互补的治理网络，使得各主体能充分互动、相互博弈、取长补短，达到资源的最优配置。为了构建协作互补的治理网络，政府必须积极转变职能，充分发挥引导作用，构建"强政府、强社区"的社区应急管理模式。

在突发事件的应对中，政府发挥主导作用，扮演着指挥、救援等多重角色，但"主导"并不意味着"独治"，单一的政府主导的应急管理模式，存在着预警能力差、应急准备不足、应急处置迟缓等诸多不足。增强服务职能，加强与社区自治组织、居民、企业、非政府组织（NGO）等的良性互动。事实已经证明，完善党委领导、政府负责、民主协商、社会协同、公众参与、法治保障、科技支撑的社会治理体系，极其正确且十分必要。全方位多角度的社区应急工作应形成"以街道为中心，各社区网格为支撑，辖区民警、街道干部、社区工作人员、社区卫生服务中心医务人员、辖区楼栋长、巡防员、志愿者共同参与"的联防联控格局。

（三）树立预防为主的社区应急理念

社区是应急管理金字塔的底座，是应急管理的主战场，但面对繁重的应急

任务，社区不足的资源常常捉襟见肘。因而，社区应急管理必须集中资源，有所偏重，不应一味求大求全。

社区应急管理应将重点放在防灾减灾方面，关注风险隐患的排查、信息渠道的建设、自救互救能力的提高，力求让有限的资源发挥到更大的作用，社区应急管理应制定有针对性的应急预案、形成及时灵敏的预警机制、建设畅通的信息沟通渠道、构建快速高效应急处置措施，从而形成精简高效的防灾减灾体系。

（四）组建成熟高效的社区应急队伍

社区应急队伍是社区应急管理中的重要人力保障，一支成熟高效的社区应急队伍能在应急预警、应急救援等环节发挥巨大的作用。要组建一支社区应急队伍，必须要依靠政府的引导和支持，充分发挥社区自治组织的主导作用，深度挖掘志愿者组织的资源优势，动员居民和具备专业技能的志愿者加入应急队伍。

社区应急队伍可以由社区党员干部、社区工作者、社区卫生服务中心医务人员、楼门长、党小组长、民警、专业志愿者组成。这样的社区应急队伍具有一定的组织救援能力，并应定期接受专业的培训和演练，接受必要的经费支持。

（五）培育自救互救的社区应急文化

提高社区居民的自救互救能力，培育自救互救的社区应急文化，可以最大限度地减少突发事件造成的人员和财产损失，有效地遏制次生灾害。

自救互救的社区应急文化需要政府、社区自治组织、居民、非政府组织（NGO）、居民等共同努力。首先，需要各方力量向全社会普及各种常见灾害、危机知识，将危机教育、自救常识引入课堂，通过实地演练、知识宣讲等各种形式全面提高公民的危机意识和自救互救能力。其次，社区自治组织可以开展各种社区活动，建设一个守望互助的大家庭，并不断为居民提供形式多样的紧急避险、危机求生教育，使得每个居民都具备应急意识，都深刻意识到正确应对突发事件的重要性，并将其内化为个人的责任和义务。

参考文献 REFERENCES

［1］［法］皮埃尔·卡蓝默. 陈力川译. 治理的忧思［M］. 三辰影库音像出版社，2011（1）.

［2］Abdoulleav, Azamat. A Smart World: A Development Model for Intelligent Cities［Z］. 2011.

［3］Accenture Strategy. SMART CITIES: How 5G Can Help Municipalities Become Vibrant Smart Cities.［R］https://www.accenture.com/t20170222T202102Z__w__/us-en/_acnmedia/PDF-43/Accenture-5G-Municipalities-Become-Smart-Cities.pdf#zoom=50.

［4］Helena Lindskog, Smart Communities Initiatives, https://www.researchgate.net/publication/228371789. 2004.

［5］Nasrin Khansari, Ali Mostashari and Mo Mansouri, Impacting Sustainable Behaviour and Planning in Smart City, International Journal of Sustainable Land Use and Urban Planning. Vol. 1 No. 2, pp. 46-61（2013）.

［6］Pinterest. Components of Smart Cities Framework. 2018. https://www.pinterest.com/pin/203858320610317031/?lp=true. 2018-07-27.

［7］Thomas, J; Cook, K. A. Illuminating the path: the research and development agenda for visual analytics［M］.［s.l.］: National Visualization and Analytics Ctr, 2005.

［8］Urban Hub. 智慧城市3.0——了解下一代智慧城市巴塞罗那. http://www.urban-hub.com/cities/smart-city-3-0-ask-barcelona-about-the-next-generation-of-smart-cities/. 2018-04-05.

［9］Weijun Gao, Liyang Fan, Yoshiaki Ushifusa, Yao Zhang and Jianxing Ren. Possibility and Challenge of Smart Community in Japan. Social and Behavioral Sciences. 2015.

［10］Weijun Gao, Liyang Fan, Yoshiaki Ushifusa, Yao Zhang and Jianxing Ren, Possibility and Challenge of Smart Community in Japan, Social and Behavioral Sciences, 2015.

［11］Will Davies, Modernising with Purpose: A Manifesto for a Digital Britain, Institute for Public Policy Research, 2005, pp.79.

［12］Yigitcanlar, T. Australian local governments' practice and prospects with online planning. URISA Journal. 2006, 18（2）: 7-17.

［13］艾丽蓉, 刘云峰. 基于Hive的智慧城市数据处理技术研究与实现［J］. 计算机技术与发展, 2018（2）: 9-13.

［14］奥运村街道办事处. 奥运村街道"1+3"党务居务助理进社区工程正式启动［EB/OL］. http://www.bjchy.gov.cn/dynamic/jxdt/8a24fe8336818f4701372fb48fdc05f8.html, 2012-05-09.

［15］曹海军, 霍伟桦. 城市治理理论的范式转换及其对中国的启示［J］. 中国行政管理, 2013（7）: 94-99.

［16］曹淼, 谢磊. 党的十九大关于文化建设的四个突出特点［J］. 行政管理改革, 2017（11）.

［17］柴彦威, 周微茹. 国内外智慧社区建设的标准化审视［J］. 建设科技, 2017（13）: 49-52+59.

［18］常红, 刘洁妍. 中国首次启动"全球宽带卫星通信系统"计划［DB/OL］. http://world.people.com.cn/n1/

2016/1104/c1002-28835519.html.2016-11-04.

[19] 陈婷.奥运村街道成立企业公益联盟[N].北京日报，2014-8-9.

[20] 陈伟东，舒晓虎.城市社区服务的复合模式——苏州工业园区邻里中心模式的经验研究[J].河南大学学报（社会科学版），2014（1）：55.

[21] 陈文，孔德勇.我国城市治理改革趋向[J].开放导报，2015（3）：7-12.

[22] 陈雪莲.管控型特大城市治理模式分析：以北京市"城市精简"治理为例[J].中共天津市委党校学报，2016（3）：85-90.

[23] 陈颜.论城市社区文化建设[J]，西南民族大学学报，2005，26（1）：61-64.

[24] 习近平.决胜全面建成小康社会 夺取新时代中国特色社会主义伟大胜利——在中国共产党第十九次全国代表大会上的报告[M].北京：人民出版社，2017.

[25] 第十九届中央委员会.中国共产党第十九届中央委员会第四次全体会议公报[R].北京：人民出版社.2019.

[26] 高文娟，陈晔，龚兵，等.基于RFID的三维GIS智慧小区应用平台建设研究[J].测绘与空间地理信息，2017（12）：60-63.

[27] 光速追猎者.全民尚网布局智慧社区用云计算搭建社区管理系统[DB/OL].http：//it.sohu.com/20160914/n468434337.shtml.2016-09-14.

[28] 过勇，程文浩.城市治理水平评价：基于五个城市的实证研究[J].城市发展研究，2010，17（12）：113-118.

[29] 韩震.现代城市治理应有的价值取向[J].中国高校社会科学，2015（2）：4-8.

[30] 何显明. 复合联动 城市治理创新的逻辑与现实路径：基于杭州上城区实践的个案分析［J］. 中共浙江省委党校学报，2015（4）：29-36.

[31] 何晓燕，张雅琳. 我国智慧社区建设存在的问题及对策研究［J］. 建筑经济，2016，37（12）：77-80.

[32] 何星亮. 不断满足人民日益增长的美好生活需要［N］. 人民日报，2017-11-24.

[33] 何增科. 城市治理评估的初步思考［J］. 华中科技大学学报（社会科学版），2015，29（4）：6-7.

[34] 胡刚，苏红叶. 广州城市治理转型的实践与创新：基于"同德围模式"的思考［J］. 城市问题，2014（3）：85-89.

[35] 胡婧琛. 十件大事！关于2017年绿色建筑的发展，你都知道吗？［DB/OL］. http://www.sohu.com/a/220149438_742310，2018-01-31.

[36] 华镨，张丽丽. 北京朝阳区奥运村居民议事厅月月开厅［N］. 北京日报，2013-7-13.

[37] 黄鹰，安然. 城市治理主体的职责定位［J］. 开放导报，2015（3）：13-15.

[38] 姜妍. 奥运村街道社工之家成为年轻社工"充电站"［N］. 朝阳报，2014-10-23.

[39] 姜振华，胡鸿保. 社区概念发展的历程［J］. 中国青年政治学院学报，2002.21（4）：121-124.

[40] 蒋晓伟，饶龙飞. 城市治理法治化：原则与路径［J］. 甘肃社会科学，2014（4）：5-9.

[41] 康春鹏. 智慧社区在社会管理中的应用［J］. 北京青年政治学院学报，2012（2）：72-76.

[42] 匡亚林. 城市治理的有效性探微：有限分权、有序参与、

利益整合与风险化解［J］.云南行政学院学报，2015，17（16）131-134.

［43］李保林，刘强，高云.协商民主经验对城市治理创新的启示［J］.学习论坛，2014，30（8）：40-43.

［44］李公春，张庆全，郭玉.智慧社区综合信息管理平台的设计与实现［J］.测绘与空间地理信息，2015（9）：48-50.

［45］李宪奇.中国城市治理评估模型的建构与应用［J］.江淮论坛，2015（6）：16-20.

［46］林崇建，毛丰付.财政投入与城市治理绩效分析：以江浙城市群比较为例［J］.财贸经济，2012（12）：46-52.

［47］林宏忆.浅析人脸识别技术及其应用［J］.数字通信世界，2018（1）：134+222.

［48］刘伦，刘合林，王谦，等.大数据时代的智慧城市规划：国际经验［J］.国际城市规划，2014，29（6）：38-43.

［49］刘玉东.基于中国的语境对社区概念的诠释——视角的差异与实然的内涵［J］.陕西行政学院学报，2011，25（2）：16-20.

［50］马海韵，华笑.当前我国公民有序参与城市治理的困境及消解［J］.江西财经大学学报，2016（2）：107-113.

［51］马维娜，梅洪元，俞天琦.我国绿色建筑技术现状与发展策略［J］.建筑技术，2007（7）：641-644.

［52］毛其智."人居三"与新城市议程［J］.人类居住，2016（4）：55-64.

［53］闵学勤.基于协商的城市治理逻辑和路径研究［J］.杭州师范大学学报（社会科学版），2015，37（5）：131-136.

［54］莫于川，雷振.从城市管理走向城市治理：《南京市城市治理条例》的理念与制度创新［J］.行政法学研究，2013

（3）：56-62.

［55］乔恩·皮埃尔. 城市政体理论、城市治理理论和比较城市政治［J］. 陈文，史滢滢，译. 国外理论动态，2015（12）：59-70.

［56］曲凌雁. "合作伙伴组织"政策的发展与创新：英国城市治理经验［J］. 国际城市规划，2013，28（6）：73-81.

［57］申悦，柴彦威，马修军. 人本导向的智慧社区的概念、模式与架构［J］. 现代城市研究，2014（10）：13-18.

［58］石发勇. 城市社区民主建设与制度性约束——上海市居委会改革个案研究［J］，社会，2005（2）：73.

［59］史璐. 智慧城市的原理及其在我国城市中的功能和意义［J］. 中国科技论坛，2011（5）：97-102.

［60］世邦魏理仕研究部. 2017中国绿色建筑报告：从绿色到健康［R］. 2017-11-10.

［61］宋岩. 关于加强和改进城市基层党的建设工作的意见［EB/OL］.［2019-5-9］. http://www.gov.cn/xinwen/2019-05/08/content_5389836.htm.

［62］宋煜. 社区治理视角下的智慧社区的理论与实践研究［J］. 电子政务，2015（6）83-90.

［63］盘点云计算2017：公有云格局初定，政务云将成未来主战场［DB/OL］. http://www.sohu.com/a/213437483_404292, 2017-12-29.

［64］苏晓智. 从示范城市运动看美国社区社会特征下的城市治理：以西雅图、亚特兰大和代顿为例［J］. 开发研究，2013（3）：37-40.

［65］孙彩红. 国外公民参与城市治理的案例与借鉴价值［J］. 中共天津市委党校学报，2016（1）：65-71.

［66］田祚雄，杨瑜娴. 主体再造：推进城市治理体系现代化的

关键[J].学习与实践,2015(7):68-77.

[67] 汪碧刚.奥运街道"一核多元、融合共治"创新社会治理[J].领导决策信息,2014(34).

[68] 汪碧刚.推进城市治理现代化:核心在"人",终点是文化[N].中国建设报,2020-01-16(7).

[69] 王道勇.改革开放以来中国民生事业发展经验及基本趋势[J].党政研究,2018(6).

[70] 王宏伟.关于加强新时代街道工作的意见[N].北京日报,2019-2-26.

[71] 王珺,夏宏武.五区域中心城市治理能力评价[J].开放导报,2015(3):16-19.

[72] 王卫.城市治理中的公私伙伴关系:一个街道公共服务外包的实证研究[J].广东社会科学,2010(3):163-168.

[73] 王永健,汪碧刚.探索共建共治共享的城市治理新格局[J].人民论坛,2017(36):46-47.

[74] 王志锋.城市治理多元化及利益均衡机制研究[J].南开学报(哲学社会科学版),2010(1):119-126.

[75] 韦如梅.城市治理中的公民参与:新加坡经验的中国借鉴[J].湖北社会科学,2014(8):51-54.

[76] 未来移动通信论坛.2016蜂窝上的万物互联:NB-IoT[DB/OL].http://www.future-forum.org/2009cn/on ews.asp?id=5627.

[77] 巫细波,杨再高.智慧城市理念与未来城市发展[J].城市发展研究,2010(11):56-60.

[78] 贤集网.浅谈NB-IoT应用场景及方案[DB/OL].http://www.xianjichina.com/news/details_54157.html.

[79] 谢媛.当代西方国家城市治理研究[J].上海经济研究,

2010（4）：82-89.

［80］徐林，卢昱杰. 城市治理研究的问题域和方法论：历史流变与研究展望［J］. 理论与改革，2016（4）：11-20.

［81］许庆瑞，吴志岩，陈力田. 智慧城市的愿景与架构［J］. 管理工程学报，2012. 26（4）：1-7.

［82］杨馥源，陈剩勇，张丙宣. 城市政府改革与城市治理：发达国家的经验与启示［J］. 浙江社会科学，2010（8）：19-23.

［83］杨宏山. 美国城市治理结构及府际关系发展［J］. 中国行政管理，2010（5）：102-105.

［84］杨津，赵俊源，胡刚. 广州城市治理改革的反思：以公众参与东濠涌治理为例［J］. 现代城市研究，2015（3）：110-116.

［85］杨敏. 作为国家治理单元的社区——对城市社区建设运动过程中居民社区参与和社区认知的个案研究［J］. 社会学研究. 2007（4）：139.

［86］杨文. 2017年度人工智能热门事件大盘点，哪些令你印象最深刻？［DB/OL］. https：//www. leiphone. com/news/201712/5dt9OWugc8j43et2. html.

［87］杨毅. 基于云计算的智慧社区管理平台关键技术研究［R］. 2017-04-10.

［88］姚尚建. 城市治理：空间、正义与权利［J］. 学术界，2012（4）42-48.

［89］亿翰智库. 人工智能兴起，智慧社区离我们还有多远？［DB/OL］. http：//www. sohu. com/a/191543322_99945412.

［90］银匠. 万众瞩目的LPWAN在这一年又交出了哪些成绩单呢？［DB/OL］. http：//www. sohu. com/a/21 0

663164_472880.

[91] 俞可平. 治理与善治［M］. 北京：社会科学文献出版社，2000.

[92] 郁建兴，金蕾. 社区社会组织在社会管理中的协同作用——以杭州市为例［J］. 经济社会体制比较，2012（4）.

[93] 张丽娜. 合同制治理：城市治理面临的机遇与挑战［J］. 行政论坛，2010，17（6）：84-88.

[94] 张莉. 国外城市治理八个启示［J］. 人民论坛，2014（16）：64-65.

[95] 张亚明，裴琳，刘海鸥. 我国数字城市治理成熟度实证研究［J］. 中国科技论坛，2010（5）：70-76.

[96] 张兆曙. 城市议题与社会复合主体的联合治理：对杭州3种城市治理实践的组织分析［J］. 管理世界，2010（2）：46-59.

[97] 赵强. 城市治理动力机制：行动者网络理论视角［J］. 行政论坛，2011，18（1）：74-77.

[98] 中共中央办公厅，国务院办公厅. 民政部关于在全国推进城市社区建设的意见［N］. 人民日报，2000-12-13.

[99] 中国传动网. 浅析物联网即将面临这四大安全问题［DB/OL］. http://news.rfidworld.com.cn/2017_11/a687b0fd55bc8626.html. 2017-11-03.

[100] 中华人民共和国工业和信息化部. 云计算发展三年行动计划（2017—2019年）［Z］. 2017-04-10.

[101] 中华人民共和国住房和城乡建设部. 智慧社区建设指南［R］. 2014-5.

[102] 周建平. 网格化智慧社区服务管理平台的设计与开发［D］. 华南理工大学，2017.

[103] 周洁，梁小明，黄海. 我国智慧社区服务标准体系构建探

析［J］.中国标准化，2013（11）：88-91.

［104］周善东. 城市治理的社会路径：价值、内涵与构建［J］.山东大学学报（哲学社会科学版），2015（6）：85-92.

［105］周志伟. 巴西城市化问题及城市治理［J］.中国金融，2010（4）：39-40.

［106］庄立峰，江德兴. 城市治理的空间正义维度探究［J］.东南大学学报（哲学社会科学版），2015，17（14）：45-49.

［107］庄庆滨. 广州市天河区林和街华新智慧社区建设研究［D］.华南理工大学，2016.